湖南省教育科学规划课题研究成果2021年度社科基金教育学专项课题“农村学前阶段特殊家庭家庭教育指导策略研究”（课题编号：JJ213623）（课题批准号: 21YBJ18）

农村学前阶段特殊家庭家庭教育指导策略

龚 超 著

湖南大学出版社
·长沙·

图书在版编目（CIP）数据

农村学前阶段特殊家庭家庭教育指导策略 / 龚超著. 长沙：湖南大学出版社，2024. 12. --ISBN 978-7-5667-3789-2

Ⅰ. G619. 2

中国国家版本馆 CIP 数据核字第 2024N6W290 号

农村学前阶段特殊家庭家庭教育指导策略

NONGCUN XUEQIAN JIEDUAN TESHU JIATING JIATING JIAOYU ZHIDAO CELÜE

著　　者：龚　超
策划编辑：方雨轩
责任编辑：申婉莹
印　　装：长沙创峰印务有限公司
开　　本：710 mm×1000 mm　1/16
印　　张：14. 5
字　　数：238 千字
版　　次：2024 年 12 月第 1 版
印　　次：2024 年 12 月第 1 次印刷
书　　号：ISBN 978-7-5667-3789-2
定　　价：58. 00 元

出 版 人：李文邦
出版发行：湖南大学出版社
社　　址：湖南 · 长沙 · 岳麓山
邮　　编：410082
电　　话：0731-88822559（营销部），88821343（编辑室），88821006（出版部）
传　　真：0731-88822264（总编室）
网　　址：http://press.hnu.edu.cn
电子邮箱：501267812@ qq. com

前　言

随着时代的进步，家庭结构不断发生变化，出现了多种家庭类型。2019年我在参与实施常德市科技局一般项目的过程中邀请了多名农村幼儿园园长进行小组座谈，在访谈中了解到农村幼儿园非常需要家庭教育指导，尤其是特殊家庭的家庭教育指导。有农村幼儿园园长表示：“幼儿园留守儿童家庭和离异重组家庭占60%以上，这部分特殊家庭的家长工作特别难做，教师也不知道如何去指导。”后来我们以幼儿园教师为研究对象做了一次幼儿园教师家庭教育指导能力的调查，调查报告结果显示：幼儿园教师对特殊家庭的家庭教育指导能力欠缺。当今社会，农村学前阶段特殊家庭的孩子出现的教育问题日益突出，因此，亟需对农村学前阶段特殊家庭进行家庭教育指导。在此研究基础上我申请主持了2021年度社科基金教育学专项课题“农村学前阶段特殊家庭家庭教育指导策略研究”（课题编号：JJ213623 ）（课题批准号：21YBJ18），希望能有助于农村学前阶段特殊家庭的家庭教育指导工作，使其更加规范和科学，提升农村地区幼儿园教师家庭教育指导的能力，提高农村特殊家庭家长的育儿能力。

本书通过对幼儿园教师、幼儿园特殊家庭的家长、政府单位相关工作人员的调查，了解到农村学前阶段特殊家庭家庭教育及家庭教育指导的现状，探索特殊家庭的家庭教育和家庭教育指导问题存在的根源，提炼出适合特殊家庭家庭教育指导的理论。在总结国内外特殊家庭家庭教育指导经验的基础上，我们跟随农村幼儿园进行家访，和幼儿园一起组织各类特殊家庭的家庭教育指导活动。在不断学习和实践的基础上总结了农村学前阶段特殊家庭家庭教育指导策略，策略包括核心理念、原则、目的、内容、形式和资源。以提高特殊家庭家庭教育指导的科学性和规范性为目标，为机构开展特殊家庭的家庭教育指导提供依据和参考。

本书在调研过程中得到湖南幼儿师范高等专科学校的欧阳前春、刘映含、李蓉、童蕾、鹿赛飞、倪晓，湖南常德石门县永兴街道中心幼儿园郑李媛，湖南常德石门县新铺镇中心幼儿园马玲、唐丹丹等教师和专家的帮助。

本书在编写过程中参考了许多专家、学者的研究成果，恐未能全部列出，望相关专家和学者谅解，在此也表示诚挚的谢意。由于作者水平有限，材料的收集或有不全之处，具体的分析或有不当之处，错误之处在所难免，所研究的结果和主张的理念恐难完全正确，敬请读者提出宝贵意见，以便改正提高。

龚超

2024 年 5 月

扫码查看教育
指导手册！

目　次

第一章

导 论

学前阶段的教育是基础教育的基础，家庭教育是教育的起点与基点。学前阶段的家庭教育直接影响着幼儿的身心健康成长。家庭教育指导旨在提升家长的育儿水平，这是提高家庭教育质量的关键。随着社会的发展，家庭结构不断发生变化，出现了不同的家庭结构类型，特殊家庭的数量正在呈上升趋势。而农业生产方式变化、人口外出流动增多以及生活方式的转变，造成留守儿童和流动儿童增加，农村学前阶段特殊家庭出现的教育问题日益突出。为此，亟须对学前阶段特殊家庭进行家庭教育指导。

一、研究背景

（一）时代呼吁：家庭教育和家庭教育指导由“家事”上升到“国事”

习近平总书记指出，家庭是社会的基本细胞，是人生第一所学校。中华民族自古以来就有“家和万事兴”的价值观。《礼记·大学》指出：“古之欲明明德于天下者，先治其国；欲治其国者，先齐其家。”可见，中国古代社会注重家庭教育，认为“齐家”和“治国”关系密切。党的十八大以来，以习近平同志为核心的党中央高度重视家庭家教家风建设。在全国教育大会上，习近平总书记在强调家庭教育工作的重要性时指出，家庭是人生的第一所学校，家长是孩子的第一任老师，要给孩子讲好“人生第一课”，帮助扣好人生第一粒扣子；强调不论时代发生多大变化，不论生活格局发生多大变化，都要重视家庭建设，注重家庭、注重家教、注重家风。广大家庭要重言传、重身教，教知识、育品德，身体力行、耳濡目染，帮助孩子扣好人生的第一粒扣子，迈好人生的第一个台阶。家庭成为国家发展、民族进步、社会和谐的重要基点，家教家风对人的影响潜移默化、深远持久，家庭教育对个人、对社会有十分重要的意义。

2022 年我国正式施行的《中华人民共和国家庭教育促进法》是我国家庭教育事业的里程碑，这部新法将家庭教育由旧时期的传统“家事”上升为新时代的重要“国事”①。法案明确了家庭教育是父母的法律义务与责任，法案规定：“未成年人的父母或者其他监护人应当树立正确的家庭教育理念，自觉学习家庭教育知识，在孕期和未成年人进入婴幼儿照护服务机构、幼儿园、中小学校等重要时段进行有针对性的学习，掌握科学的家庭教育方法，提高家庭教育的能力。”“未成年人的父母或者其他监护人应当与中小学校、幼儿园、婴幼儿照护服务机构、社区密切配合，积极参加其提供的公益性家庭教育指导和实践活动，共同促进未成年人健康成长。”此外，《中华人民共和国未成年人保护法》中规定：“未成年人的父母或者其他监护人应当学习家庭教育知识，接受家庭教育指导，创造良好、和睦、文明的家庭环境。”由此可见，对父母和其他监护人开展家庭教育指导是法律规定的内容，也是父母和其他监护人应当履行的义务。随着家庭教育由“家事”上升到“国事”，家庭教育指导也由“家事”上升到“国事”。

（二）政策驱动：政府重视特殊家庭的家庭教育指导工作

随着社会的发展，家庭结构不断发生变化，单亲家庭、重组家庭、离异家庭和留守儿童家庭等特殊家庭日益增加。根据民政部公布的《2022 年民政事业发展统计公报》，2022 年全年依法办理结婚登记 683.5 万对，比上年下降 10.6%；结婚率为 4.8‰，比上年下降 0.6 个千分点；依法办理离婚手续 287.9 万对，比上年增长 1.4%。② 由中国乡村发展基金会与北京师范大学中

---

① 王亦君，先藕洁. 家庭教育促进法出台，传统“家事”上升为重要“国事”[N]. 中国青年报，2021-10-25.

② 中华人民共和国民政部. 2022 年民政事业发展统计公报[R/OL]. [2022-10-13]. https://www.mca.gov.cn/n156/n2679/c1662004999979995221/attr/306352.pdf.

国教育政策研究院联合发布的《2023 年乡村教育发展报告》显示，2022 年我国留守儿童数量已降至 902 万。对比 10 年前的 2200 万下降很多，但 900 多万仍然是相当大的数字。2021 年中共中央、国务院《关于全面推进乡村振兴加快农业农村现代化的意见》指出，加强对留守儿童和妇女、老年人以及困境儿童的关爱服务。2023 年，民政部联合 14 部门印发《农村留守儿童和困境儿童关爱服务质量提升三年行动方案》(以下简称《方案》)提出，到 2026 年，农村留守儿童和困境儿童精神素养明显提升，监护体系更加健全，安全防护水平显著加强，以儿童需求为导向的农村留守儿童和困境儿童关爱服务工作更加精准高效，支持保障力度进一步加大，基层基础更加坚实，服务信息化、智能化水平进一步提升，全社会关心关爱农村留守儿童和困境儿童的氛围更加浓厚，关爱服务高质量发展态势持续巩固，农村留守儿童和困境儿童生存权、发展权、受保护权、参与权等权利得到更加充分、更加有效的保障。

我国对农村留守儿童等特殊家庭群体的关爱服务意识日益加强，正逐步健全完善特殊家庭的关爱服务保障体系。《全国家庭教育指导大纲(修订)》中指出，“帮助家长了解国家对特殊儿童及相应家庭的支持政策，引导家长接受儿童的身心状况及家庭现状，调整心态，合理期望；学会获取社会公共服务。”2021 年颁布的《湖南省家庭教育促进条例》中规定，将幼儿园、中小学等学校的家庭教育指导服务工作纳入督导范围，实施教育督导评估。幼儿园、中小学等学校应当关注残疾、学习困难、情绪行为障碍、经历重大变故、遭受侵害以及其他有特殊需求的未成年人，与其父母或者其他监护人共同研究并指导开展家庭教育。由此可看出相关部门相继出台了旨在满足特殊家庭家庭教育需要的政策文件，特殊家庭尤其是农村特殊家庭的家庭教育工作受到重视。

(三)价值引领：学前阶段的家庭教育是教育的开端

学前阶段的教育是终生学习的开端，学前阶段的家庭教育是孩子的起点和基点。苏联著名教育家苏霍姆林斯基把刚开始接受教育的儿童比作一块大理石，需要家庭、学校、儿童所在的集体、儿童本人、书籍、偶然出现的因素这六位“雕塑家”才能把儿童这块“大理石”塑造成雕像。可见对于儿童发展来说，家庭被列在首位，家庭是孩子的第一所学校，家长是孩子的第一任老师，在孩子的教育中，父母家庭教育的成功，对孩子的成长起着举足轻重的作用。学前阶段是儿童身心发展快速、变化非常大的时期，这一阶段幼儿无论在体格和神经发育上，还是在心理和智能发育上，都有快速的发展，是家长进行教育的重要时期，家庭环境和家长的教育理念、教育方法、教育方式深深影响着学前儿童。学前阶段正确科学的家庭教育能为孩子提供一个健康、温暖和积极的成长环境，促进幼儿身心健康全面发展，对儿童未来成长有着深远的影响和意义。

（四）家庭亟需：农村地区特殊家庭的家庭教育指导需求迫切

现今，农村特殊家庭的教育问题仍旧突出，农村留守儿童家庭、离异家庭和重组家庭等特殊家庭的孩子在成长中出现的问题亟待解决。农村特殊家庭的家长接受学习，相关部门对其开展家庭教育指导，是推进新时代家庭教育高质量发展的必然要求。通过对农村幼儿园园长的采访，笔者了解到，农村幼儿园特殊家庭较多，尤其是离异重组家庭和留守儿童家庭。随着离异现象的增加，离异家庭的数量上升。离异使得家庭关系、父母关系、亲子关系、儿童的发展都面临挑战。离婚并不是一个单一的生活问题，同时会带来家庭问题，引发教育问题。与完整家庭相比，父母离异会对身心快速发展的幼儿带来较大的冲击和伤害，影响幼儿的成长发展。农村留守儿童所占的比例较大，有的园长表示其校有近一半以上的孩子都是留守儿童。这些孩子的父母在外工作，长期不在幼儿身边，孩子大部分由其他亲属抚养，父母和孩子长期分居，缺乏父母面对面的关怀与爱，留守儿童家庭的家庭教育功能被弱化，可能会产生一系列的家庭教育问题。乡村教育的高质量发展需要凝聚全社会的合力，而对特殊家庭的家庭教育指导和服务是其中重要的一环，农村特殊家庭迫切需要科学适合的家庭教育指导。特殊家庭的需求不同于普通家庭，特殊家庭的子女在心理和行为上更容易出现偏差，家长在育儿上面临多重困境，更需要科学有效的帮助和指导。

二、研究意义

(一)理论意义

1. 研究家庭教育指导的薄弱领域，提出紧密契合时代需求的问题

在家庭教育或者家庭教育指导的研究中，由于特殊家庭家庭结构的复杂性，故已有研究较少，大部分研究都是以非特殊家庭为对象，特殊家庭尤其是农村特殊家庭一直是家庭教育指导研究领域的边缘问题。随着特殊家庭家庭教育相关的政策文件的出台，特殊家庭的家庭教育指导受到重视，许多问题亟待探究。笔者结合前期研究积累，了解到机构负责人、幼儿园教师及家庭教育指导者缺乏特殊家庭家庭教育指导的能力，不了解特殊家庭的特点，没有依据特殊家庭的需求针对性地开展指导。故在此基础上提出一些问题：农村学前阶段特殊家庭家庭教育的特点和需求究竟是什么？如何为开展农村地区特殊家庭家庭教育指导的指导者提供实用易懂的参考资料？这些问题紧密契合时代需要，可以为后续特殊家庭家庭教育指导领域的研究构筑基础。

2. 对特殊家庭的家庭教育指导开展系统分析，形成有价值的研究成果

本书将理论研究与实证研究深度结合，探索农村学前阶段特殊家庭的家庭教育指导策略，从理论基础、理念、原则、目的、内容、形式和资源七个方面形成农村学前阶段特殊家庭家庭教育指导手册，为特殊家庭家庭教育研究提供真实可信的借鉴材料。首先，探明农村特殊家庭的家庭教育和家庭教育指导现状，重点调研特殊家庭家庭教育的现状和需求，调查目前特殊家庭家庭教育指导存在的问题与相关原因。其次，在全面充分调研的基础上，通过阅读国内外家庭教育指导项目案例，结合我国农村实际开展实践，探索形成农村学前阶段特殊家庭的家庭教育指导策略。

3. 丰富特殊家庭家庭教育的研究方法

通过整理和分析文献资料，笔者发现多数研究采用量化研究的方法研究特殊家庭的家庭教育问题，也有少部分采用质性研究方法。本课题研究，采用了定量研究和定性研究相结合的方法全面深入地研究特殊家庭的家庭教育

问题。为探析特殊家庭的家庭教育和家庭教育指导的现状，一方面运用定量的研究方法探明现状，以幼儿园教师和家长为研究对象收集数据，分析存在的问题并给出针对性建议；另一方面运用质性研究方法，进入研究对象的生活场景，在与研究对象的直接交流中搜集第一手资料，再现农村特殊家庭家庭教育的真实家庭环境，探讨家庭环境中哪些因素影响儿童发展，揭示不同的家庭结构之下产生家庭教育问题的深层原因，探寻有利于特殊家庭儿童身心健康发展的家庭教育环境。

（二）实践意义

1. 有助于农村学前阶段特殊家庭的家庭教育指导工作更加规范和科学

本书通过对幼儿家长、幼儿园教师、政府单位相关工作人员的调查，有助于更加全面地了解农村学前阶段特殊家庭家庭教育及家庭教育指导的现状、存在的问题及影响因素，了解特殊家庭家庭教育问题的根源，提炼适合特殊家庭家庭教育指导的理论。在国内外特殊家庭家庭教育指导经验的基础上，从理论基础、理念、原则、目的、内容、形式和资源七个方面总结出农村特殊家庭家庭教育指导策略，提高了特殊家庭家庭教育指导的科学性和规范性，为开展特殊家庭的家庭教育指导提供依据和参考。

2. 有助于建设与完善家庭教育指导体系

随着我国近些年对家庭教育工作的重视，家庭教育相关的指导与培训机构大量涌入市场，线上线下各大平台、机构鱼龙混杂，教育资源参差不齐。本研究全面分析了特殊家庭家庭教育及家庭教育指导的问题与需求，通过阅读国内外相关文献，对特殊家庭存在的关键问题提出了诸多有针对性的建议，有助于机构指导者设计和实施特殊家庭家庭教育项目，也有助于特殊家庭的家长正确认识和科学学习育儿知识。

3. 有助于农村地区特殊家庭的家长提升育儿能力

本书通过文献的阅读整理和实证研究与实地调研，了解了农村特殊家庭的基本情况，总结出农村学前阶段特殊家庭家庭教育指导策略，提出了特殊家庭家庭教育指导的核心内容，为农村家长提供实践指导和操作指南，帮助特殊家庭的家长有针对性地学习，选取适合自己家庭环境的育儿理念与内容。本书通过实证研究与分析调查总结出特殊家庭的家庭教育现状，抓住了特殊家庭家庭教育的主要矛盾，有助于引发特殊家庭的家长产生共鸣、关注和思考自己家庭的现状，并正确认识和科学有效地学习家庭教育的知识。

三、研究思路和方法

（一）研究思路

随着《中华人民共和国家庭教育促进法》的正式实施，家庭教育进入我国社会治理与教育发展的顶层设计。鉴于特殊家庭领域的家庭教育指导的研究相对缺乏，在实践上存在诸多短板，如何专业指导特殊家庭的家长成为亟待探究的问题。鉴于此，本课题制定出农村学前阶段特殊家庭的家庭教育指导策略，研究内容包括农村学前阶段特殊家庭的家庭教育和家庭教育指导现状调查研究、农村学前阶段特殊家庭的家庭教育指导策略等，具体思路如下。

1. 农村学前阶段特殊家庭家庭教育的现状调查

本书以留守儿童家庭和离异重组家庭为研究对象，以个案研究的方式，选取五组家庭为样本，分别从责任意识、家庭氛围、教育方式、对子女的影响和指导需求五个方面深入探讨特殊家庭家庭教育的现状与需求，以了解农村特殊家庭家庭教育存在的问题和主要影响因素。

通过前期调研了解到，一方面，目前家庭教育指导的对象类型主要是非特殊家庭，特殊家庭的家长是和非特殊家庭的家长一起参加的家庭教育指导，所以大范围数据调查得出的幼儿家庭教育指导的现状，就也代表着特殊家庭家庭教育指导的现状。另一方面，无论是家长的需求调查，还是机构实际指导情况，学前阶段家庭教育指导的机构主要是幼儿园。

基于以上情况，本课题对特殊家庭家庭教育指导的现状调查分为三个部分，第一部分为学前阶段家庭教育指导现状调查。以幼儿家长和家庭教育指导工作人员为研究对象，调查学前阶段家庭教育指导的对象类型、指导内容、指导形式和指导服务队伍四个方面的现状，并借鉴生态学理论提出对应的建议。第二部分为幼儿园教师家庭教育指导能力情况调查。采用问卷法，以幼儿园教师为对象，了解幼儿园教师家庭教育指导能力的现状，分析影响幼儿园教师家庭教育指导能力的影响因素，为提高幼儿园教师家庭教育指导能力提出对策建议。第三部分为农村学前阶段特殊家庭家庭教育指导的现状调查。以个案研究的方式，选取留守儿童家庭和离异重组家庭较多的幼儿园，并以这一代表性幼儿园为个案，分别从指导理论基础、理念、原则、目的、内容、形式和资源七个方面了解特殊家庭家庭教育指导的现状，以期对幼儿园家庭教育指导存在的问题有一个比较全面、细致和动态的了解。

2. 国外特殊家庭家庭教育指导项目经验及启示

借鉴国外家庭教育指导中关于特殊家庭家庭教育指导的经验，总结国外家庭教育指导优秀项目的理论基础、理念、原则、目的、内容、形式和资源，思考如何制定我国特殊家庭家庭教育指导策略。

3. 农村学前阶段特殊家庭的家庭教育指导策略

以留守儿童家庭和离异重组家庭占比较多的湖南省 Y 县 R 镇 S 园为个案进行调查，从理论基础、理念、原则、目的、内容、形式和资源七个方面总结出农村学前阶段特殊家庭的家庭教育指导策略。

（二）研究方法

在 20 世纪 80 年代，西方的社会科学研究领域里展开了一场关于量化研究与质性研究方法争论的“大战”。进入 21 世纪以后，人们对研究范式有了更深刻的认识，逐步开始采用第三种研究方式——混合方法研究。本研究尝试采用部分混合设计方案，以质性研究为主，深入了解农村特殊家庭的家庭教育和家庭教育指导的现状；以量化研究为辅，补充家庭教育和家庭教育指导现状的客观数据。以行动研究法为主，辅之文献研究法、调查研究法和经验总结法等，总结出农村学前阶段特殊家庭家庭教育指导策略。

1. 文献研究法

通过阅读书籍和论文的形式对相关文献进行收集和整理，主要包括留守儿童、重组家庭、单亲家庭、家庭教育指导、家庭教育学、家庭社会学、社会学等主题相关的文献，为课题明确研究的焦点和动向，也为研究提供理论基础。

2. 问卷调查研究法

为了获得对农村特殊家庭的家庭教育和家庭教育指导的整体性认识和一般性理解，对幼儿园教师、幼儿家长进行问卷调查，以了解特殊家庭的家庭教育和家庭教育指导存在的问题，并分析原因。家庭教育指导现状问卷调查的问卷内容主要包括家长基本信息、认知程度、参加机构、指导内容、指导形式、指导时间和指导服务队伍。幼儿园教师家庭教育指导能力调查问卷主要了解教师的九大指导能力：解读家庭教育相关政策文件的能力、观察和了解幼儿的能力、解读幼儿行为的能力、解答家长困惑的能力、解读家长性格和养育类型的能力、分类指导多类家庭的能力、利用互联网指导家长的能力、指导家长支持幼儿园一日活动的能力、设计和实施家长活动的能力。

3. 访谈法

采用封闭型、半开放型和开放型的访谈形式，对被研究者进行访谈，多角度、多视角呈现家庭教育及家庭教育指导的现状。为了全面了解各机构幼儿家庭教育指导的现状，访谈以幼儿园园长、妇联负责人、社区负责人、教育局负责人为对象。访谈内包括家庭教育指导服务的对象类型、内容、形式和服务队伍。农村学前阶段特殊家庭家庭教育现状调查研究选取了 A、B、C、D、E 五位幼儿家长开展个案调查，A 为隔代监护型留守儿童家庭，B 为离异单亲家庭，C 为离异重组家庭，D 为离异留守家庭，E 为留守儿童家庭。访谈资料以第一人称或第三人称形式展开，直接真实地呈现对话内容。为更加深入地了解幼儿园面对特殊家庭进行家庭教育指导的现状，研究采用半结构式访谈，自编访谈提纲，采用集体访谈和个别访谈相结合的方式对园长和幼儿园教师进行访谈。

4. 观察法

观察法是指研究者根据一定的研究目的、研究提纲或观察表，用自己的感官和辅助工具去直接观察被研究对象，从而获得资料的一种方法。为了获取客观真实的资料，本研究采用非参与式观察的方式对幼儿和教师的行为进行记录，以了解和分析特殊家庭幼儿的真实情况，以及幼儿园家庭教育指导组织和实施的情况。

5. 比较研究法

比较是认识事物的一种方法，也是认识、区别和确定事物异同关系最常用的思维方法之一。所谓比较研究法就是对物与物之间和人与人之间的相似性或相异程度进行研究与判断的方法。比较研究法可以理解为是根据一定的标准，对两个或两个以上有联系的事物进行考察，寻找其异同，并探求普遍规律与特殊规律的方法。本研究主要是对中外家庭教育指导项目进行比较，探究国外家庭教育指导优秀项目经验。美国、澳大利亚等国家家庭教育指导项目的实践与研究起步较早，总结国外家庭教育指导项目的理论基础、理念、原则、目的、内容、形式和资源，可以为我国学前阶段特殊家庭家庭教育指导策略的制定提供重要的启示。

6. 行动研究法

从特殊家庭的实际问题出发，在幼儿园开展家庭教育指导实践，通过家访、来园离园交流指导、家长会、个别约谈、亲子活动、家庭教育讲座等家庭教育指导形式开展特殊家庭家庭教育指导活动，在实践中不断检验、反思，调整特殊家庭家庭教育指导方案，最后形成学前阶段特殊家庭家庭教育指导的有效策略。

四、国内外研究现状

（一）学前阶段

我国学前教育界和发展心理学界一些学者对“学前儿童”这一概念的认识并不完全一致和准确。例如，把“学龄前儿童”（preschool children）、“幼儿”（young children）以及“早期儿童”（early childhood）等不同内涵和外延的概念都译成“学前儿童”。总的来说，根据心理学发展规律，学前儿童是指未达到入学年龄段的儿童、未正式上小学的儿童或是从出生到入学前这一年龄段之间的儿童。从世界范围来看，各国对儿童入学年龄的规定有所不同，不同国家学前阶段的年龄界限也是不相同的。我国根据儿童不同年龄阶段生理和心理发展特征，划分出了国家标准儿童年龄段，每个年龄段有相应的培养目标和关注重点。年龄段的划分有利于各个领域工作者更加全面了解不同年龄阶段儿童的身心发展特点，为儿童提供适宜的成长环境。我国儿童发展阶段依据划分标准，将学前期分为广义的学前期和狭义上的学前期。广义的学前期细分为婴儿期(乳儿期)、先学前期(1~3 岁)、学前期(3~6 岁)；其中婴儿期分为新生儿期(0~1 个月)、婴儿早期(1~6 个月)、婴儿晚期(6~12 个月)。狭义的学前阶段是指 3 岁到 6 岁的年龄段。

本研究以 3~6 岁的儿童为研究对象。许多研究表明学前阶段的孩子在体格和神经发育上、心理和智能发育上都有快速的发展，是进行教育的重要时期。

(二)家庭教育

家庭教育自发地在家庭中发生，后来人们开始普遍地将其作为自觉的、有目的的一种教育行为，社会将其作为整个教育系统的组成部分之一，并逐渐建立起一整套系统的理论与方法，它的发展经历了一个相当长时间。

1. 国外学者对家庭教育概念的解读

德国学者 Thomas Spiegler 认为家庭教育是父母对儿童开展的不同于学校教育的教育活动，在这个教育活动中父母是教育者，孩子是教育对象①。德国学者 MENA Report 与 London 提出家庭教育是对未成年人有着长期影响的教育形式，目的是帮助未成年人避免遭受痛苦和不公②。英国学者 Victoria Purcell-Gates 透过批判性实践话语分析了家庭教育的内涵，指出家庭教育是要求父母在其面对的现实中教育年轻人，以满足他们对家庭和社区之外更广泛的世界的期望③。法国学者 Collas Thomas 提出家庭教育是指利用永久的家庭生活条件对家庭成员产生影响的一种教育，并界定了对家庭成员产生影响的主

---

① SPIEGLER THOMAS. Why state sanctions fail to deter home education：an analysis of home education in Germany and its implications for home education policies[J]. Theory and research in education，2009，7：293.

② MENA REPORT，LONDON. Design and implementation of an evaluation of the effects of the fund home education in the federal republic of Germany and home education in the Gdr[J]. Business and economics，2016，8：24.

③ PURCELL-GATES VICTORIA. Special education and family literacy：perspective through the lens of critical discourse[J]. Reading research quarterly，2005，2：275.

体包括亲属、私教等①。

2. 国内学者对家庭教育概念的解读

国内研究者对家庭教育的概念界定呈现出一定的差异。《辞海》对“家庭教育”词条的解释是父母或其他年长者在家里对儿童和青少年进行的教育。不同社会有不同性质的家庭教育。顾明远教授主编的《教育大辞典》中把家庭教育定义为“家庭成员之间的相互教育，通常多指父母或其他年长者对儿女辈进行的教育”。赵忠心在《家庭教育学——教育子女的科学与艺术》一书中指出，广义的家庭教育，是指家庭成员之间相互实施的一种教育。在家庭里，不论是父母对子女、长者对幼者，还是子女对父母、幼者对长者、同辈人对同辈人，一切有目的、有意识施加的影响，都是家庭教育。狭义的家庭教育，是指在家庭生活中，由家长，即由家中的长者(其中主要是父母)对其子女及其他年幼者实施的教育和影响。② 从这个定义来看，家庭教育有广义和狭义之分。李天燕在《家庭教育学》一书中指出，现代家庭教育是指发生在现实家庭生活中，以血亲关系为核心的家庭成员(主要是父母与子女)之间的双向沟通、相互影响的互动教育。③ 家庭教育有直接与间接之分，直接的家庭教育指的是在家庭生活中，父母与子女之间根据一定的社会要求实施的互动教育和训练；间接的家庭教育指的是家庭环境、家庭气氛、父母言行对子女成长潜移默化的影响和熏陶。现代家庭教育应该包括直接和间接的两个方面。可见，对于家庭教育的诠释有多种，不同的研究者从家长、子女、亲子关系、周围环境等多种不同的角度描述家庭教育，呈现家庭教育多角度的本质与内涵。关于家庭教育的界定比较复杂，家庭教育不仅仅是父母对孩子的教育，也包括孩子对父母或者兄弟姐妹的影响。家庭教育应考虑父母对子女的影响，以及子女对父母的影响。家庭教育是以亲子共同体为中心的教育活动，即父母通过一定的育儿方式和手段影响儿童行为的发展，同时父母也从儿童言语行为的反馈中反思，随时调整自己的行为。家庭教育不仅包括父母

---

① COLLAS THOMAS, Le Public du soutien scolaire privéCours particuliers et façonnement familial de la Scolarité, Revue française de sociologie, 2013(54), 465-494+501-506.

② 赵忠心. 家庭教育学：教育子女的科学与艺术[M]. 上海：人民教育出版社，1994：5.

③ 李天燕. 家庭教育学：教育子女的科学与艺术[M]. 上海：复旦大学出版社，2013：8.

行为对孩子直接的影响，也包括家庭氛围、生活环境等因素带来的间接的影响。

3. 本书观点

本书采用我国《中华人民共和国家庭教育促进法》中对家庭教育的定义，即家庭教育是指父母或者其他监护人为促进未成年人全面健康成长，对其实施的道德品质、身体素质、生活技能、文化修养、行为习惯等方面的培育、引导和影响。家庭教育以立德树人为根本任务，培育和践行社会主义核心价值观，弘扬中华优秀传统文化、革命文化、社会主义先进文化，促进未成年人健康成长。

（三）家庭教育指导

1. 国外学者对家庭教育指导概念的解读

在国外主要用“parental education”表示家庭教育指导。“parental education”一般译为亲职教育，有时也用“parenting education”表示亲职教育。亲职教育表示指导父母使用正确的教养方式，提高育儿技能，促进子女身心健康成长。20 世纪 20 年代，美国心理学家 Alfred Adler 最先提出了“parent education”的概念，指的是向父母和监护人提供有关育儿和家庭教育的信息、资源和支持的一系列计划、服务和活动。[①] 美国学者 Gillian Pugh 将亲职教育定义为“一个系统的、以概念为基础的项目，旨在向参与者传授有关育儿方面的信息、意识或技能”[②]。英国学者 Judy Hutchingsa 等指出，亲职教育主要目的是增进家庭和学校之间的关系，家长进行亲职教育能更好地指导孩子为入学做准备。[③]

2. 国内学者对家庭教育指导概念的解读

家庭教育指导是家庭外的机构、团体和个人对家庭教育的指导过程，它

① ALFRED ADLER. An effective parenting initiative to make the united states of america a model child and family friendly nation[EB/OL](2014-5-10). http://www. cicparenting. org/pdf/NPL. pdf.

② GILLIAN PUGH, Parent education in action[J]. Early child development and care, 2006, 13: 249-276.

③ JUDY HUTCHINGSA, KIRSTIE L. PYEA, and TRACEY BYWATER, et al. A feasibility evaluation of the incredible years® school readiness parenting programme[J]. Psychosocial intervention, 2020, 29: 83-91.

是以家长为主要对象，以家庭教育为内容的教育过程，家庭教育指导具有成人教育、业余教育、师范教育和继续教育的性质。李洪曾认为，家庭教育指导一般是指由社会组织及机构组织的，以儿童家长为对象，以提高家长的教育素质、改善教育行为为直接目标，以促进儿童身心健康成长为目的的一种教育过程。① 王忠民认为家庭教育指导是以家长为教育对象，以提高家长教育水平为目的，由学校、社区等为家长在进行子女教育方面提供帮助和指导的社会成人教育。② 2019 年《全国家庭教育指导大纲(修订)》将家庭教育指导解释为相关机构和人员为提高家长教育子女能力而提供的专业性支持服务和引导，并指出进行家庭教育指导要遵循思想性原则、科学性原则、儿童为本的原则和家长主体的原则。总的来说，家庭教育指导指的是通过家庭教育指导活动，引导家长注重提升自身教育素质，改善家长教育行为、提高家长教育子女能力，最终促进未成年人发展的指导和服务。

3. 本书观点

本书沿用《全国家庭教育指导大纲(修订)》中家庭教育指导的概念，即家庭教育指导指相关机构和人员为提高家长教育子女能力而提供的专业性支持服务和引导。其中子女主要指 3~6 岁的学前儿童，相关机构主要指幼儿园。即本研究将家庭教育定义为：以幼儿园为主要指导机构，以子女正在就读幼儿园的幼儿监护人和被委托监护人为主要家庭教育指导对象，幼儿园通过有目的、有计划的家庭教育活动，为幼儿的监护人和被委托监护人提供家庭教育指导和服务，以帮助监护人和被委托监护人增加育儿知识与技能，提高育儿能力，促进幼儿身心健康成长。

（四）特殊家庭

特殊家庭是不同于正常家庭的家庭类型的统称，这类家庭有家庭成员不全，家庭结构不完整和家庭功能不全等问题。③ 由于特殊家庭的家庭类型涵盖较广，包括单亲家庭、离异家庭、残疾家庭、流动家庭、留守家庭、服刑

① 李洪曾. 近年我国学前家庭教育的指导与研究[J]. 学前教育研究，2004(06)：10-13.

② 王忠民. 幼儿教育词典[M]. 北京：中国大百科全书出版社，2002：96-97.

③ 李国强. 社会学视域下的学校心理健康教育[M]. 湘潭：湘潭大学出版社，2014：71.

家庭，也有研究把这些不同类型家庭的儿童统称为处境不利儿童。[①] 处境不利儿童指生活成长环境有问题的儿童，不同于正常家庭，其主要包括低收入家庭、少数民族家庭、新移民家庭、单亲家庭、未婚母亲家庭的学前儿童，以及自身发展状况存在问题的儿童和社会经济地位处境不利的儿童。[②] 相关研究关于处境不利儿童的内涵较为宽泛，一般指家庭经济地位、社会地位、权益保护、发展机会等方面与社会其他群体横向比较处于相对困难与不利境地的儿童，并且在不同阶段、不同国家有不同的对象。《全国家庭教育指导大纲(修订)》中特殊家庭包含离异和重组家庭、农村留守儿童家庭、流动人口家庭和服刑人员家庭。本研究在对湖南某农村地区幼儿园的调查中了解到，该地留守儿童家庭最多，其次为离异重组家庭，流动人口家庭和服刑人员家庭较少，故流动人口家庭和服刑人员家庭难以获得调查数据和案例。因此，本研究所指特殊家庭集中于离异重组家庭和留守儿童家庭。

重组家庭指一个家庭中至少有一个成年人在曾经的婚姻或关系中有孩子。[③] 本研究中重组家庭是指夫妻双方因某种原因离婚后，由至少一方带着自己的一个或多个子女与新的伴侣重新组成的家庭。本研究离异家庭指离婚式单亲家庭，是指夫妻双方经法定程序解除婚约，未成年子女跟随父母一方生活的家庭。《国务院关于加强农村留守儿童关爱保护工作的意见》中指出，留守儿童是指父母双方外出务工或一方外出务工另一方无监护能力、不满十六周岁的未成年人。据了解，农村隔代监护型留守儿童家庭是比较常见的留守儿童家庭。本研究留守儿童家庭主要是指隔代监护型留守儿童家庭，即父母双方外出工作，由家里的老人抚养孩子的家庭结构。

① FORST J L，HAWKES G R. The disadvantaged child：issues and innovations［M］. Boston：houghton mifflin，1970，38.

② 胥兴春、胡月、彭进. 处境不利儿童的教育补偿——美国“Title Ⅰ学前项目”的发展及启示［J］. 外国教育研究，2014，41(10)：38-46.

③ 安东尼·吉登斯，菲利普·萨顿. 社会学(第七版)［M］. 李康译. 北京：北京大学出版社，2015.

第二章

学前阶段特殊家庭家庭教育指导研究综述

一、学前阶段家庭教育指导研究综述

孔子说过“少成若天性，习惯成自然”，学前阶段是进行家庭教育的重要时期。近年来一系列关于家庭教育的政策和法规的出台，意味着要切实落实家庭教育，用行动提高家庭教育的质量，而质量的提高很重要的一步就是加强对家长的指导。家庭教育是指为使儿童健康成长，家庭内的成年人对儿童进行的教育，教育对象是儿童。家庭教育指导是学校和社会向家长提供家庭教育方面的帮助和指导，教育对象是家长。笔者通过研读文献发现，已有研究综述都是关于学前阶段家庭教育的回顾与展望，总结学前阶段家庭教育的特点和趋势，还未有研究者以学前阶段家庭教育指导为主题进行回顾和评述。笔者查阅近 30 年相关文献，通过对学前阶段家庭教育指导相关的研究内容进行梳理、分析和评述，为今后完善学前阶段家庭教育指导工作，建立家庭教育指导服务体系提供借鉴。

（一）文献内容分析与评述

笔者通过逐篇阅读文献，归纳总结出已有文献主要分为学前阶段家庭教育指导现状调查研究、多角度学前阶段家庭教育指导研究、学前阶段家庭教育指导模式研究。

1. 学前阶段家庭教育指导现状调查研究

学前阶段家庭教育指导现状调查的研究主要为调查指导机构开展家庭教育指导的现状。研究发现开展家庭教育的机构以幼儿园为主，近几年的研究视角与时代紧密联系，出现了关于社区指导和线上指导的现状调查研究。

李洪曾①等研究者以不同地区城乡的 778 所幼儿园、2300 名幼儿教师和园长为样本，调查了幼儿园开展家庭教育指导的现状，结果显示 20 世纪 90 年代幼儿家庭教育指导工作有较大的发展，教师具备指导工作的基本素质，但仍处于起步阶段，地区发展不平衡，指导工作的质量有待提高。徐跃仙②以金华市 91 所幼儿园的家长和幼儿为对象，调查幼儿园开展家庭教育的指导情况，结果表明幼儿园有积极开展家庭教育指导工作，家长对家庭教育指导的需求也很大，但是指导的实施方式、形式、内容与家长的需求存在差距，指导的质量和教师的专业能力有待提高。李洪曾③以上海 740 名幼儿园教师为研究对象，调查了幼儿园教师家庭教育指导专业自觉品质，数据分析得出教师在指导时分类指导能力较差，不同类别的教师在指导时专业自觉品质具有不同的特点，幼儿园提供的工作氛围和要求也会影响教师在指导时的专业自觉水平。马磊④也对幼儿园家庭教育指导的现状进行了调查，研究结果表明，幼儿园积极开展家庭教育指导工作，但实施过程中幼儿教师专业性不足，指导质量有待提高，指导工作未满足家长需求。李金霞⑤以哈尔滨市幼儿园的 700 名家长作为研究对象，调查了幼儿园家庭教育指导现状，结果表明家庭教育指导工作在幼儿园得到重视，幼儿园具备初步指导能力，但在实际指导时和家长需求存在差距。齐娜⑥等研究者对家庭社区留守幼儿家庭

① 李洪曾，郑毓智，程华山，等．幼儿园开展家庭教育指导的现状和前景[J]．上海教育科研，1993(06)：52-53，65.

② 徐跃仙．幼儿园开展家庭教育指导工作状况调查[J]．金华职业技术学院学报，2003(03)：118-121.

③ 李洪曾．幼儿园教师专业自觉品质及提升策略的调查研究[J]．上海教育科研，2015(05)：48-50+55.

④ 马磊．幼儿园家庭教育指导的现状调查及对策：以海南省五指山市为例[J]．早期教育(教科研版)，2015(04)：44-48.

⑤ 李金霞．哈尔滨市幼儿园家庭教育指导调查报告[J]．齐齐哈尔师范高等专科学校学报，2018(04)：21-23.

⑥ 齐娜，张玉梅，陈威威．以社区为依托开展留守幼儿家庭教育指导现状的调查研究：以内蒙古自治区为例[J]．内蒙古师范大学学报(教育科学版)，2018，31(12)：45-50.

教育指导工作进行调查，研究结果表明以社区为依托开展的家庭教育指导起步晚，存在指导意识不强、实施难度大等问题。赵景辉①等研究者调查了流动儿童家庭教育指导的服务需求，并从指导内容、指导人员、指导途径、服务地点及时间提出建议。林海珍②等研究者对疫情期间幼儿园家庭教育指导的现状进行调查，结果表明疫情期间教师指导状况整体不佳，存在缺乏系统管理以及教师线上指导能力薄弱等问题。

2. 多角度学前阶段家庭教育指导研究

多角度的学前阶段家庭教育指导研究是指以不同领域、不同人群为角度，开展幼儿家庭教育指导的研究。研究角度主要为某一类儿童的发展特点、某一类家长的特点和指导中存在的问题三个方面。

王丽③根据前人的研究总结了农村地区幼儿家庭教育指导存在的问题，并提出结合高校开展幼儿家庭教育指导的具体方法；后续又以西部地区农村幼儿家庭教育指导为内容开展研究，通过实际经验总结了农村西部地区家庭教育存在的问题，并提出建立工作坊、设立幼儿园开放日、组织家长专题讨论会和讲座的具体建议。邓红红等研究者针对农村地区幼儿家庭教育指导存在的问题，提出了幼儿园和社区开展家庭教育指导的途径。宋长虹④根据特殊儿童的发展特点进行实践，总结了特殊幼儿家庭教育指导的策略、开展医学评估与教育评估的策略、和家长沟通的策略，以及在亲子活动中指导家长的策略。王蔷⑤采用质性研究的方法，分析特殊儿童行为产生的原因并提出家庭教育指导的方法。项洁云⑥等研究者以幼儿生命教育为内容开展家庭教育指导工作，总结了从注重知识普及的讲座式指导到聚焦问题解剖的讨论辨析式指导，再到“互联网+”微信平台的指导三种指导形式，为幼儿家庭教育指导提出新的策略和方向。

---

① 赵景辉，黎紫荧. 学前流动儿童家庭教育指导服务需求的调查研究[J]. 教育导刊(下半月)，2020(11)：76-82.

② 林海珍，段飞艳. 疫情期间幼儿园教师家庭教育指导现状的调查研究：以广东省为例[J]. 教育观察，2020，9(44)：80-84.

③ 王丽. 论农村地区幼儿家庭教育指导[J]. 内江师范学院学报，2014，29(05)：117-121.

④ 宋长虹. 学龄前特殊幼儿的家庭教育指导[J]. 现代特殊教育，2015(03)：53-54.

⑤ 王蔷. 幼儿园特殊儿童的家庭教育指导[J]. 科学大众(科学教育)，2014(07)：98-149.

⑥ 项洁云，张爱莲. 幼儿园家庭生命教育指导的实践与思考[J]. 上海教育科研，2017(05)：80-83.

3. 学前阶段家庭教育指导模式研究

近年来，有不少研究者以新媒体下家庭教育指导为研究内容，总结出新的指导模式，作为对机构家庭教育指导的传统形式的补充。

池浩田①等研究者选取了一所公立幼儿园，采用新媒体服务平台——微信开展家庭教育指导的实践研究，全面总结分析从方案设计到研究结束全过程，得出幼儿家庭教育指导的新模式。戴翠玲②等研究者在幼儿园两年实践探索的基础上构建了“微信+”家庭教育指导模式，研究中介绍了这一模式的内容、运行以及价值。其次，也有研究者以线上资源库的建设和国外婴幼儿家庭教育指导的经验总结为研究内容，为指导模式的研究提供新的方向。孟繁慧③针对幼儿家庭教育指导线上资源库建设存在的问题，就资源库体系建设、呈现和传递方式、内容选择、挖掘价值和评价机制等方面提出具体的建议。刘聪④总结美国明尼苏达州婴幼儿家庭教育指导服务体系，从我国婴幼儿家庭教育指导在服务体系的搭建、指导师的培养、方案设计和指导过程等几个方面提出建议。

（二）研究不足与展望

在研究方法上，大部分研究采用单一研究方法，除了现状研究采用问卷调查法和访谈法，其他的研究大部分都是基于自身实际经验进行总结。研究者身份各异，论文水平参差不齐。需要专业的理论工作者加入，深入研究，使用新的研究方法，在一定程度上改变经验知识丰富、理论知识不足的研究局面。近年来研究内容时代化，研究视角热点化，与现实越来越联系紧密，越来越细化，相关研究紧跟时代步伐，这有助于幼儿家庭教育指导的发展，但仍存在一些问题需要探讨和改进。

---

① 池浩田，左雪，冯海瑛. 基于微信平台开展幼儿家庭教育指导的实践探索：以呼和浩特市 A 公立幼儿园为例[J]. 内蒙古师范大学学报(教育科学版)，2019，32(01)：58-62.

② 戴翠玲，赵振国. “微信+”家庭教育指导模式的建构及应用[J]. 儿童与健康，2020(02)：40-42.

③ 孟繁慧. 疫情期背景下幼儿园家庭教育指导资源建设的实践研究：以黑龙江省为例[J]. 黑龙江教师发展学院学报，2020，39(05)：10-12.

④ 刘聪. 美国明尼苏达州 0-5 岁婴幼儿家庭教育指导体系建构的启示[J]. 陕西学前师范学院学报，2020，36(08)：16-23.

1. 增加提升幼儿家庭教育指导质量的研究

梳理近年研究可知，从 1993 年到 2020 年有很多关于机构指导现状的研究，这些研究多采用问卷法和访谈法，从这些文献的研究结果可知指导机构主要集中在幼儿园，幼儿园具备家庭教育指导的基本工作能力，但是指导质量有待提高，指导未和家长需求挂钩，教师指导缺乏指导的专业性和时代性，社区和线上的指导质量仍需加强。这些研究虽然分析了幼儿园指导的现状，指出了普遍存在的问题，但是后续并没有关于如何提高幼儿家庭教育指导质量、如何提高指导人员的专业性、如何与时代挂钩创新指导模式并提高指导质量、如何用科学的研究方法证实指导质量提高的有效性的研究。而这些问题都需要专业的理论工作者和机构相关工作人员一起深入研究，使用新的、科学的、符合幼儿家庭教育指导的研究方法，提高幼儿家庭教育质量，让指导更科学、更高效。

2. 寻找合适的理论并从不同的角度丰富研究内容

从近几年的研究可发现，不同的研究内容，如对指导过程中所出现问题的研究、对某一类儿童的发展特点研究、对某一类家长的特点的研究，这些研究使得家庭教育指导的内容更加全面和细化，有助于幼儿家庭教育指导的发展。但是这些研究内容都缺乏理论的支撑，且不够丰富，缺少组织管理者的角度和指导者的角度。

研究者们应寻找合适的理论并从不同的角度来丰富研究内容。首先，我国家庭教育理论研究较少，寻找合适的理论既可以从不同视角审视家庭教育指导，又可以为构建幼儿家庭教育理论系统打下基础。比如从与其他学科知识的交叉融合中丰富幼儿家庭教育指导的内容，搭建与研究内容相符的理论框架。笔者在阅读文献中发现理论指导下的研究只有一篇，即李洪曾[①]就中国幼儿家庭教育研究搭建了“4422”的理论框架，并在这个框架基础上完成了课题的研究。其次，研究内容不够丰富。《全国家庭教育指导大纲(修订)》中明确提出，特殊家庭和特殊儿童的家庭教育指导，应包括离异重组家庭、农村留守儿童家庭、流动人口的家庭、服刑人员的家庭；智力障碍儿童、听力

① 李洪曾. 如何进行幼儿家庭教育指导实验[J]. 学前教育研究，1998(02)：30-34.

障碍儿童、视觉障碍儿童、肢体障碍儿童、精神心理障碍儿童和智优儿童。可见，仅从儿童和家庭的角度可开展的家庭教育指导的研究就如此之多，除了以上从不同类别的家庭和儿童的角度开展研究之外，还可以从组织管理者和家庭教育指导者的角度开展研究。因此。未来研究需要寻找合适的理论，从不同角度丰富研究内容，拓展研究的广度和深度。

3. 构建有中国特色、适合不同层次、多样的指导模式

经上文研究文献分析可得出，目前有以"微信+"家庭教育指导的新模式，研究内容与现实紧密联系，总结了新模式的设计、内容、形式、运行等方面的经验，对构建新的指导模式具有一定借鉴意义。但是这些新模式都没有理论的支撑，且模式不完整。家庭教育指导模式应在一定的理论指导下，明确环境和背景的条件，包括指导的组织、对象、内容、形式，对家长和儿童带来具有一定效果的相对稳定的范例，以供同等条件的指导单位借鉴使用。现有研究中未明确模式的使用条件，没有设定一定的指导环境和背景，且部分研究未用科学研究方法证实指导效果的可靠性。中国各地区自然环境和社会发展水平都不一样，因此我们需要构建具有中国特色的、适合不同层次的、多样的指导模式。

二、特殊家庭家庭教育研究综述

特殊家庭指不同于正常家庭的家庭类型的统称，这类家庭有家庭成员不全、家庭结构不完整和家庭功能不全等问题[①]。笔者阅读相关资料后，归纳总结出不同类型家庭的研究主要关于三个方面，即对儿童发展的影响、政策社会福利、干预方法。基于本课题的研究主题，本文将从特殊家庭与儿童发展的角度进行综述。

由于特殊家庭的家庭类型涵盖较广，包括单亲家庭、离异家庭、残疾家庭、流动家庭、留守家庭、服刑家庭等，也有研究把这些不同类型家庭的儿童统称为处境不利儿童[②]。由于残疾家庭和服刑家庭的研究甚少，难以综述。

① 朱荣科. 社会主义福利经济学[M]. 哈尔滨：黑龙江教育出版社，1998.

② FORST J L，HAMKES G R. The disadvantaged child：issues and innovations[M]. Boston：houghton mifflin，1970：38.

因此本研究从特殊家庭、单亲家庭、离异家庭、处境不利儿童等5类主题进行文献综述。

（一）文献内容分析与评述

1. 特殊家庭与儿童发展的研究

特殊家庭中的学生社会适应能力低于正常家庭①，特殊家庭子女的心理健康程度普遍低于正常家庭的子女。根据不同类型特殊家庭，子女的年龄和性别不同，特殊家庭子女的心理健康状况存在差异②。特殊家庭养育者的情感温暖有利于提高特殊家庭子女的心理健康状况，拒绝否认、干涉保护、惩罚严厉等教养方式对特殊家庭子女的心理健康不利③。

2. 单亲家庭与儿童发展的研究

单亲家庭指只有父亲或者母亲一方与其不具备独立生活能力的、年龄在18周岁以下，或虽然已经满18周岁但正在接受全日制教育的未婚子女共同生活的家庭。一般认为单亲家庭有离婚、丧偶、未婚、失踪、独生领养、分居等类型④。

单亲家庭的研究最早是关于美国黑色人种单亲家庭，研究集中在仅由离婚造成的单亲家庭上。从社会学的角度分析单亲家庭对亲子关系的负面影响，提出构建单亲家庭亲子关系和性别意识教育的人文关怀模式⑤。父母教养态度影响单亲家庭子女的发展，单亲家庭未分化角色类型的家长，子女的社会适应性较低，但当家长调整子女的性别教养态度，用开放、包容、正面的方式时，可提高子女的社会适应能力⑥。单亲家庭子女的自立行为显著低于正常家庭，子女的性别年龄和家长的文化程度的不同，单亲家庭儿童的自

---

① 柴江，许庆豫. 特殊家庭中学生社会适应性明显低于正常家庭：基于特殊家庭中学生社会适应性的调查研究[J]. 中国教育学刊，2015(09)：25-29.

② 王玲凤. 特殊家庭子女心理健康状况的调查分析[J]. 中国特殊教育，2007(03)：72-77.

③ 郭晓飞，藏学萍，刘刚，等. 特殊家庭教养方式与子女心理健康状况的关系[J]. 中国特殊教育，2008(02)：85-91.

④ 陈芳. 我国“单亲家庭”研究述评[J]. 西北人口，2008，29(5)：114-119.

⑤ 周兆安. 单亲家庭的亲子关系与性别意识教育：一个社会学解析[J]. 中国青年研究，2007(01)：63-66.

⑥ 陈羿君，沈亦丰，张海伦. 单亲家长性别角色类型与子女社会适应的关系：性别角色教养态度的中介作用[J]. 心理发展与教育，2016，32(03)：301-309.

立行为也会出现差异。家庭环境的变化不是影响儿童自立行为的唯一因素，单亲家庭的父母可以通过科学的教养方式，增进亲子关系，培养孩子的自理行为①。

3. 离异家庭与儿童发展

离异家庭与儿童发展的研究观点从“严重影响说”发展到“有限影响说”，研究从主要关注家庭结构不完整和抚养者缺失对儿童的影响，如离异家庭如何影响儿童的情绪、认识、自立行为、心理健康、社会性发展；到后来发现离异家庭对孩子的影响是通过某些间接因素，比如离异前后的亲子关系、家庭冲突、父母教养方式等，这些因素对儿童发展有更直接的影响。比如，离异家庭儿童的问题行为受母亲教养方式的影响，母亲不良的教养方式是影响幼儿行为问题的重要因素之一②；离异对子女个体和社会适应的影响的中介因素是亲子关系尤其是父子关系③。父母冲突比离异更多地影响着儿童的成长④。由此可见父母的行为、父母的教养方式、亲子关系等是影响离异家庭儿童健康成长的重要原因。因此，进行科学的家庭教育指导，指导家长使用正确的教养方式的同时要求父母也约束自身行为，增进亲子关系，从而使得儿童健康成长。

4. 处境不利儿童的发展

处境不利儿童指生活成长环境有问题的儿童，其生活成长的家庭环境不同于正常家庭，主要包括低收入家庭、新移民家庭、单亲家庭、未婚母亲家庭的儿童，和自身发展状况存在问题的儿童以及社会经济地位处境不利的儿童。

首先，处境不利儿童在就读经验上处于显著不利境地，学业准备处于低

---

① 凌辉，黄涛，李光程，等. 离异型单亲家庭儿童自立行为的现状与特点研究[J]. 中国临床心理学杂志，2019，29(05).

② 郑名. 离异家庭儿童行为问题与母亲教养方式的研究[J]. 中国特殊教育，2006(03)：38-40.

③ 王永丽，俞国良. 离异家庭子女适应的中介因素研究[J]. 心理科学，2010(05)：1273-1275.

④ 邓林园，赵鑫钰，方晓义. 离婚对儿童青少年心理发展的影响：父母冲突的重要作用[J]. 心理发展与教育，2016，32(02)：246-256.

水平状态①，童年社会学视野下处境不利儿童的生存境遇存在很多问题②，家庭视角下处境不利儿童的社会性发展较低③。其次，家庭因素影响处境不利儿童的发展，家庭资本影响处境不利儿童的学习品质主要是通过家庭心理韧性中的家庭信念因素。总的来说，处境不利儿童的身心发展状况低于正常儿童家庭，家庭因素是影响处境不利儿童心理健康发展的重要因素之一。

（二）研究不足与展望

综上所述，特殊家庭与儿童发展的研究一方面关注特殊家庭中孩子的心理发展，且大部分采用的是各类特殊家庭的儿童与正常家庭的儿童相比较的研究方法，研究结果表明，特殊家庭的孩子比正常家庭的孩子可能会有更多的行为问题。另一方面关注特殊家庭对儿童发展的影响。父母的教养态度、父母冲突、亲子关系是影响儿童发展的间接性因素。这些研究的对象主要是小学生和初中生，尽管目前有关特殊家庭儿童发展的研究有一定规模，但是以家庭教育指导为侧重点对特殊家庭的家长进行指导的研究相对缺乏，特别是学前教育阶段特殊家庭研究相对匮乏。童年时期，家庭结构的变化对儿童行为有重要的影响，与童年后期相比，生命前五年家庭破裂对儿童发展的影响更大，可能是因为家庭构成了幼儿的主要发展环境。本研究从家庭教育指导着手，研究学前阶段特殊家庭的家庭教育指导策略，为学前阶段特殊家庭提供一套完整的家庭教育指导方案。

三、留守儿童研究综述：基于 CiteSpace 的可视化分析

留守儿童是指父母双方外出务工或一方外出务工另一方无监护能力、不满十六周岁的未成年人。据 2022 年中国留守儿童数据统计显示，目前我国留守儿童数量为 902 万，在减少留守儿童数量方面虽取得较大进展，但 900

---

① 毛亚庆，王树涛. 西部农村处境不利儿童的就读经验现状及政策建议[J]. 教育学报，2017(3)：48-56.

② 高振宇. 童年社会学视野下处境不利儿童的生存境遇及其教育对策[J]. 教育发展研究，2016(24)：61-67.

③ 郑信军，岑国桢. 家庭处境不利儿童的社会性发展研究述评[J]. 心理科学，2006，29(03)：747-751.

多万留守儿童仍然值得全社会关注。2021年通过的《中共中央国务院关于全面推进乡村振兴加快农业农村现代化的意见》强调提高农村教育质量，加强对留守儿童的关爱服务。2023年民政部联合14部门印发的《农村留守儿童和困境儿童关爱服务质量提升三年行动方案》提出，“到2026年，农村留守儿童和困境儿童精神素养明显提升，监护体系更加健全，安全防护水平显著加强”。为了更好地分析我国留守儿童，了解该领域的研究趋势，本研究使用了科学计量分析工具CiteSpace(版本为5.8R1)进行可视化分析，以了解留守儿童的研究现状、留守儿童研究热点和趋势，以便更深刻地认识留守儿童的家庭。

(一)研究背景

2016年国务院印发《国务院关于加强农村留守儿童关爱保护工作的意见》，文件中将留守儿童定义为父母双方外出务工或一方外出务工另一方无监护能力、不满十六周岁的未成年人。2017年全国两会的政府工作报告中指出“要加强农村留守儿童关爱保护”，可见，农村留守儿童问题是我国经济社会发展中的阶段性问题。

纵观国际上关于留守儿童的研究，笔者通过查阅Web of Science(以下简称WOS)网站，统计出国际留守儿童研究的数据。如图2-1是文献的数量年度分布图，如图可知，文献数量有两个明显的增长阶段，2007年至2017年相关论文发表量激增，总体上数量较为稳定，无明显的大幅度激增或锐减；2017年至2020年，进入到新的增长期，尤其是2019、2020年的发文量几乎是前一时期的两倍以上，2020年的发文量达到182篇。可见国际上对留守儿童领域的研究已有一定规模，近几年研究热度持续增长。

为更全面地分析我国留守儿童研究现状，本研究将基于国际视野下分析全球留守儿童研究热点和趋势，梳理研究领域的发展脉络。研究的目标如下：首先，通过合作网络分析确定最有效的贡献者，包括个人和机构的研究人员；其次，通过共现网络分析，确定留守儿童研究领域的主要类别和主要研究主题；最后，结合我国留守儿童研究现状，展望我国关于留守儿童研究的未来趋势。

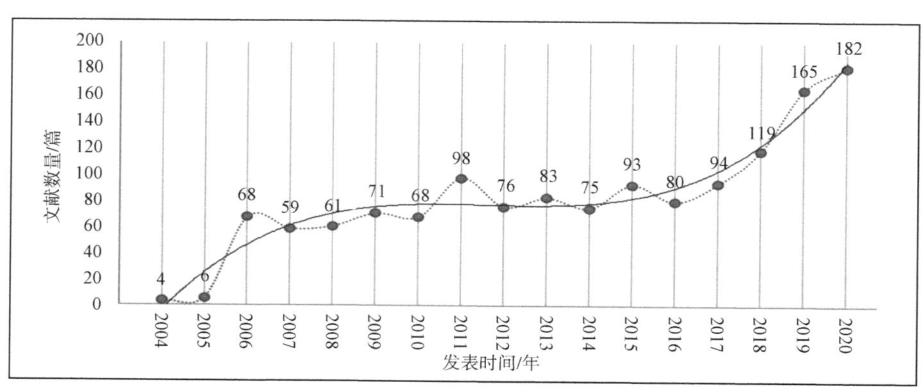

图 2-1　文献数量年度分布图

（二）研究方法

对于大多数学科来说，WOS 是权威的数据来源，包含了全世界最重要且有影响力的期刊，且留守儿童领域相关的出版物都在 WOS 数据库中，因此，本书用 WOS 数据库的数据作为全球留守儿童分析的数据来源。

本书采用科学计量分析工具 CiteSpace，于 2021 年 08 月 09 日在华南理工大学电子数据库的 WOS 核心合集中设定主题为“left-behind child”（留守儿童），时间跨度为 2004—2020 年，将含有“left-behind child”的所有文献全部汇集，符合查全率要求。共检索到 1468 篇文献，仅以论文作为唯一来源后，共得到 1402 篇样本作为本文的有效研究数据。

本书使用 CiteSpace 中的二种文献计量分析方法。方法一：合作网络分析。从作者、国家和机构的网络分析中寻找全球对留守儿童研究较多的作者、国家和机构，探索未来国家和机构的合作和研究趋势。方法二：共现网络分析。通过领域、关键词和术语的共现网络分析，探索该领域的研究变化和发展趋势。

（三）图谱解读和数据分析

1. 科学合作网络分析

科学合作是指在一篇论文中同时出现不同的作者、机构或者国家（地区），就认为它们存在合作关系，具体分为微观的学者合作网络、中观的机构合作网络、宏观的国际或地区合作网络。以下所引用的图片中（图 2-2），一个节点(圆圈)代表一位学者(国家或机构)，节点之间的连线说明之间有无合作，连线的粗细代表合作强度。圆圈的颜色表示发表文献的年份，圆圈的粗细代表文献的数量。

(1)学者合作网络分析

从学者合作网络来看，共有 549 个节点和 634 个链接。美国斯坦福大学的 Scott Rozelle 是研究领域成果最多的学者，其次是中国陕西师范大学的史耀疆。关于合作，学者 Scott Rozelle 和 Alexis Medina、Cody Abbey、Ai Yue、Fang Chang、Prashant Loyalka、史耀疆有合作。史耀疆和 Scott Rozelle、Cody Abbey、Ai Yue 、Prashant Loyalka、Fang Chang、Yue Wang、Renfu Luo 有合作。从合作关系网络中可以看出，许多学者会选择和一位高产学者一起发文，美国学者 Sott Rozelle 和中国学者史耀疆有较密切的合作。

扫码看图

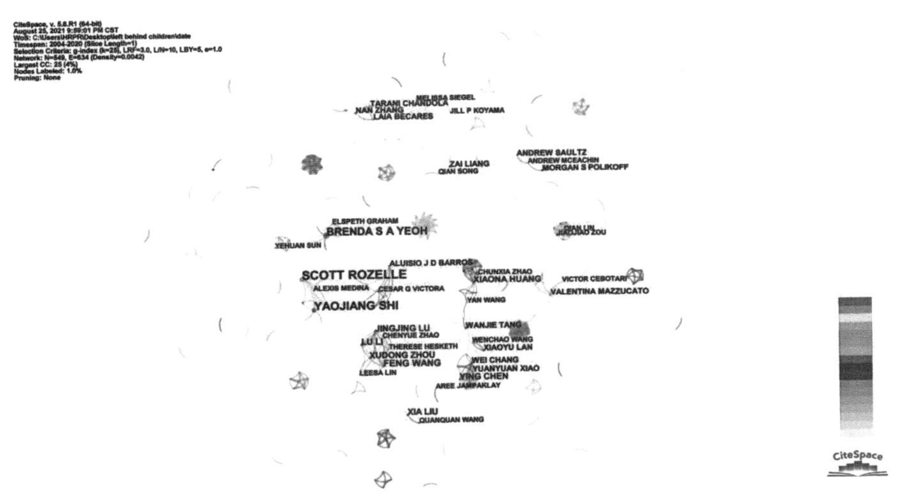

图 2-2　学者合作网络图

(注：图中颜色代表时间，颜色越暖，时间越近；颜色越冷，时代越久远)

表 2-1 所示的发文数量前 10 的学者中，有 8 位来自中国，并且中国学者和其他国家的学者建立了广泛的合作。在这里有一个值得探究的问题，即研究成果较多的作者是否在该领域具有高影响力？后文将通过使用高共引频率识别具有影响力和贡献水平的作者这一方式，来分析这个问题。

表 2-1　发表数量前 10 名的作者

序号	篇数	作者	机构	国家
1	16	SCOTT ROZELLE	斯坦福大学	美国
2	13	YAOJIANG SHI	陕西师范大学	中国
3	11	BRENDA S A YEOH	新加坡国立大学	新加坡
4	7	FENG WANG	浙江大学	中国
5	6	JINGJING LU	浙江大学	中国
6	6	LU LI	浙江大学	中国
7	6	XIA LIU	北京师范大学	中国
8	6	XIAONA HUANG	联合国儿童基金会驻华办事处	中国
9	6	XUDONG ZHOU	浙江大学	中国
10	6	YING CHEN	昆明医科大学	中国

（2）国家合作网络分析

由国家合作网络（图 2-3）分析可知，共有 118 个节点和 228 条链接。其中美国 908 篇，占比超过一半以上，其次为中国 383 篇、英国 121 篇、澳大利亚 59 篇、加拿大 58 篇、德国 43 篇、荷兰 37 篇、瑞士 29 篇、南非 28 篇、新加坡 26 篇、印度 22 篇、瑞典 22 篇、意大利 22 篇、法国 21 篇、日本 17 篇等。表明全球范围内有较多国家在关注留守儿童问题并进行研究。研究成果发文最多的是美国，其次是中国和英国，各个国家之间有较多的合作。

（3）机构合作网络分析

由机构合作网络（图 2-4）分析可知，共有 443 个节点和 325 条链接。发文最多的研究机构是斯坦福大学，共 37 篇；其次依次为北京师范大学 31 篇、北京大学 25 篇、哥伦比亚大学 29 篇、北卡罗来纳大学 23 篇、陕西师范大学 22 篇、新加坡国立大学 19 篇、中南大学 19 篇、哈佛大学 18 篇、浙江大学 18 篇、香港中文大学 17 篇、明尼苏达大学 17 篇等。这些机构为该领域的发展做出了贡献，发文量尤以中国和美国的科研机构较多。

另外，中介中心性是测度节点在网络中重要性的一个指标。Citespace 中使用此指标来发现和衡量文献的重要性。中介中心性越高，代表其在合作网络中越重要，发挥了重要作用。如图 2-4 中节点有紫色外圈代表高中介中心

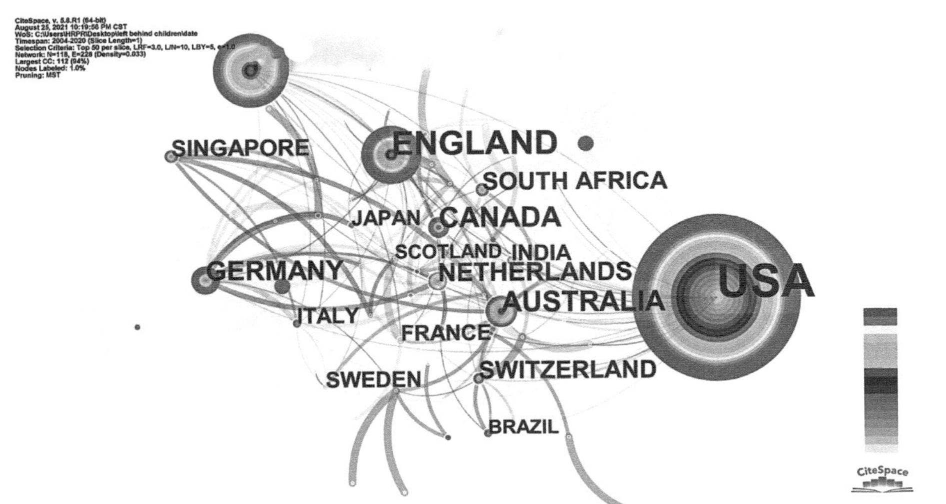

扫码看图

图 2-3　国家合作网络图

（注：图中颜色代表时间，颜色越暖，时间越近；颜色越冷，时代越久远）

扫码看图

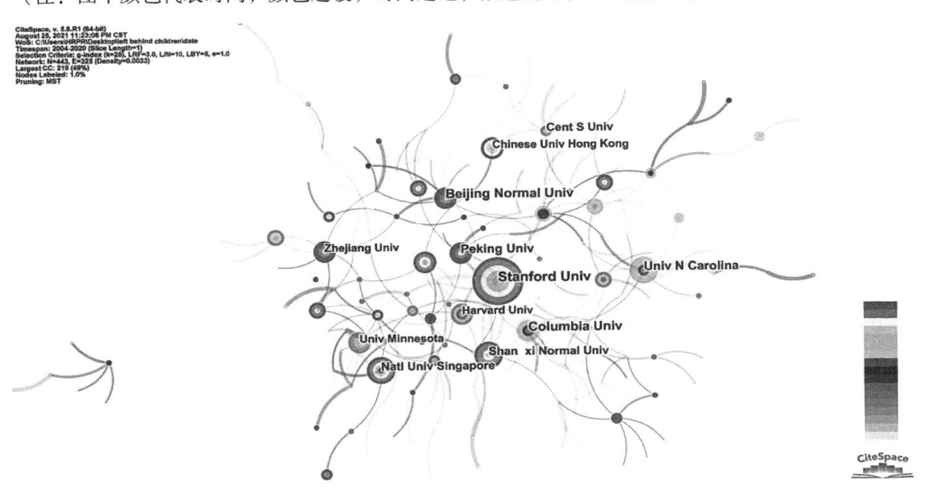

图 2-4　机构合作网络图

（注：图中颜色代表时间，颜色越暖，时间越近；颜色越冷，时代越久远）

性，国家合作网络的中介中心性较高的国家有美国(0.44)、英国(0.27)、德国(0.15)。因此，美国、英国和德国在留守儿童的研究中发挥了重要作用，相关研究可能特别重要。

爆发强度可以预测某一领域在什么时间段成为热点，甚至预测未来延续爆发性的趋势。其中美国(85.98，2004—2011)、英国(3.16，2016)、荷兰

（3.42，2018）、中国（41.31，2019—2020），表明留守儿童研究在美国于2004年到2011年这一期间较其他国家热度更高。因为突发事件之后可能会出现热度增加的趋势，故可预测中国研究量将继续增加，值得在未来进一步关注。

总的来说，科研合作网络分析方面，美国的文献量是最多的，发文量最多的是美国学者Scott Rozelle。其次是中国和英国。各个国家以及各个国家学者之间已建立广泛的合作。中国和美国的研究机构发文量较多。但就科研的重要性而言，美国和英国的相关研究在留守儿童研究中发挥了重要作用。可预测未来中国对该领域的研究热度会持续增加，值得进一步关注。

2. 主题和领域共现网络分析

对主题和领域的共现网络分析，使用的方法是统计文献中核心内容的关键词或主题词频次，通过频次的高低分布，来研究该领域的发展动向和研究热点。本研究采用全面合理的领域共现网络和术语共现网络分析，探索留守儿童研究的趋势和前沿。

（1）领域的共现网络

由领域共现网络分析可知（图2-5），排名前十的领域依次为教育学与教育研究（education & educational research）（468，27.3%），心理学（psychology）（203，11.9%），公共、环境和职业健康（public，environmental & occupational health）（167，9.8%），商业与经济学（business & economics）（121，7.1%），经济学（economics）（117，6.8%），家庭研究（family studies）（101，5.9%），精神病学（psychiatry）（89，5.2%），人口统计学（demography）（85，5%），政府和法律（government & law）（64，3.7%），社会福利（social work）（63，3.7%），特殊教育（education，special）（60，3.5%）。为了初步了解留守儿童研究领域的变化过程，本文将2004年到2020年间每个领域的发文量进行统计。各个领域的科研文献在一定程度上反映了留守儿童研究和应用的发展情况。结果表明：第一，教育和教育研究领域的发文量是最多的，发文量显著增加的领域为家庭研究，社会福利，心理学，公共、环境和职业健康；与之相反，政策与法律、特殊教育的发文量呈下降趋势，尤其是教育学与教育研究领域的发文量明显下降，其他领域的发文量平稳上升。第二，教育学与教育研究领域研究时间较早，在2006年达到了最高篇数48篇，2013年之后逐渐下降。第三，精神病学领域研究数量逐渐增加，但在2019年之后有所下降。总的来说，早期发文量较多的主要是教育学与教育研究领域，近五年，家庭研究，心理学，公共、环境和职业健康，社会福利四个领域的研究迅逺增加。

此外，为了更准确地分析变化及趋势，本文分析了中介中心性。其中教育学与教育研究(0.4)，心理学(0.42)，公共、环境和职业健康(0.33)领域具有高中介中心性，表明这些领域可能对留守儿童研究的发展产生重大影响。

笔者在仔细阅读公共、环境和职业健康，环境科学与生态学，环境科学三个领域的文献后，发现公共、环境和职业健康领域主要研究留守儿童或者是父母迁移环境下儿童和父母的健康问题；环境科学与生态学主要研究宏观和微观各种环境变化对儿童的影响。由此可以推断出未来健康领域和环境科学领域的研究会持续增加，尤其是公共、环境和职业健康领域值得进一步关注。

扫码看图

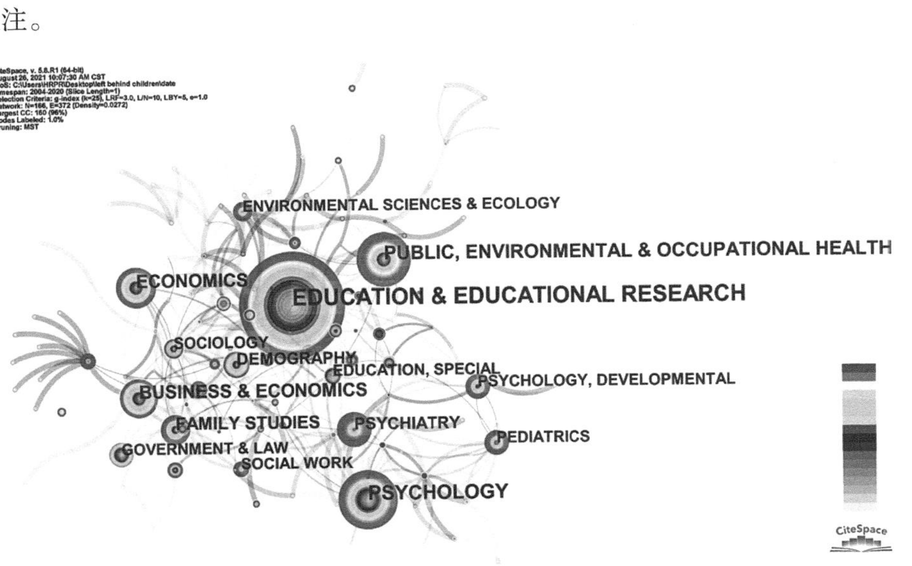

图 2-5　领域的共现网络

(2)关键词的共现网络

为了解研究主题随时间的发展趋势，本文采用作者和期刊共同提供的关键词进行共现网络分析。分析时将同类名词“left-behind children”（留守儿童）、“left behind children”（留守儿童）、“children”（孩子）合并为关键词“left behind children”（留守儿童）、“migration”（迁移）和“parental migration”（父母迁移）合并为“ migration”（迁移），得出关键词共现网络（图 2-6），共 45 个节点，109 个链接。left behind children（留守儿童）出现的次数最多，为 488 次，其次分别为 migration（迁移）（255 次）、impact（影响）（168 次）、education（教育）（149 次）、health（健康）（133 次）、mental health（心理健康）（93 次）、family（家庭）（81 次）、depression（抑郁）（74 次）、accountability（问责制）（69 次），China（中国）（104 次）、rural China（中国农村）（82 次）表示研究的地区，adolescent（青少年）（81 次）表示研究的对象，gender（留守儿童的性别）（68 次）表示 Lefe behind Children 研究的属性。

从关键词之间的联系可以看出，研究主题词之间的关系，比如与 mental health（心理健康）研究联系较多的是抑郁症、行为和农村地区，说明在心理健康方面的研究比较关注抑郁症和农村孩子。

总之，由各个分析我们可以推断出健康领域和环境科学领域的研究在未来会持续增加，尤其是留守儿童、父母迁移环境下儿童和父母的健康问题，以及宏观和微观各种环境变化对儿童的影响的研究值得进一步关注。

扫码看图

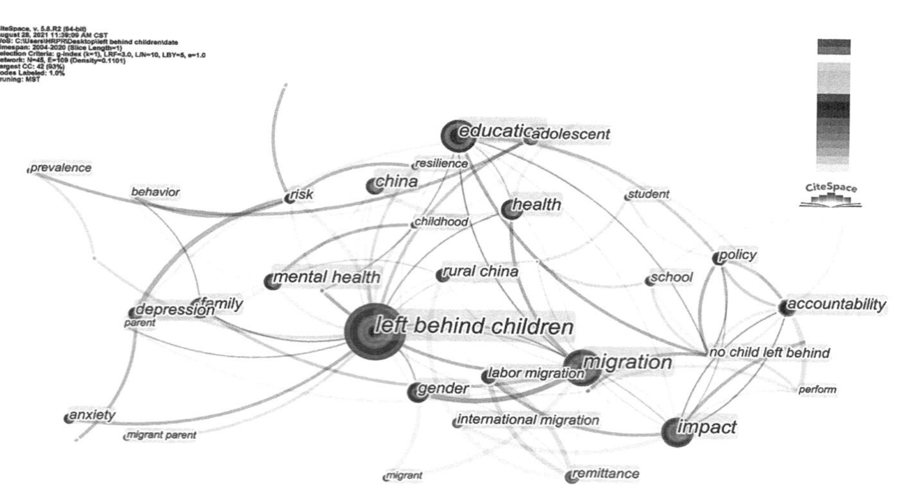

图 2-6 关键词的共现网络

3. 文献共引网络分析

文献共引网络分析是通过分析文献之间的相互引用关系构建而成，用于揭示引用文献的数量和发展的权威性论文，分析潜在的信息知识结构。它还可以用于科研领域的可视化，监测并预测未来的研究方向。特别是文献共引分析过程中产生的聚类，是文献共引分析的重要聚类分析单元。

通过对从 WOS 核心馆藏检索到的 1619 条记录中引用的 28118 篇学术文献进行整理分析，将高引用文献前 25 篇汇总成表 2-2。表 2-2 详细描述了这些文献的引用频率、中介中心性、出版年份、作者、文章标题、来源和相应的分类。从表 2-2 中的高频数被引用的文章分析可知，当前研究主要集中留守儿童生理或心理健康方面。Zhou C① 详细分析了父母的流动对儿童健康、营养及教育效果的影响，调查中发现农村留守儿童的表现不尽人意。Zhao X②、Cheng J③、Wang L④、Wu Q⑤ 等作者从不同维度分析了心理抑郁、焦虑在儿童中的表现情况，在相同年龄儿童中，留守儿童的心理抑郁/焦虑发生率较高；Wen M⑥、Fellmeth G⑦、Su S⑧ 等作者对儿童心理适应能力进行了评估，结果表明留守儿童的幸福感、满意度及心理适应能力较低。此外，Xu H⑨ 研究了随父母迁移的儿童的心理情况，发现迁移对其客观幸福感有显著

① ZHOU C, SYLVIA S, ZHANG L, et al. China's left-behind children: impact of parental migration on health, nutrition, and educational outcomes[J]. Health affairs, 2015, 34(11): 1964-1971.

② ZHAO X, CHEN J, CHEN M C, et al. Left-behind children in rural China experience higher levels of anxiety and poorer living conditions[J]. Acta paediatrica, 2014, 103(6): 665-670.

③ CHENG J, SUN Y H. Depression and anxiety among left-behind children in China: a systematic review[J]. Child: care, health and development, 2015, 41(4): 515-523.

④ WANG L, FENG Z, YANG G, et al. The epidemiological characteristics of depressive symptoms in the left-behind children and adolescents of Chongqing in China[J]. Journal of affective disorders, 2015, 177: 36-41.

⑤ WU Q, LU D, Kang M. Social capital and the mental health of children in rural China with different experiences of parental migration[J]. Social science & medicine, 2015, 132: 270-277.

⑥ WEN M, SU S, LI X, et al. Positive youth development in rural China: the role of parental migration[J]. Social science & medicine, 2015, 132: 261-269.

⑦ FELLMETH G, ROSE-CLARKE K, ZHAO C, et al. Health impacts of parental migration on left-behind children and adolescents: a systematic review and metal-analysis[J]. The Lancet, 2018, 392(10164): 2567-2582.

⑧ SU S, LI X, LIN D, et al. Psychological adjustment among left-behind children in rural China: the role of parental migration and parent-child communication[J]. Child: care, health and development, 2013, 39(2): 162-170.

⑨ XU H, XIE Y. The causal effects of rural-to-urban migration on children's well-being in China[J]. European sociological review, 2015, 31(4): 502-519.

的积极影响，但对其主观幸福感没有负面影响。Wang L① 研究了父母迁移和儿童的情感、社会和学业发展成果的关联性，认为父母迁移对儿童的发展不利。

表 2-2　前 25 篇高引用文献汇总

序号	篇数	中介中心性	年份	作者	文章名	出版物	聚类
1	41	0. 05	2015	Chengchao Zhou 等	"China's Left-Behind Children：Impact Of Parental Migration On Health，Nutrition，And Educational Outcomes"（《中国的留守儿童：父母迁移对健康、营养、教育结果和健康事件的影响》）	Health Affairs（《健康事务》）	#2
2	40	0. 03	2014	Xue Zhao 等	" Left-behind children in rural China experience higher levels of anxiety and poorer living conditions "（《中国农村的留守儿童焦虑程度较高，生活条件较差》）	Acta Paediatrica《儿科学报》	#1
3	38	0. 07	2012	Wen Ming	" Child Development in Rural China：Children Left Behind by Their Migrant Parents and Children of Nonmigrant Families"（《中国农村儿童发展：移民父母留下的子女和非移民家庭的子女》）	Child Development《儿童发展》	#1
4	37	0. 14	2015	Cheng J	"Depression and anxiety among left-behind children in China：a systematic review"（《中国留守儿童抑郁与焦虑的系统综述》）	Child：Care，Health and Development《儿童：护理、健康与发展》	#3

① WANG L，MESMAN J. Child development in the face of rural-to-urban migration in China：A meta-analytic review[J]. Perspectives on psychological science，2015，10(6)：813-831.

续表

序号	篇数	中介中心性	年份	作者	文章名	出版物	聚类
5	31	0. 08	2015	Lifei Wang	“The epidemiological characteristics of depressive symptoms in the left-behind children and adolescents of Chongqing in China”(《中国重庆留守儿童和青少年抑郁症状的流行病学特征》)	Journal of Affective Disorders《情感障碍杂志》	#4
6	30	0	2015	Qiaobing Wu	“Social capital and the mental health of children in rural China with different experiences of parental migration”(《中国农村有不同父母迁移经历的儿童的社会资本与心理健康状况》)	Social Science & Medicine《社会神经科学》	#2
7	27	0. 01	2015	Lamei Wang	“Child Development in the Face of Rural-to-Urban Migration in China：A Meta-Analytic Review”(《面对中国城乡迁移的儿童发展：元分析回顾》)	Perspectives on Psychological Science《社会神经科学》	#2
8	27	0. 13	2015	Hongwei Xu	“The Causal Effects of Rural-to-Urban Migration on Children’s Well-being in China”(《城乡迁移对中国儿童健康的因果影响》)	European Sociological Review《欧洲社会学评论》	#2
9	26	0. 04	2018	Gracia Fellmeth	“Health impacts of parental migration on left-behind children and adolescents：a systematic review and meta-analysis”(《父母移徙对留守儿童和青少年的健康影响：系统回顾和荟萃分析》)	The Lancet《柳叶刀》	#13

续表

序号	篇数	中介中心性	年份	作者	文章名	出版物	聚类
10	26	0.05	2013	S. Su	"Psychological adjustment among left-behind children in rural China: the role of parental migration and parent-child communication"(《中国农村留守儿童的心理调整：父母迁移与亲子沟通的作用》)	Child: care, health and development《儿童：护理、健康与发展》	#2
11	25	0.03	2015	Patricia Cortes	"The feminization of international migration and its effects on the children left behind: evidence from the philippines"(《国际移民的女性化及其对遗留儿童的影响：来自菲律宾的证据》)	World Development《世界发展》	#12
12	24	0.03	2015	Ming Wen	"Positive youth development in rural China: the role of parental migration"(《中国农村青年的积极发展：父母迁移的作用》)	Social Science & Medicine《社会神经科学》	#15
13	23	0.03	2014	Hongwei Hu	"The psychological and behavioral outcomes of migrant and left-behind children in China"(《中国移民和留守儿童的心理和行为后果》)	Children and Youth Services Review《儿童与青少年服务评论》	#1
14	23	0.02	2012	Bingyan He	"Depression risk of 'left-behind children' in rural China"(《中国农村"留守儿童"的抑郁风险》)	Psychiatry Research《精神病学研究》	#1
15	23	0.08	2014	Minhui Zhou	"Effects of parents' migration on the education of children left behind in rural china"(《父母迁移对我国农村留守儿童教育的影响》)	Population and Development Review《人口与发展评论》	#2

续表

序号	篇数	中介中心性	年份	作者	文章名	出版物	聚类
16	22	0. 01	2015	Jingxin Zhao	"Parent-child cohesion, friend companionship and left-behind children's emotional adaptation in rural China"(《亲子凝聚力、朋友陪伴与留守儿童的情感适应》)	Child Abuse & Neglect《虐待与忽视儿童》	#4
17	22	0. 11	2015	Xiaojun Sun	"Psychological development and educational problems of left-behind children in rural China"(《中国农村留守儿童的心理发展与教育问题》)	School Psychology International《国际学校心理学》	#6
18	21	0. 03	2011	Elspeth Graham	"Migrant parents and the psychological well-Being of left-behind children in southeast Asia"(《移民父母与东南亚地区留守儿童的心理健康状况》)	Journal of Marriage and Family《婚姻与家庭杂志》	#1
19	21	0	2010	Yang Gao	"The impact of parental migration on health status and health behaviours among left behind adolescent school children in China"(《父母移徙对中国留守学校儿童健康状况和健康行为的影响》)	BMC Public Health《BMC 公共卫生》	#7
20	17	0. 15	2011	Thomas S. Dee	"The impact of No Child Left Behind on student achievement"(《〈不让一个孩子掉队〉"法案对学生成绩的影响》)	Journal of Policy Analysis and Management《政策分析与管理杂志》	#0
21	17	0. 03	2015	Min Shen	"Parental migration patterns and risk of depression and anxiety disorder among rural children aged 10-18 years in China: a cross-sectional study"(《中国 10—18 岁农村儿童的父母迁移模式及抑郁和焦虑障碍风险的横断面研究》)	BMJ Open《BMJ 开放获取期刊》	#16

续表

序号	篇数	中介中心性	年份	作者	文章名	出版物	聚类
22	17	0	2018	Tang Wanjie	"Mental health and psychosocial problems among Chinese left-behind children: a cross-sectional comparative study"(《中国留守儿童心理健康与社会心理问题的横断面比较研究》)	Journal of Affective Disorders《情感障碍杂志》	#4
23	16	0. 01	2016	Fengqing Zhao	"Parental migration and rural left-behind children's mental health in China: a meta-Analysis based on mental health test"(《中国父母迁移与农村留守儿童心理健康：基于心理健康检验的荟萃分析》)	J Child Fam Stud《儿童与家庭研究杂志》	#4
24	16	0. 01	2015	Patricia Cort'es	"The feminization of international migration and its effects on the families left behind: evidence from the Philippines"(《国际移民的女性化及其对遗留家庭的影响：来自菲律宾的证据》)	World Development《世界发展》	#2
25	16	0. 08	2011	Jingzhong Y	"Differentiated childhoods: impacts of rural labor migration on left-behind children in China"(《差异儿童：中国农村劳动力迁移对留守儿童的影响》)	The Journal of Peasant Studies《农民研究杂志》	#7

由文献共被引和术语混合网络的集群视图(图 2-7)可知，有 173 个节点和 1608 个链接。每个节点表示留守儿童研究领域的一篇文献，并标明作者姓名和出版年份，而节点的链接反映了文献之间的共引关系。为了生成该图，笔者基于共引文献分析生成了由紧密定位的节点组成的 11 个典型聚类，这 11 个聚类的标签是使用术语频率倒排文档频率的算法(TF-IDF 统计方法)从与每个聚类中引用的文档相关联的关键词和标题术语自动生成的。其中 11 个聚类的“模块化 Q”值为 0. 6629，“平均轮廓”值为 0. 8764，关系十分显著。

在图 2-7 中，通过节点、链接的大小和颜色、集群成员之间的共引关系，以及每个集群中的高频术语，可以描述文献共引和术语网络。例如，集群#0、#1、#2 和#3 比其他集群更大，有更多的成员节点，这些节点的颜色表明聚类成员之间的整体共被引关系在 2010—2014 年之间。在集群#0 中，

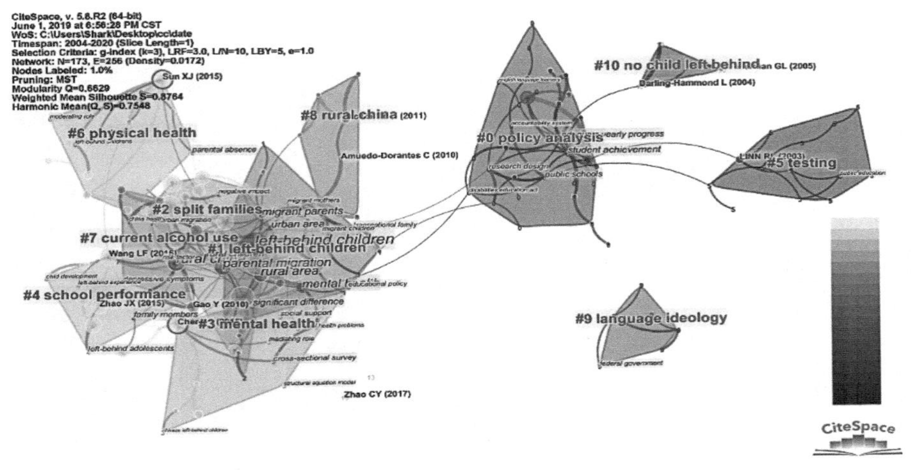

扫码看图

图 2-7　文献共被引和术语混合网络的集群视图

（注：图例颜色代表时间，颜色越暖，时间越近；颜色越冷，时代越久远）

出现了深蓝色的链接，这表明相应节点之间的关系是在 2007 年左右形成的。集群#0 衍生的术语表明，集群#0 的重点是学业成就、公立学校及问责制。关于聚类之间的关系，聚类#1 与聚类#2、#3、#4、#7 的联系最多，并且聚类#1 中最具代表性的文章是 Zhao X① 等人的，它将集群#1 链接到集群#2、#3、#4、#7。

为了阐明 11 个集群的发展路径，并将其主要文献所代表的新兴趋势可视化，基于节点的不同大小和集群颜色的演变，生成了一个同引时间线可视化图（如图 2-8）。在图 2-8 中，从［1］到［25］的数字表示表 2-4 中所列文献的位置，说明了各集群中重要文献发表的时间顺序和留守儿童研究的宏观结

① ZHAO X，CHEN J，Chen M C，et al. Left-behind children in rural China experience higher levels of anxiety and poorer living conditions［J］. Acta paediatrica，2014，103(6).

构演变。例如集群#1 包含 Zhao X①、Wen M②、Hu H③、He B④、Graham E⑤ 等人撰写的高被引文献，该集群中最早的文献发布于 2007 年，最新的发布于 2019 年。

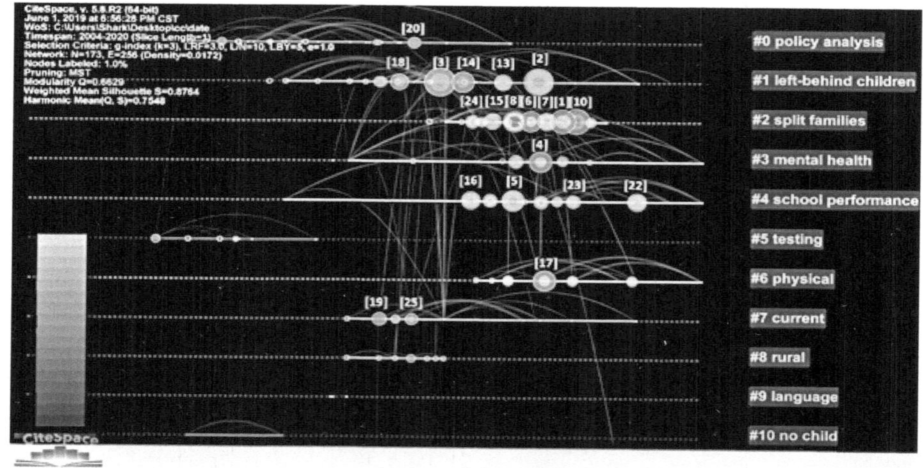

扫码看图

图 2-8　11 个集群的同引时间线可视化图

图 2-8 中具有红紫色外环的节点表示具有较高的中介中心性，如 Cheng J⑥（No. 4，0. 14）、Xu H⑦（No. 8，0. 13）、Sun X⑧（No. 17，0. 11）、Dee T

---

① ZHAO X，CHEN J，CHEN M C，et al. Left-behind children in rural China experience higher levels of anxiety and poorer living conditions[J]. Acta paediatrica，2014，103(6)：665-670.

② WEN M，SU S，LI X，et al. Positive youth development in rural China：The role of parental migration[J]. Social science & medicine，2015，132：261-269.

③ HU H，LU S，HUANG C C. The psychological and behavioral outcomes of migrant and left-behind children in China[J]. Children and youth services review，2014，46：1-10.

④ HE B，FAN J，LIU N，et al. Depression risk of ‘left-behind children’ in rural China[J]. Psychiatry research，2012，200(2-3)：306-312.

⑤ GRAHAM E，JORDAN L P. Migrant parents and the psychological well-being of left-behind children in Southeast Asia[J]. Journal of marriage and family，2011，73(4)：763-787.

⑥ CHENG J，SUN Y H. Depression and anxiety among left-behind children in China：a systematic review[J]. Child：care，health and development，2015，41(4)：515-523.

⑦ XU H，XIE Y. The causal effects of rural-to-urban migration on children’s well-being in China[J]. European sociological review，2015，31(4)：502-519.

⑧ SUN X，TIAN Y，ZHANG Y，et al. Psychological development and educational problems of left-behind children in rural China[J]. School psychology international，2015，36(3)：227-252.

S①(No. 20，0. 15)等作者的文章，这表明这些文献出现了主要的学术研究转折点。

4. 同引聚类分析

基于文献共引分析，我们可以识别每个聚类中代表每个领域关键节点的高引用文献，基于此并结合专业分析，还可以解读留守儿童研究的学术结构，包括聚类的研究内容和聚类之间的相互关系。

表 2-3 列出了从图表中识别的六个最大的文献共引聚类，以及聚类标识、大小、轮廓值、基于 TF-IDF 加权值的聚类标签、代表性文献、代表性被引文献和每个聚类的组合标签。大小代表该聚类中包含的文献数量，代表性文献和代表性引用文档反映每个聚类的研究重点。

表 2-3 六个最大的文献共引聚类

聚类标识	大小	轮廓值	聚类标签（TF-IDF）	代表性文献	代表性被引文献	聚类组合标签
#0	32	0. 968	policy analysis(政策分析)(9. 21)；accountability（问责制)(8. 76)；no child left behind（不让一个孩子掉队)(8. 43)；NCLB(不让一个孩子掉队法案)(8. 21)；left-behind children（留守儿童)(7. 34)	Dee Thomas S（DOI 10. 1002/pam. 20586）	Ladd H F(DOI 10. 1002/pam. 21615)	NCLB 法案
#1	25	0. 893	left-behind children（留守儿童）(7. 93)；transnational migration（跨国移民）（7. 81 ）；care（护理）(7. 81)；rural area（农村地区）(6. 05)；transnational families（跨国家庭)(5. 93)	FAN F(DOI 10. 1007/s00127-009-0107-4)	Wang L(DOI 10. 1177/1745691615600145)	儿童情绪行为及发展

① DEE T S，JACOB B. The impact of No Child Left Behind on student achievement[J]. Journal of policy analysis and management，2011，30(3)：418-446.

续表

聚类标识	大小	轮廓值	聚类标签（TF-IDF）	代表性文献	代表性被引文献	聚类组合标签
#2	18	0.924	split families（离异家庭）（8.21）；flourishing（繁荣）（7.58）；rural children（农村儿童）（7.21）；parental migration（父母迁移）（7.01）；migration（迁移）（6.53）	Zhou C（DOI 10.1377/hlthaff.2015.0150）	Yue A（DOI 10.1086/692290）	家庭迁移与儿童健康
#3	15	0.811	mental health（心理健康）（7.99）；left-behind families（留守家庭）（7.81）；urbanization（城市化）（7.66）；parenting style（育儿方式）（7.54）；rural left-behind children（农村留守儿童）（7.91）	Guo J（DOI 10.1371/journal.pone.0145606）	Zhou M（DOI 10.3390/ijerph15020283）	抑郁症
#4	13	0.978	school performance（学习成绩）（9.55）；peer attachment（同伴依恋）（9.43）；left-behind adolescents（留守青少年）（5.87）；mediating effect（调节效应）（5.81）；self-esteem（自尊）（5.4）	Zhao J（DOI 10.1016/j.chiabu.2015.07.005）	Zhao C（DOI 10.1007/s00127-017-1386-9）	父母迁徙与社会心理健康

聚类#0是最大聚类，有32篇文献，轮廓值为0.968。根据TF-IDF指标，聚类#0被标记为“policy analysis”（政策分析），且聚类的组合标签可总结为“NCLB法案”（No Child Leave Behind，“不让一个孩子掉队”法案）。该聚类中最具代表性的文献是Dee T S①等作者发表的，该论文主要研究了“NCLB法案”对学生成绩的影响情况。结果表明，NCLB法案使四年级学生的平均数学成绩在统计学上显著提高。聚类#0最活跃的引用文献是Ladd H F②等作者发表的文章，该论文论述了美国旨在改善美国教育体系的政策举措并未直接解决弱势学生所面临的教育挑战，因为它们对提高整体学生成绩或缩小学生

① DEE T S，JACOB B. The impact of no child left behind on student achievement[J]. Journal of policy analysis and management，2011，30(3)：418-446.

② LADD H F. Education and poverty：confronting the evidence[J]. Journal of policy analysis and management，2012，31(2)：203-227.

之间的成绩和教育程度差距贡献甚微，而且未来也不太可能做出太大贡献。此外，此类政策有可能造成严重伤害。

聚类#1 是第二大聚类，有 25 个节点，轮廓值为 0. 893。根据 TF-IDF 指标，聚类#1 被标记为“left-behind children”（留守儿童），且聚类的组合标签可总结为“儿童情绪行为及发展”。该聚类中最具代表性的文献由 Fan F① 等作者发表，该论文主要调查中国湖南省留守儿童的行为和情绪问题及其相关性，结果表明留守儿童有出现情绪或行为问题的风险，作者号召政府制定预防精神病理学发展及问题改善的策略，以降低留守儿童的发病率。聚类#1 最活跃的引用文献由 Wang L② 等作者发表，该论文分析中国儿童从农村向城市迁移和父母迁移后的农村留守儿童的情感、社会和学业发展情况。研究表明在农村父母向城市的迁移过程中，无论是让孩子一同流动还是让孩子留守农村都对孩子的发展不利。

聚类#2 是第三大聚类，有 18 个节点，轮廓值为 0. 924。根据 TF-IDF 指标，聚类#2 被标记为“离异家庭”，且聚类的组合标签可总结为“家庭迁移与儿童健康”。该聚类中最具代表性的文献由 Zhou C③ 等作者发表，该研究从健康、营养和教育等九个方面的指标评估了留守儿童是否脆弱，并建议将旨在改善留守儿童健康、营养和教育的专项计划覆盖至中国农村的所有儿童。聚类#2 最活跃的引用文献由 Yue A④ 等作者发表，该论文探讨了中国农村幼儿的认知迟缓问题以及他们的看护人在幼儿产生低认知水平（即低智商）中的作用。研究结果表明，由于农村儿童早期发展不足，中国可能正面临国家危机。

聚类#3 是第四大聚类，有 15 个节点，轮廓值为 0. 811。根据 TF-IDF 指标，聚类#3 被标记为“mental health”（心理健康），且聚类的组合标签可总结

---

① FAN F, SU L, GILL M K, et al. Emotional and behavioral problems of Chinese left-behind children: a preliminary study[J]. Social psychiatry and psychiatric epidemiology, 2010, 45(6): 655-664.

② WANG L, MESMAN J. Child development in the face of rural-to-urban migration in China: a meta-analytic review[J]. Perspectives on psychological science, 2015, 10(6): 813-831.

③ ZHOU C, SYLVIA S, ZHANG L, et al. China's left-behind children: impact of parental migration on health, nutrition and educational outcomes[J]. Health affairs, 2015, 34(11): 1964-1971.

④ YUE A, SHI Y, LUO R, et al. China's invisible crisis: cognitive delays among rural toddlers and the absence of modern parenting[J]. The China journal, 2017, 78(1): 50-80.

为“抑郁症”。该聚类中最具代表性的文献由 Guo J① 等作者发表，该文献比较了流动儿童、留守儿童与非留守儿童的抑郁症发生率，及抑郁症发生率与亲子关系和师生关系的相关性。结果表明抑郁症与亲子关系质量和师生关系质量有关。留守儿童中，负亲子关系与抑郁症的相关性高于负师生关系。聚类#3最活跃的引用文献由 Zhou M② 等作者发表，该论文发现城市地区（占样本儿童的 14%）的抑郁症状发生率明显低于农村地区（占样本儿童的 23%）。研究结果表明，来自少数民族、贫困家庭以及父母患有抑郁症的孩子比其他孩子更容易患抑郁症，并且发现抑郁症症状不会因性别而异。

聚类#4 是第五大聚类，有 13 个节点，轮廓值为 0.691。根据 TF-IDF 指标，聚类#4 被标记为“school performance”（在校表现），且聚类的组合标签可总结为“父母迁徙与社会心理健康”。该聚类中最具代表性的文献由 Zhao J③ 等作者发表，该论文探讨了亲子凝聚力和朋友陪伴对儿童情绪的影响，结果表明亲子凝聚力和朋友陪伴在不同程度上与留守儿童的情感结果直接相关。聚类#4 最活跃的引用文献由 Zhao C④ 等作者发表，该论文调查了父母迁移对儿童社会心理表现的影响，父母迁移对儿童具有独立的、长期的不利影响。留守儿童的社会心理健康更多地取决于核心家庭成员之间的关系纽带和支持的可用性，而不是社会经济地位。

5. 文献共同引用和术语混合网络中的突发事件

为了更直观地展示留守儿童研究的演变，笔者选定了几份重要文献来描述不断演变的网络，这些文献在指导留守儿童研究的发展和演变产生根本性影响方面显示出很大的潜力。

---

① GUO J，REN X，WANG X，et al. Depression among migrant and left-behind children in China in relation to the quality of parent-child and teacher-child relationships［J］. PLoS One，2015，10（12）：e0145606.

② ZHOU M，ZHANG G，ROZELLE S，et al. Depressive symptoms of Chinese children：prevalence and correlated factors among subgroups［J］. International journal of environmental research and public health，2018，15（2）：283.

③ ZHAO J，LIU X，WANG M. Parent-child cohesion，friend companionship and left-behind children's emotional adaptation in rural China［J］. Child abuse & neglect，2015，48：190-199.

④ ZHAO C，WANG F，LI L，et al. Long-term impacts of parental migration on chinese children's psychosocial well-being：mitigating and exacerbating factors［J］. Social psychiatry and psychiatric epidemiology，2017，52（6）：669-677.

根据已确定的现有主要研究课题，可以预测和进一步探索留守儿童研究未来的几个方向。如果一个术语的出现频率在短时间内显著增加，我们可以推断这个术语代表了一种发展趋势。类似地，在一定程度上，特定文献的引用突发事件表明其引用频率可能在短时间内发生了显著波动。在我们的研究中，我们选取了从 2004 年到 2020 年有重大引用爆发的文献和术语，以分析留守儿童研究的趋势。

为了识别不断涌现的术语，笔者首先从下载的数据记录中提取名词短语，方法是选择所需的年龄限制，单击名词短语菜单并识别单词的词性标签。图 2-9 显示了具有强引用爆发的 15 个关键术语。其中“accountability”（责任）在 2007—2014 年保持活跃，爆发强度为 27.95；其他术语按照爆发强度大小依次有“no child left behind”（不让一个孩子掉队）（2006—2013，22.88）；“policy”（政策）（2009—2014，22.69）“education”（教育）（2006—2014，20.78）；“school”（学校）（2006—2012，19.38）；“performance”（表现）（2006—2012，10.74）。2017 到 2020 年间“labor migration”（劳动迁移）、“anxiety”（焦虑）等术语的爆发，表明劳动迁移与留守儿童抑郁的相关性可能是未来留守儿童研究的一个新兴主题趋势。

结合术语的演变，笔者借助文献共引分析，根据时间顺序，整理出了具有强引用爆发的 15 篇参考文献（图 2-10）。

研究人员重点评估了留守儿童的身体健康情况及与健康相关的行为；留守儿童的照顾和养育状况；留守儿童的心理健康状况；NCLB 法案的影响；留守儿童面临的一些心理健康问题，如孤独感、心理调节能力；抑郁症风险及患病率；社交焦虑；情感适应力；留守儿童情绪、教育、行为表现等方面的问题，如情绪、行为发展问题，学习行为及教育表现问题。在这些文献中，有 5 篇文献在近两年中显示出显著的强引用爆发。这些文章都重点分析了留守儿童的心理教育及行为表现，如：留守儿童社会焦虑表现及相关社会人口特征；留守儿童教育成绩表现；留守儿童的心理和行为问题；留守儿童的抑郁和焦虑表现；留守儿童在情感适应问题中的表现；等等。

扫码看图

Top 15 Keywords with the Strongest Citation Bursts

Keywords	Year	Strength	Begin	End	2004 - 2020
no child left behind	2004	22.88	**2006**	2013	
education	2004	20.78	**2006**	2014	
school	2004	19.38	**2006**	2012	
performance	2004	10.74	**2006**	2012	
student	2004	8.89	**2006**	2009	
accountability	2004	27.95	**2007**	2014	
achievement	2004	7.87	**2008**	2011	
policy	2004	22.69	**2009**	2014	
instruction	2004	7.26	**2009**	2010	
family	2004	5.78	**2012**	2013	
international migration	2004	3.85	**2014**	2016	
gender	2004	6.61	**2015**	2018	
childhood	2004	5.19	**2015**	2017	
labor migration	2004	5.88	**2017**	2018	
anxiety	2004	6.17	**2018**	2020	

图 2-9 具有强引用爆发的 15 个关键术语

扫码看图

Top 15 References with the Strongest Citation Bursts

References	Year	Strength	Begin	End	2004 - 2020
Gao Y, 2010, BMC PUBLIC HEALTH, V10, P0, DOI 10.1186/1471-2458-10-56, DOI	2010	11.32	**2012**	2015	
Graham E, 2011, J MARRIAGE FAM, V73, P763, DOI 10.1111/j.1741-3737.2011.00844.x, DOI	2011	10.35	**2012**	2016	
Dee T S, 2011, J POLICY ANAL MANAG, V30, P418, DOI 10.1002/pam.20586, DOI	2011	9.55	**2012**	2016	
Jia Z B, 2010, CHILD CARE HLTH DEV, V36, P812, DOI 10.1111/j.1365-2214.2010.01110.x, DOI	2010	8.94	**2012**	2015	
Fan F, 2010, SOC PSYCH PSYCH EPID, V45, P655, DOI 10.1007/s00127-009-0107-4, DOI	2010	8.47	**2012**	2015	
McKenzie D, 2011, J POPUL ECON, V24, P1331, DOI 10.1007/s00148-010-0316-x, DOI	2011	7.95	**2012**	2016	
Wen M, 2012, CHILD DEV, V83, P120, DOI 10.1111/j.1467-8624.2011.01698.x, DOI	2012	15.52	**2013**	2017	
Ye J Z, 2011, J PEASANT STUD, V38, P355, DOI 10.1080/03066150.2011.559012, DOI	2011	7.68	**2014**	2016	
Su S, 2013, CHILD CARE HLTH DEV, V39, P162, DOI 10.1111/j.1365-2214.2012.01400.x, DOI	2013	11.21	**2015**	2018	
He B Y, 2012, PSYCHIAT RES, V200, P306, DOI 10.1016/j.psychres.2012.04.001, DOI	2012	10.69	**2015**	2017	
Zhao X, 2014, ACTA PAEDIATR, V103, P665, DOI 10.1111/apa.12602, DOI	2014	9.32	**2015**	2020	
Zhou M H, 2014, POPUL DEV REV, V40, P273, DOI 10.1111/j.1728-4457.2014.00673.x, DOI	2014	9.01	**2017**	2020	
Hu H W, 2014, CHILD YOUTH SERV REV, V46, P1, DOI 10.1016/j.childyouth.2014.07.021, DOI	2014	8.79	**2017**	2020	
Cheng J, 2015, CHILD CARE HLTH DEV, V41, P515, DOI 10.1111/cch.12221, DOI	2015	8.68	**2018**	2020	
Zhao J X, 2015, CHILD ABUSE NEGLECT, V48, P190, DOI 10.1016/j.chiabu.2015.07.005, DOI	2015	7.72	**2018**	2020	

图 2-10 强引用爆发的 15 篇参考文献

（四）结论

纵观上述研究可知，对留守儿童已有的研究较多，且未来呈现上升趋势，主要研究结论如下：

首先，科研合作网络分析方面，美国发表的文献是最多的，发文量最多的是美国学者 Scott Rozelle。其次是中国和英国，中国的学者在这一领域有较多的研究，各个国家以及各国家学者之间建立了广泛的合作。就科研的重要性而言，美国和英国的相关研究可能在留守儿童研究中发挥重要作用。未来，中国对该领域的研究也会持续增加，值得关注。

其次，共现网络分析方面，教育学与教育研究，心理学，公共、环境和职业健康这些领域可能对留守儿童研究的发展产生重大影响。并推断出未来对健康领域和环境科学领域的研究会持续增加，尤其是从公共、环境和职业健康领域研究儿童和父母的健康问题值得进一步关注，如未来研究可能倾向于分析周围环境变化对留守儿童及父母健康的影响。

最后，我国的留守儿童研究的现状主要侧重于对留守儿童心理的研究，如“留守儿童心理健康教育现状及对策研究”“留守儿童心理健康与人格特征关系研究”“留守儿童的问题行为、主观幸福感和生活满意度及相关变量研究”“留守儿童的孤独感及相关变量研究”和“留守儿童家庭教育对策研究”等五大方面。未来对我国留守儿童的研究可以开展多学科的合作，在健康和环境领域有进一步突破。

四、离异家庭研究综述：基于 CiteSpace 的可视化分析

近年来，再婚人口和重组家庭的数量不断增加，家庭重组与家庭解体成为现代社会关注的重要现象。重组家庭内部的人际关系尤为复杂，是颇具敏感性与脆弱性的特殊家庭类型，在处理内部关系和矛盾冲突时，也产生了新的家庭教育问题。根据民政部公布的《2022 年民政事业发展统计公报》的数据显示，2022 年依法办理结婚登记 683.5 万对，比上年下降 10.6%；结婚率为 4.8‰，比上年下降 0.6 个千分点。依法办理离婚手续 287.9 万对，比上年增长 1.4%。离婚率从 2000 年的 0.96‰上升到 2020 年的 3.1‰，但 2021 年由

于开始实施离婚冷静期，离婚率下降到2.0‰[①]。2018年到2022年我国的离婚率依次为3.2‰、3.4‰、3.1‰、2.0‰、2.0‰，结婚率依次为7.3‰、6.6‰、5.8‰、5.4‰、4.8‰，从2018年到2022年离婚率和结婚率差值由4.1‰下降到2.8‰，意味着结婚的人数年年减少，但离婚的人数没有减少。

随着离婚率的增加，生活在离异家庭中的儿童、青少年也在急剧增加。据中国妇联的相关统计，67%左右的离异家庭都涉及孩子的问题。离异家庭儿童的发展与教育问题日渐突出，逐渐成为社会的关注焦点。考虑到离异对孩子可能带来的严重后果，有必要对家庭离异情况进行分析。本研究旨在通过CiteSpace分析离异家庭的研究现状，确定该领域的研究热点和前沿，以便进一步地认识离异行为，规避离异为家庭子女带来的不良影响。

（一）研究背景

一直以来，人们都视离异为家庭婚姻的异常状态，甚至将离婚的人冠以“婚姻失败”之名。近年来，中国乃至世界大部分国家的离婚率逐年递增（我国在2021年开始实施离婚冷静期，离婚率有所下降），人们对于离婚的认知也在不断发生着变化。对于离异家庭，影响最大的就是离异家庭子女，父母离异常常可能导致其心理发展过程上的某些缺失。

文献计量学是一种使用数学和统计学对出版物进行定量分析的方法，为研究人员分析学科热点和发展趋势，预测学科发展方向提供依据。值得注意的是，这是CiteSpace首次用于离异家庭研究领域的文献图谱可视化分析。本研究聚焦于国家、机构和学者的合作网络，从研究领域，学术关键词共现网络，期刊、作者、文献的共被引网络，以及聚类分析四个方面讨论了离异家庭研究的热点和趋势。

（二）研究方法

1. 数据采集

笔者于2022年2月14日进入华南理工大学电子数据库的Web of Science

① 中华人民共和国民政部. 2022年民政事业发展统计公报[R/OL]. [2022-10-13] https://www.mca.gov.cn/n156/n2679/c1662004999979995221/attr/306352.pdf.

核心合集进行检索。设定主题为“divorced family”(离异家庭),将含有“divorced family”的所有文献全部汇集,文档类型限制为“article”(论文),一共检索到 6513 篇文献。

2. 分析工具

采用 CiteSpace(版本为 5. 8R3)进行文献计量分析。此种方法分析出的结果由可视化知识图谱呈现。可视化知识图谱由节点和链接组成,图谱中的不同节点表示引用的参考文献、机构、作者和国家等元素,节点之间的链接表示协作、共现或共引的关系。节点和线条的颜色代表不同的年份。紫色圆形代表中介中心性,具有高中介中心性的节点通常被认为是一个领域的转折点或关键点。节点中心红色圆圈代表爆发强度,表明该文献在学术研究领域引起了较高的关注。

(三)结果与讨论

1. 出版物产出分析

图 2-11 显示了离异家庭研究论文的年度发文趋势,如图所示,研究时期可分为以下两个阶段:第一阶段为 1965 年到 1990 年,每年只有少量研究论文发表;第二阶段自 1991 年研究文献爆发以后,发文量持续增加,研究热度持续升高。由此可见,关于离异家庭的研究,正在受到越来越多的关注,并且正在进行更多的学术研究。

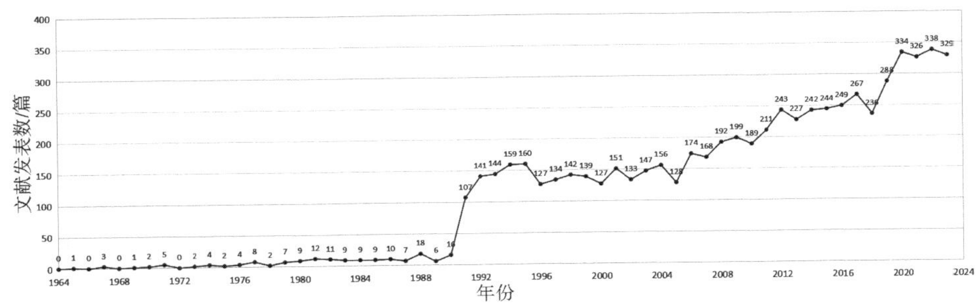

图 2-11　文献发表数量年度分布图

表 2-4 列出了发表离异家庭相关文章数量前 10 名的学术期刊,其中有 6

种期刊（排名 1、2、3、5、8 和 9）属于“family studies”类别。这些期刊是该领域的专业期刊，平均影响因子为 2.374。其中一些文章被高度引用，例如 *j pers soc psychol* 中的一篇文章被引用了 523 次，该文研究了重大生活事件对主观幸福感的影响情况，并指出结婚后的主观幸福感下降，而离异后人的主观幸福感却有所增加。此外，在 *The Lancet*（IF ＝79.323）和 *The Lancet Public Health*（IF ＝21.648）等高 IF 期刊上也发表了一些文章（IF 值在学术领域中特指影响因子）。例如 Patton① 对青少年的精神障碍问题进行了分析，发现父母分居或离异的患病青少年的持续精神障碍患病率更高；Jia L② 对中国 60 岁及以上成人痴呆和轻度认知障碍的问题进行全国性横断面研究，发现婚姻状态与老年痴呆有关，离异或者失去配偶可能会导致孤独感和缺乏沟通和互助，损害老年人的认知。

表 2-4　发表研究离异家庭相关文章数量前 10 名的学术期刊

排名	发表数	期刊	影响因子
1	267	*J MARRIAGE FAM*（《婚姻与家庭杂志》）	3.896
2	233	*J FAM ISSUES*（《家庭问题杂志》）	2.072
3	147	*FAM RELAT*（《家庭关系》）	3.082
4	126	*J Divorce Remarriage*（《离婚和再婚的杂志》）	1.5
5	113	*J MARRIAGE FAM*（《婚姻与家庭杂志》）	1.849
6	91	*DEMOGRAPHY*（《人口学》）	3.984
7	83	*DEMOGR RES*（《人口研究》）	2.046
8	80	*J FAM PSYCHOL*（《家庭心理学杂志》）	2.69
9	63	*J COMP FAM STUD*（《比较家庭研究杂志》）	0.297
10	62	*SOC SCI RES*（《社会科学研究》）	2.322

2. 合作网络分析

分析文献数据的作者信息可以科学地揭示和确定研究离异家庭的主要科

① Patton G C，Coffey C，Romaniuk H，et al. The prognosis of common mental disorders in adolescents：a 14-year prospective cohort study［J］. The Lancet，2014，383（9926）：1404-1411.

② Jia L，Du Y，Chu L，et al. Prevalence，risk factors，and management of dementia and mild cognitive impairment in adults aged 60 years or older in China：a cross-sectional study［J］. The Lancet Public Health，2020，5（12）：661-671.

研人员、机构和国家之间的网络关系。

图 2-12 是国家合作网络图谱，共有 81 个节点和 178 个链接。文献发表数量(表 2-5)排名前五的国家是美国、英国、加拿大、德国、荷兰。中介中心性排名前五的国家(紫色圆形)依次是美国(0.9)、英国(0.14)、德国(0.09)、加拿大(0.08)和瑞典(0.08)。发表数量和中介中心性分析表明，美国、英国、加拿大和德国是离异家庭领域的主要研究力量。

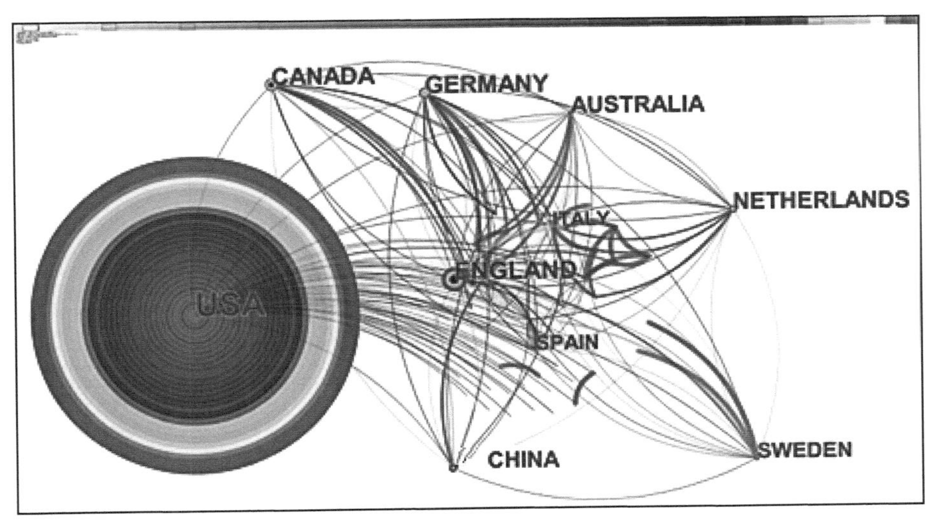

图 2-12　国家合作网络图谱

图 2-13 是机构合作网络图谱，共有 400 个节点和 347 个链接。文献发表数量排名(表 2-6)前五的大学是宾州州立大学、密歇根大学、亚利桑那州立大学、威斯康辛大学、俄亥俄州立大学。中介中心性排名前五的国家(紫色圆形)是密西根大学(0.03)、威斯康辛大学(0.03)、图尔库大学(0.03)、宾州州立大学(0.02)和哈佛大学(0.02)。发文量和中介中心性分析表明，宾州州立大学、密歇根大学、亚利桑那州立大学和威斯康辛大学是离异家庭领域的主要研究力量，宾州州立大学、密歇根大学和威斯康辛大学之间的合作最强。

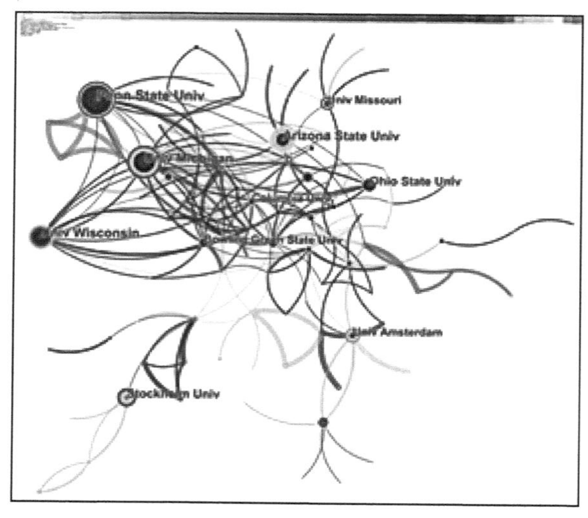

图 2-13 机构合作网络图谱

扫码看图

表 2-5 发表离异家庭相关文章数量前 10 名的国家

排名	发文篇数	起始年份	国家
1	2683	1967	美国
2	348	1973	英国
3	278	1979	加拿大
4	268	1988	德国
5	212	1994	荷兰
6	209	1987	澳大利亚
7	175	1994	中国
8	144	1971	瑞典
9	120	1994	西班牙
10	105	1990	意大利

表 2-6 发表离异家庭相关文章数量前 10 名的机构

排名	发文篇数	起始年份	机构
1	97	1999	宾州州立大学
2	82	1998	密歇根大学

续表

排名	发文篇数	起始年份	机构
3	76	2000	亚利桑那州立大学
4	69	1998	威斯康辛大学
5	51	1998	俄亥俄州立大学
6	47	2014	斯德哥尔摩大学
7	44	1998	密苏里大学
8	37	1999	哥伦比亚大学
9	36	2013	阿姆斯特丹大学
10	34	1999	鲍林格林州立大学

图 2-14 是学者合作网络图谱，共有 896 个节点和 597 个链接。表 2-7 列出了发表离异家庭相关文章数量的前 10 位作者，他们都是活跃在该领域的专家。其中最为活跃的研究者为 Kalmijn M，他在荷兰跨学科人口研究所工作，研究领域是社会人口学、家庭和生命过程社会学、社会分层、移民和种族、调查方法等。在最近发表的关于离异家庭的文献中，Kalmijn M① 研究了内疚在离婚过程中发挥的作用，父母对家庭问题的态度更传统时，影响更强烈、更显著。A Booth 和 Amato P. R.；Marilyn Coleman 和 Lawrence Ganong；Jennyun Tein、Sharlene A Wolchik 和 Irwin N Sandler 之间有一些合作。然而，此类合作中介的中心性为 0，表明研究作者之间的合作深度还不够。

表 2-7 研究离异家庭的前 10 位活跃作者

排名	发表数	起始年份	作者	排名	发表数	起始年份	作者
1	34	2007	Kalmijn M	6	18	2010	Jennyun Tein
2	27	1991	P. R. Amato	7	17	2010	Sharlene A Wolchik
3	23	2007	Irwin N Sandler	8	16	2006	Lawrence Ganong
4	22	2006	Marilyn Coleman	9	15	1989	A Booth
5	18	1989	R Forehand	10	13	2013	Koen Matthijs

总之，自 1991 年首篇离异家庭相关研究论文发表以来，该领域发文量

① KALMIJN M. Feelings of guilt in the family: the case of divorced parents[M]//Divorce in Europe. Berlin: Springer, Cham, 2020: 271-289.

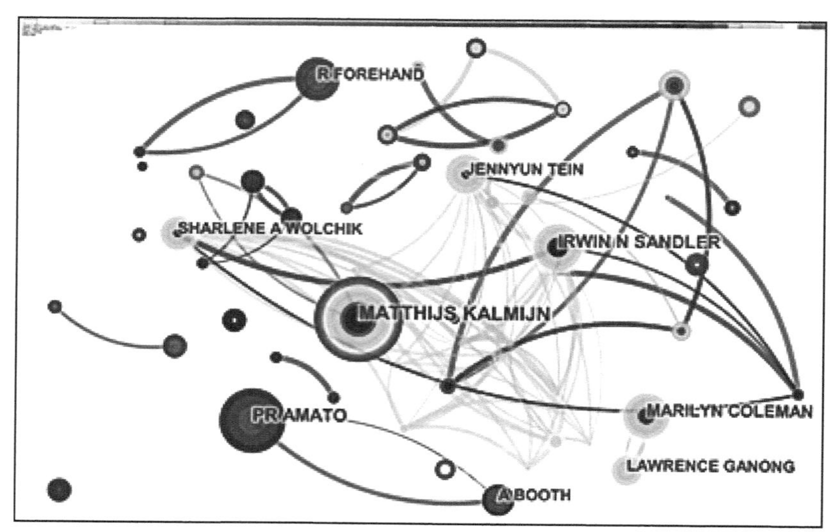

图 2-14　发表离异家庭相关文章的作者合作图谱

扫码看图

迅速增长，值得进一步关注。从国家、机构、作者合作网络图谱可以发现，美国的研究起步最早且贡献最大，发文量占比 40% 以上，且国内各研究机构建立了广泛的合作关系；荷兰、中国和西班牙的研究起步较晚但研究活跃。

3. 关键术语共现网络分析

在学术发展过程中，关于离异家庭的研究衍生出各种主题，基于全面合理的关键词、主题领域共现网络分析，可以分析和预测离异家庭研究的趋势和前沿。

图 2-15 是与离异家庭研究相关的主题分类共现网络，得到 110 个节点和 486 个链接。在所有节点中，在公共、环境和职业健康(0.28)，心理学(0.17)，经济学(0.14)，教育学与教育研究(0.14)和社会科学(0.13)主题中观察到具有高中介中心性的节点，这可能是连接不同阶段研究的主要知识转折点，可能对离异家庭研究发展产生重大影响。

由图可知，在家庭研究(35.83，1980—1993)、科学与技术(17.17，2013—2021)、发展心理学(15.82，1980—2000)、多学科的科学(14.54，2014—2021)和环境科学与生态学(12.16，2005—2018)等主题中观察到强爆发，表明与这些主题相关的出版物数量出现了显著波动，这些类别的论文在相应年份对离异家庭研究的发展做出了巨大贡献。

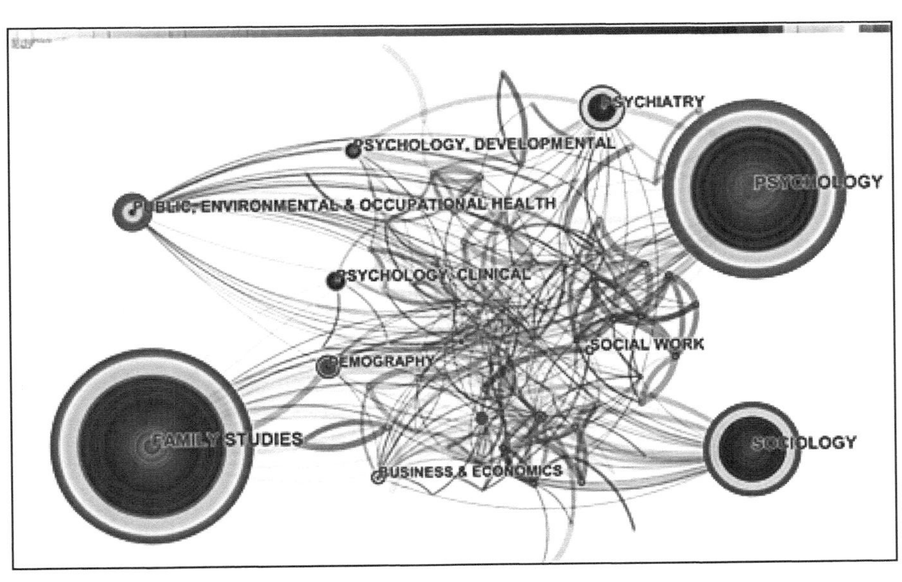

图 2-15　与离异家庭研究相关的共现主题类别网络图谱

一篇文章的关键词提供了其核心内容的信息，能帮助我们了解随着时间的推移研究主题的发展。图 2-16 是离异家庭研究的关键词共现网络，共有 90 个节点和 162 个链接，在图中显示的所有主题词中，“divorce”(离婚)的频数为 2582，其他高频的关键词有“family”(家庭)(1196)、“parental divorce”(父母离异)(334)、“separation”(分离)(70)、“marital disruption”(婚姻破裂)(61)，代表各种离异家庭，是高频关键词。关键词“children”(儿童)(1099)、“marriage”(婚姻)(836)、“adolescent”(青少年)(240)、“women”(妇女)(201)、“parent”(父母)(82)代表离异家庭研究中的影响主体。关键词“adjustment”(调节)(569)、“gender”(性别)(335)、“health”(健康)(245)、“mental health”(心理健康)(205)、“behavior”(行为)(168)、“depression”(抑郁)(112)、“stress”(压力)(62)代表离异家庭研究的主要研究内容。“risk”(风险)(168)、“impact”(冲击)(160)、“conflict”(挣扎)(74)、“consequence”(结果)(48)、“support”(支持)(34)、“disruption”(中断)(28)代表家庭研究的主要研究结果，“family structure”(家庭结构)(397)、“cohabitation”(同居)(153)、“United States”(美国)(316)代表离异家庭研究的影响因素。

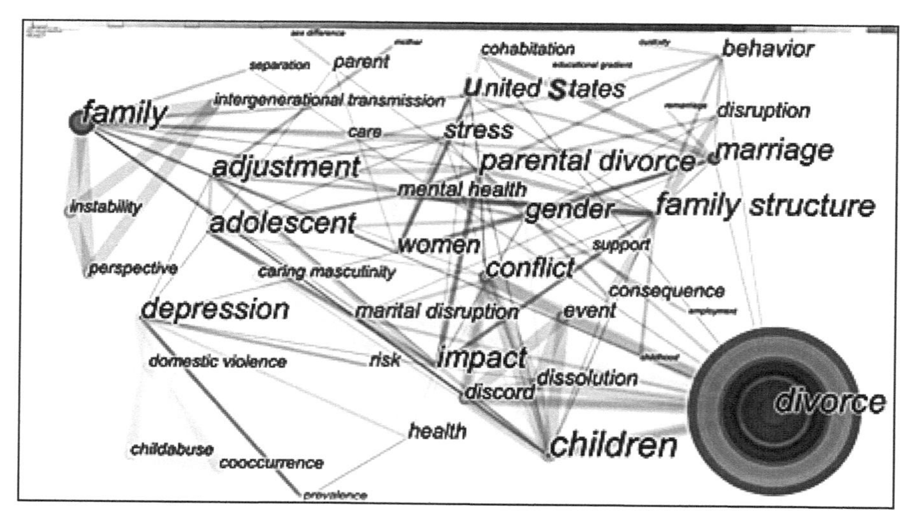

图 2-16　离异家庭研究的关键词共现网络图谱

4. 共被引网络分析

扫码看图

共被引分析是衡量文档接近度的方法，可以解释获取文献与参考文献的相应被引文章之间的关系。图 2-17 是与离异家庭研究相关的期刊共被引合作网络图谱，共有 438 个节点和 1554 个链接。从图 2-17 和表 2-8 可以发现，共被引文献最多的期刊排名前五分别是 *Journal of Marriage and Family*（《婚姻与家庭杂志》）、*Journal of Family Issues*（《家庭问题杂志》）、*Demography*（《人口学》）、*American Sociological Review*（《美国社会学评论》）和 *Child Development*（《儿童发展》）；中介中心性排名前五的是 *Journal of Marriage and Family*（《婚姻与家庭》）、*American Journal of Orthopsychiatry*（《美国行为精神病学杂志》）、*Journal of Social Issues*（《社会问题杂志》）、*American Economic Review*（《美国经济评论》）和 *Demography*（《人口学》）。在对出版物期刊、共被引期刊和中介中心性的分析中，*Journal of Marriage and Family*（《婚姻与家庭杂志》）和 *Journal of Family Issues*（《家庭问题杂志》）被确定为是关于离异家庭研究领域的核心期刊，其发表的文章反映了该研究领域的基本面。

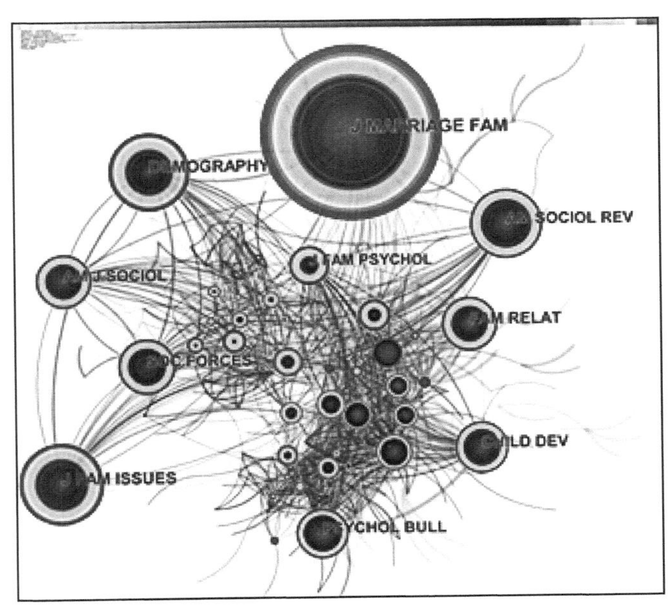

扫码看图

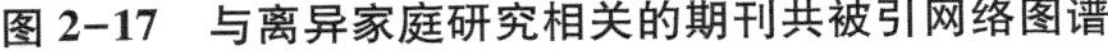

图 2-17　与离异家庭研究相关的期刊共被引网络图谱

表 2-8　研究离异家庭的共被引和中介中心性排名前五的期刊

排名	发表数	期刊	排名	中介中心性	期刊
1	3523	*J MARRIAGE FAM*(《婚姻与家庭杂志》)	1	0.22	*J MARRIAGE FAM*(《婚姻与家庭杂志》)
2	1915	*J FAM ISSUES*(《家庭问题杂志》)	2	0.14	*AM J ORTHOPSYCHIAT*(《美国行为精神病学杂志》)
3	1844	*DEMOGRAPHY*(《人口学》)	3	0.11	*J SOC ISSUES*(《社会问题杂志》)
4	1722	*AM SOCIOL REV*(《美国社会学评论》)	4	0.1	*AM ECON REV*(《美国经济评论》)
5	1420	*CHILD DEV*(《儿童发展》)	5	0.09	*DEMOGRAPHY*(《人口学》)

图 2-18 是学者共被引网络图谱，包含 162 个作者和 404 个共引链接。被引次数前十的作者依次是 Amato PR(1983)、Hetherington EM(993)、Mclanahan S(824)、Cherlin AJ(815)、Wallerstein JS(497)、Emery RE(495)、Furstenberg FF(442)、Booth A(416)、Kalmijn M(361)、Becker GS(333)。被引频次最高的作者有 9 位来自美国，说明美国学者在离异家庭研究中发挥着

重要作用。从图 2-18 中可以发现，有些高被引的节点具有较高的中介中心性，说明该研究人员对离异家庭研究的发展和演变产生了根本性的影响，如 Hetherington EM(0.43)、Amato PR(0.37)、Cherlin AJ(0.36)、Mclanahan S(0.24)、Kalmijn M(0.18)似乎都是离异家庭研究的主要研究者，他们充当着连接不同阶段研究的桥梁，对离异家庭研究的发展产生了重大影响。此外，Kalmijn M 和 Wallerstein JS 同时有着高的爆发强度，这表明他们发表的文献值得关注，而且他们发表文献数量较多，因此他们的研究可能会影响离异家庭研究的方向。

扫码看图

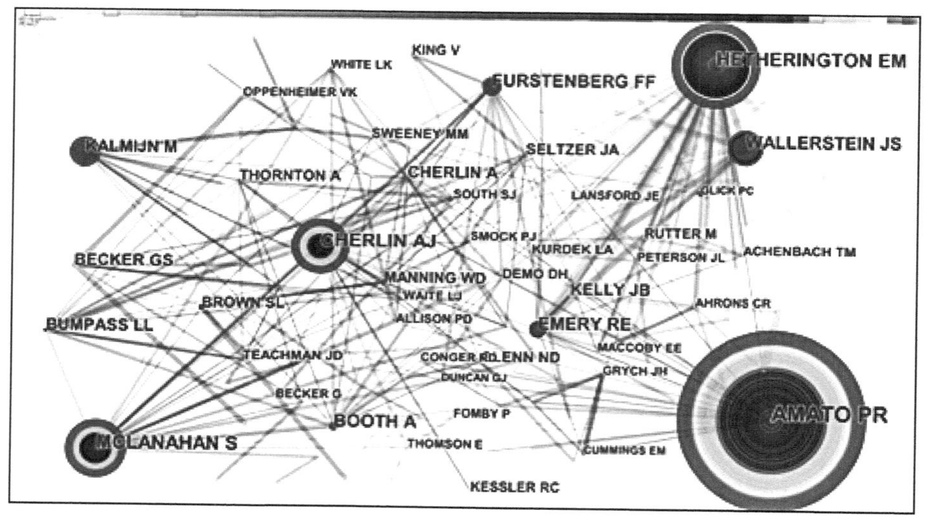

图 2-18　学者共被引网络图谱

基于检索到的 6046 条记录中被引用的 165012 篇学术文献进行文献共被引分析，总结了被引用最多的前 15 篇文献(表 2-9)，以及 6 篇高中介中心性的文献(序号 16-21)。表 2-9 根据引用次数、中介中心性、发表年份、题目、来源期刊和相应的聚类对这些文件进行了详细描述。分析可知，对离异家庭的研究主聚焦于子女的心理发展、子女的社会适应、代际影响、家庭结构演变。其中如 Amato PR①、Mclanahan S②、Demo DH③ 等分析了生活在离婚单亲家庭的儿童幸福感情况，得出离异对后代的幸福感知存在负面影响的结论；Amato PR④、Hetherington EM⑤、Emery RE⑥、Lansford JE⑦ 等分析了影响孩子适应离婚的因素，主要理论观点借鉴了压力、应对、风险和弹性的概念，但最终发现儿童的适应情况取决于其是从自己厌恶还是支持的家庭环境中脱离出来的；Astone NM⑧、Fomby P⑨、Meadows SO⑩、Brown SL⑪ 等分析了离异导致的家庭结构转变对儿童学业成绩、行为发展、青少年阶段的幸福感知以及孕产妇身心健康的发展轨迹，结论是家庭结构的不稳定性会带来严重的负面影响；Mclanahan S⑫、Wallerstein JS⑬、Amato PR⑭ 等分析了离异对家庭的长期影响、代际传播情况，认为同龄中经历过家庭破裂的成人家庭

---

① AMATO P R, KEITH B. Parental divorce and the well-being of children: a meta-analysis[J]. Psychological bulletin, 1991, 110(1): 26.

② MCLANAHAN S, TACH L, SCHNEIDER D, et al. The causal effects of father absence[J]. Annual review of sociology, 2013, 39: 399-427.

③ DEMO D H, ACOCK A C. The impact of divorce on children[J]. Journal of marriage and the family, 1988: 619-648.

④ AMATO P R. Children's adjustment to divorce: Theories, hypotheses, and empirical support[J]. Journal of Marriage and the Family, 1993: 23-38.

⑤ HETHERINGTON E M, STANLEY-HAGAN M, ANDERSON E R, et al. Marital transitions: A child's perspective[J]. American psychologist, 1989, 44(2): 303.

⑥ EMERY R E. Marriage, divorce, and children's adjustment[M]. The United states of America: Sage, 1999.

⑦ LANSFORD J E. Parental divorce and children's adjustment[J]. Perspectives on psychological science, 2009, 4(2): 140-152.

⑧ ASTONE N M, MCLANAHAN S S. Family structure, parental practices and high school completion[J]. American sociological review, 1991: 309-320.

⑨ FOMBY P, CHERLIN A J. Family instability and child well-being[J]. American sociological review, 2007, 72(2): 181-204.

⑩ MEADOWS S O, MCLANAHAN S S, BROOKS-GUNN J, et al. Stability and change in family structure and maternal health trajectories[J]. American sociological review, 2008, 73(2): 314-334.

⑪ BROWN S L. Family structure transitions and adolescent well-being[J]. Demography, 2006, 43(3): 447-461.

⑫ MCLANAHAN S, BUMPASS L. Intergenerational consequences of family disruption[J]. American journal of sociology, 1988, 94(1): 130-152.

⑬ WALLERSTEIN J S, BLAKESLEE S. Second chances: Men, women, and children a decade after divorce[J]. 1989.

⑭ AMATO P R, CHEADLE J. The long reach of divorce: Divorce and child well-being across three generations[J]. Journal of marriage and family, 2005, 67(1): 191-206.

有更高的离异风险；Bumpass L①、Cherlin A J② 等分析了同居关系、伴侣婚姻等新型婚姻关系对儿童家庭环境的影响，认为婚姻关系的不稳定导致家庭破裂的可能性更高。

表 2-9　引用次数前 15 及中介中心性前 6 的文献

序号	频率	中心性	作者	发表年份	题目	期刊	聚类
1	105	0.38	Amato PR	2010	"Research on divorce：continuing trends and new developments"（《关于离婚的研究：持续的趋势和新的发展》）	*J MARRIAGE FAM*（《婚姻与家庭杂志》）	#1
2	59	0.02	Amato PR	1991	"Parental divorce and the well-being of children：a meta-analysis"（《父母的离婚与孩子的幸福：一项荟萃分析》）	*PSYCHOL BULL*（《心理学学报》）	#4
3	55	0.21	Amato PR	2000	"The consequences of divorce for adults and children"（《离婚对成人和儿童的后果》）	*J MARRIAGE FAM*（《婚姻与家庭杂志》）	#0
4	53	0.37	Amato PR	1993	"Children's adjustment to divorce：theories，hypotheses，and empirical support"（《儿童对离婚的调整：理论、假设和实证支持》）	*J MARRIAGE FAM*（《婚姻与家庭杂志》）	#4
5	36	0.24	Hetherington EM	1998	"What matters? what does not? five perspectives on the association between marital transitions and children's adjustment."（《什么才是最重要的呢？什么不是呢？关于婚姻过渡与子女适应之间关系的五种视角》）	*AM PSYCHOL*（《美国心理学家》）	#0
6	36	0.17	Mclanahan S 等	2013	"The causal effects of father absence"（《父亲缺席的因果影响》）	*ANNU REV SOCIOL*（《社会学年评》）	#1
7	34	0.01	Demo DH	1988	"The impact of divorce on children"（《离婚对孩子的影响》）	*J MARRIAGE FAM*（《婚姻与家庭杂志》）	#3

① BUMPASS L，LU H H. Trends in cohabitation and implications for children's family contexts in the United States[J]. Population studies，2000，54(1)：29-41.

② CHERLIN A J. The deinstitutionalization of American marriage[J]. Journal of marriage and family，2004，66(4)：848-861.

续表

序号	频率	中心性	作者	发表年份	题目	期刊	聚类
8	34	0	Mclanahan S	1994	"Growing up with a single parent: what hurts, what helps"(《在单亲家庭中成长：什么会伤害你，什么会帮助你》)	*GROWING SINGLE PAREN*(《在单亲家庭中成长》)	#4
9	32	0.15	Astone NM	1991	"Family structure, parental practices and high school completion"(《家庭结构，家长实践和高中完成情况》)	*AM SOCIOL REV*(《美国社会学评论》)	#3
10	31	0.1	Hetherington EM	1989	"Marital transitions: a child's perspective"(《婚姻的转变：一个孩子的视角》)	*AM PSYCHOL*(《美国心理学家》)	#3
11	31	0.55	Bumpass L	2000	"Trends in cohabitation and implications for children s family contexts in the United States"(《同居的趋势及其对美国儿童家庭环境的影响》)	*POP STUD-J DEMOG*(《人口研究》)	#0
12	30	0.03	Mclanahan S	1988	"Intergenerational Consequences of Family Disruption"(《家庭破裂的代际后果》)	*AM J SOCIOL*(《美国社会学杂志》)	#3
13	28	0.01	Emery RE	1988	"Marriage, divorce, and children's adjustment"(《婚姻、离婚和孩子的适应》)	*CONTEMP SOCIOL*(《当代社会学》)	#3
14	28	0.47	Lansford JE	2009	"Parental divorce and children's adjustment"(《父母离婚与孩子的调整》)	*PERSPECT PSYCHOL SCI*(《心理科学观点》)	#1
15	28	0.01	Wallerstein JS	1989	"Men, women and children a decade after divorce, who wins, who loses, and why"(《离婚十年后的男人、女人和孩子，谁赢，谁输，以及为什么》)	*Journal of Marital & Family Therapy*(《婚姻与家庭治疗杂志》)	#3
16	21	0.54	Fomby P	2007	"Family instability and child well-Being"(《家庭不稳定和儿童健康》)	*AM SOCIOL REV*(《美国心理学家》)	#6
17	16	0.57	Cherlin AJ	2004	"The deinstitutionalization of American marriage"(《美国婚姻的去机构化》)	*J MARRIAGE FAM*(《婚姻与家庭杂志》)	#0

续表

序号	频率	中心性	作者	发表年份	题目	期刊	聚类
18	15	0. 44	Amato PR	1995	"Parental divorce, marital conflict, and offspring well-being during early adulthood"(《父母离婚、婚姻冲突和后代幸福》)	*SOCIAL FORCES*(《社会力量》)	#5
19	7	0. 47	Meadows SO	2008	"Stability and change in family structure and maternal health trajectories"(《家庭结构和孕产妇健康轨迹的稳定性与变化》)	*AM SOCIOL REV*(《美国社会学评论》)	#6
20	6	0. 5	Amato PR	2005	"The long reach of divorce: divorce and child well-being across three generations"(《离婚的长期影响：离婚和三代人的孩子幸福》)	*J MARRIAGE FAM*(《婚姻与家庭杂志》)	#6
21	6	0. 5	Brown SL	2006	"Family structure transitions and adolescent well-being"(《家庭结构的转变和青少年的福祉》)	*DEMOGRAPHY*(《人口学》)	#6

生成的文献共被引的聚类网络图中，共有 227 个节点和 281 个链接，图 2-19 展示了前 10 个主要的聚类的情况。聚类的大小和链接的颜色反映了聚类的发展情况，可以发现聚类#0、#1、#2 比其他聚类更大，具有更多的成员节点。从节点链接网络颜色可知各聚类发展轨迹，聚类网络演变顺序为#9—#3—#4—#5—#0—#6—#1—#2，聚类#9、#3 和#4 生成时间最早，约在 20 世纪 80 年代；最近生成的聚类为#1 和#2，两者之间的链接表明对应节点之间的联系形成于 2015 年和 2018 年期间。其中关键节点论文为聚类#1 中的 Mclanahan S（2013）（链接#2），Lansford JE（2009）（链接#6）、聚类#0 中 Cherlin AJ（2004）（链接#6）、Hetherington EM（1998）（链接#5）、聚类#3 中的 Astone NM（1991）（链接#4），聚类#4 中的 Amato PR（1993）（链接#5、#3），聚类#5 中的 Simons RL（1996）（链接#0）。这些节点都具有较高的中心性和爆发强度，代表其是重大的知识转折点；同时笔者发现这些节点在短时间内引用频率迅速增加，说明他们的研究内容值得研究关注。另外从聚类的术语标签可以判断各聚类的研究焦点，如聚类#0 的研究焦点是分析儿童对家庭离异的适应性、定量方法进行家庭研究。

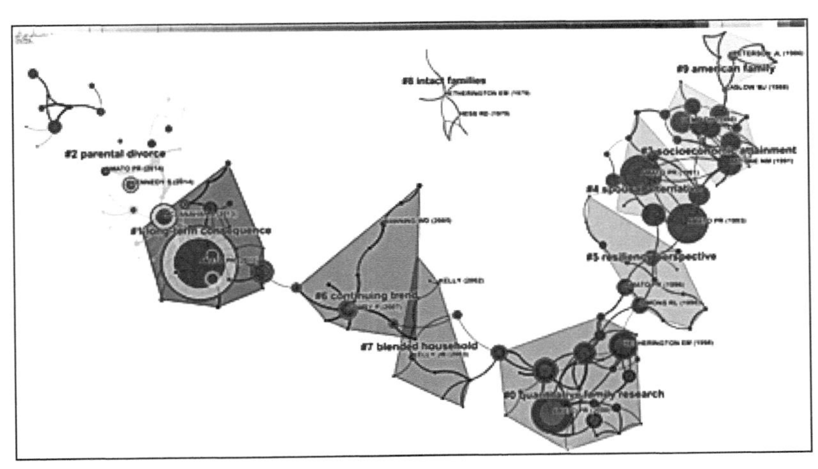

扫码看图

图 2-19　文献共被引的聚类网络图

表 2-10 中列出了聚类大小排前 6 的文献共被引聚类情况。聚类大小表示聚类包含的节点数，代表性被引文献和施引文献反映了每个聚类的研究重点。聚类#0 是最大的聚类，有 31 个节点，轮廓值为 0.922，LLR 聚类标签为“quantitative family research”（定量家庭研究）。该聚类中，研究者用定量分析研究离异或离异重组家庭中儿童对离异事件的适应性及调节差异，并采用数学模型预测了儿童的幸福感值，得出的结论是，婚姻破裂有可能在人们的生活中造成相当大的动荡。

聚类#0 最具代表性的引证文献由 Amato PR 发表，作者针对朱迪思 · 沃勒斯坦和其他学者就父母离异对儿童影响程度的分歧，通过定量分析，研究结果表明父母离异会增加儿童心理问题、婚姻关系不和谐等风险，但其研究结论还认为，离婚的影响并不像沃勒斯坦声称的那样强烈。

聚类#1 是第二大聚类，有 29 个节点，轮廓值为 0.974，LLR 聚类标签为“long-term consequence”（长期后果），该聚类排名前二的两篇代表性文章由 Amato PR①（2010）和 Mclanahan S②（2013）等发表。这两位作者针对文献研究中存在的不足，重新审视样本，设计统计模型，以研究离异家庭中的因果影响。

① AMATO P R. Research on divorce: Continuing trends and new developments［J］. Journal of marriage and family，2010，72（3）：650-666.

② MCLANAHAN S，TACH L，SCHNEIDER D. The causal effects of father absence［J］. Annual review of sociology，2013，39：399-427.

聚类#1 最具代表性的引证文献是 Bernardi F(2014)对比研究了离异对子女教育长期的影响情况，发现父母离婚与子女的高等教育程度呈负相关关系。①

聚类#2 是第三大聚类，有 28 个节点，轮廓值为 0.969，LLR 聚类标签为"parental divorce"(父母离异)，该聚类排名前 2 位的代表性文章由 Amato PR②(2014)和 Kennedy S③(2014)发表，作者分析了美国离婚趋势和使用了儿童固定效应模型来估计父母离婚和死亡对各种儿童不同反应结果的影响。聚类#2 最具代表性的引证文献由 Harkonen Juho④(2017)发表，重点论证了家庭动态变化对儿童福祉和生活机会的影响。

聚类#3 是第四大聚类，有 17 个节点，轮廓值为 0.8，LLR 聚类标签为"socioeconomic attainment"(社会经济成就)，该聚类排名前 2 位的代表性文章由 Demo D H⑤(1988)和 Astone N M⑥(1991)发表，他们分析了离婚、家庭结构和儿童福祉之间的关系，发现家庭结构对儿童的学业教育、情绪调整、社会行为都有影响。聚类#3 最具代表性的引证文献中，Amato⑦(1991)论证了幼儿童年时期与亲生父母分离对其成人社会经济成就的影响，认为父母缺席对社会经济福祉的估计影响主要受父母教育和婚姻状况的影响。

聚类#4 是第五大聚类，有 14 个节点，轮廓值为 0.772，LLR 聚类标签为"spousal alternative"(配偶选择)，该聚类排名前 2 位的代表性文章由 Amato PR⑧(1991、1993)发表，揭示了离婚与儿童幸福感之间的关系、儿童对父母

---

① BERNARDI F, RADL J. The long-term consequences of parental divorce for children's educational attainment[J]. Demographic research, 2014, 30: 1653-1680.

② AMATO P R, ANTHONY C J. Estimating the effects of parental divorce and death with fixed effects models[J]. Journal of marriage and family, 2014, 76(2): 370-386.

③ KENNEDY S, RUGGLES S. Breaking up is hard to count: the rise of divorce in the United States, 1980-2010[J]. Demography, 2014, 51(2): 587-598.

④ HARKONEN J, BERNARDI F, BOERTIEN D, et al. Family dynamics and child outcomes: an overview of research and open questions[J]. European journal of population, 2017, 33(2): 163-184.

⑤ DEMO D H, ACOCK A C. The impact of divorce on children[J]. Journal of marriage and the family, 1988: 619-648.

⑥ ASTONE N M, MCLANAHAN S S. Family structure, parental practices and high school completion[J]. American sociological review, 1991: 309-320.

⑦ AMATO P R, KEITH B. Separation from a parent during childhood and adult socioeconomic attainment[J]. Social forces, 1991, 70(1): 187-206.

⑧ AMATO P R. Children's adjustment to divorce: theories, hypotheses, and empirical support[J]. Journal of marriage and the family, 1993: 23-38.

离婚的适应性调节。聚类#4 最具代表性的引证文献分析论证了在孩子成年早期，父母婚姻冲突、离婚对其长期幸福感结果之间的影响。

聚类#5 是第六大聚类，有 14 个节点，轮廓值为 0.874，LLR 聚类标签为“resiliency perspective(弹性视角)”，该聚类排名前 2 位的代表性文章由 Amato PR①(1996)和 Simons RL②(1996)等发表，不同类型的家庭所承受的特殊压力、离婚对孩子的影响，以及离婚的代际传递情况。聚类#5 最具代表性的引证文献由 Hetherington③(1999)发展，探讨了离婚问题对儿童适应性的影响以及儿童在应对父母离婚上的脆弱性和弹性。

表 2-10　聚类大小排前 6 的文献共被引聚类情况

聚类序号	大小	轮廓	聚类标签(LLR)	聚类中代表文献	最具代表性的引证文献
0	31	0.922	quantitative family research(定量家庭研究)(115.7, 1.0E-4), reconciling divergent perspective(协调分歧视角)(115.7, 1.0E-4), Judith Wallerstein(朱迪斯沃勒斯坦)(115.7, 1.0E-4), young children(幼儿)(112.64, 1.0E-4), marital discord(夫妻不和)(109.57, 1.0E-4)	Amato PR(2000), “The consequences of divorce for adults and children“(《离婚对成人和儿童的后果》); Hetherington EM(1998), “What matters? What does not? five perspectives on the association between marital transitions and children’s adjustment”(《什么才是最重要的呢?关于婚姻过渡与子女适应之间关系的五种视角》)	Amato PR(2003), reconciling divergent perspectives: Judith Wallerstein, quantitative family research, and children of divorce”(《调和不同的观点：朱迪思·沃勒斯坦，定量下的家庭研究，和离婚家庭的孩子》)

---

① AMATO P R. Explaining the intergenerational transmission of divorce[J]. Journal of Marriage and the Family, 1996: 628-640.

② SIMONS R L. Understanding differences between divorced and intact families: Stress, interaction, and child outcome[M]. Sage Publications, Inc, 199.

③ HETHERINGTON E M, STANLEY-HAGAN M. The adjustment of children with divorced parents: A risk and resiliency perspective[J]. The Journal of Child Psychology and Psychiatry and Allied Disciplines, 1999, 40(1): 129-140.

续表

聚类序号	大小	轮廓	聚类标签(LLR)	聚类中代表文献	最具代表性的引证文献
1	29	0.974	long-term consequence(长期后果)(119.89, 1.0E−4), married parent(已婚父母)(116.34, 1.0E−4), adult childrens relationship(成人儿童关系)(116.34, 1.0E−4), emotional status(情绪状态)(112.79, 1.0E−4), homes-a swedish national survey(瑞典全国调查)(109.25, 1.0E−4)	Amato PR(2010), "Research on divorce: continuing trends and new developments"(《关于离婚的研究: 持续趋势和新发展》); "Mclanahan S(2013), The causal effects of father absence"(《父亲缺席的因果影响》)	Bernardi Fabrizio(2014), "The long-term consequences of parental divorce for children's educational attainment"(《父母离婚对儿童受教育程度的长期影响》)
2	28	0.969	parental divorce(父母离异)(204.26, 1.0E−4), parental separation(父母分居)(115.85, 1.0E−4), paternal death(父亲死亡)(106.88, 1.0E−4), resource compensation(资源补偿)(106.88, 1.0E−4), lead father(首席执行官)(103.98, 1.0E−4)	Amato PR(2014), "Estimating the effects of parental divorce and death with fixed effects model"(《估计父母离婚和固定影响模型的影响》); Kennedy S(2014), "Breaking up is hard to count: the rise of divorce in the United States(1980—2010)"(《分手难以计算: 美国离婚的上升(1980—2010)》	Harkonen Juho(2017), "Family dynamics and child outcomes: an overview of research and open questions"(《家庭动态和儿童结果: 研究和开放问题的概述》)

续表

聚类序号	大小	轮廓	聚类标签(LLR)	聚类中代表文献	最具代表性的引证文献
3	17	0.8	socioeconomic attainment（社会经济成就）(137.55, 1.0E−4), parental absence（父母缺席）(131.51, 1.0E−4), later life（晚年生活）(131.51, 1.0E−4), parental support（父母支持）(125.48, 1.0E−4), problematic family background(问题家庭背景)(119.45, 1.0E−4)	Demo DH (1988), "The impact of divorce on children"(《离婚对孩子的影响》); Astone NM (1991), "Family structure, parental practices and high school completion"(《家庭结构、父母实践和高中毕业》)	Amato PR(1991), "Separation from a parent during childhood and adult socioeconomic attainment"(《在童年和成年社会经济成就期间与父母分离》)
4	14	0.772	spousal alternative（配偶选择）(157.38, 1.0E−4), parental divorce（父母离婚）(128.44, 1.0E−4), early adulthood（成年早期）(109, 1.0E−4), offspring well-being（后代幸福感）(109, 1.0E−4), developmental task(发育任务)(104.61, 1.0E−4)	Amato PR(1991), "Parental divorce and the well-being of children: a meta-analysis"(《父母的离婚与孩子的幸福：一项荟萃分析》); Amato PR (1993), "Children's adjustment to divorce: theories, hypotheses, and empirical support"(《儿童对离婚的调整：理论、假设和实证支持》)	Amato PR (1995), "Parental divorce, marital conflict, and offspring well-being during early adulthood"(《父母的离婚、婚姻的冲突，以及成年早期后代的幸福》)

续表

聚类序号	大小	轮廓	聚类标签（LLR）	聚类中代表文献	最具代表性的引证文献
5	14	0.874	resiliency perspective（弹性视角）（100.35，1.0E－4），socioeconomic success（社会经济成功）（94.03，1.0E－4），two-parent families（双亲家庭）（87.72，1.0E－4），adjustment problem（调整问题）（87.72，1.0E－4），adolescent awareness（青少年意识）（81.41，1.0E－4）	Amato PR（1996），"Explaining the Intergenerational transmission of divorce"（《解释离婚的代际传播》）；Simons RL（1996），"Understanding differences between divorced and intact families：Stress，interaction，and child outcome"（《了解离婚家庭和完整家庭之间的差异：压力、互动和儿童生活的结果》）	Hetherington EM（1999），"The adjustment of children with divorced parents：a risk and resiliency perspective"（《父母离异子女的调整：风险和弹性的视角》）

通过文献共被引分析法总结已有离异家庭研究的现状和热点话题，为更直观地展示离异家庭研究趋势的演变，根据时间顺序，图 2-20 显示了 16 篇具有强引用爆发的参考文献。由此可知，从 1990 年至 2019 年近 30 年间，研究人员专注于研究离异对不同年龄和性别的子女的影响，离异问题代际传播，儿童面对离异的反应的多样性，促进或扰乱儿童发育和适应的因素，社会和婚姻等幸福感知、家庭结构与学业成绩的关联性，离异对个人心理健康的长期影响情况，同居对家庭离异的影响情况，妻子的劳动力供应和教育程度对婚姻解体的影响，婚姻观念的转变，家庭结构转变的影响，美国婚姻的独特特征等议题。

（四）结论

离异家庭研究仍然是学者们研究的主要热点话题，近 30 年受到持续关注，相关出版物发行量仍持续增长。从离异家庭研究文献发表分布来看，出

Top 16 References with the Strongest Citation Bursts

References	Year	Strength	Begin	End	1965 - 2021
ALLISON P D, 1989, DEV PSYCHOL, V25, P540, DOI	1989	9.9983	**1990**	1994	
WALLERSTEIN JS, 1989, 2ND CHANCES MEN WOME, V0, P0	1989	18.536	**1990**	1994	
HETHERINGTON EM, 1989, CHILD DEV, V60, P1	1989	11.5908	**1990**	1994	
AMATO PR, 1991, SOC FORCES, V69, P895, DOI	1991	7.4328	**1992**	1996	
ASTONE NM, 1991, AM SOCIOL REV, V56, P309, DOI	1991	15.9642	**1992**	1996	
AMATO PR, 1993, J MARRIAGE FAM, V55, P23, DOI	1993	28.1075	**1994**	1998	
CHERLIN AJ, 1998, AM SOCIOL REV, V63, P239, DOI	1998	18.261	**1999**	2003	
BUMPASS L, 2000, POP STUD-J DEMOG, V54, P29, DOI	2000	17.3496	**2001**	2005	
SOUTH SJ, 2001, AM SOCIOL REV, V66, P226, DOI	2001	5.6111	**2002**	2006	
CHERLIN AJ, 2004, J MARRIAGE FAM, V66, P848, DOI	2004	11.7986	**2005**	2009	
FOMBY P, 2007, AM SOCIOL REV, V72, P181, DOI	2007	16.6569	**2008**	2012	
CHERLIN AJ, 2009, MARRIAGE GO ROUND ST, V0, P0	2009	15.8671	**2010**	2014	
SWEENEY MM, 2010, J MARRIAGE FAM, V72, P667, DOI	2010	16.6265	**2011**	2015	
CHERLIN AJ, 2010, J MARRIAGE FAM, V72, P403, DOI	2010	13.3763	**2011**	2015	
AMATO PR, 2010, J MARRIAGE FAM, V72, P650, DOI	2010	58.0382	**2011**	2015	
KENNEDY S, 2014, DEMOGRAPHY, V51, P587, DOI	2014	16.1258	**2015**	2019	

扫码看图

图 2-20　16 篇具有强引用爆发的参考文献

版物主要来自美国，但是荷兰、中国和西班牙等国家的相关研究也十分活跃，预计未来有新的发展与突破。宾州州立大学、密歇根大学、亚利桑那州立大学、威斯康辛大学、俄亥俄州立大学是离异家庭研究最多产的机构，且均为美国研究机构，这说明美国国内研究机构联系紧密。

但从学者合作网络发现，排名前十的学者并不全部来自美国，如最高产的学者 Kalmijn M 来自荷兰。研究学者的多样性表明，离异家庭研究正在持续发展，并在世界范围内得到广泛关注。基于对 6513 篇文献的知识图谱绘制和简要的科学计量，可以发现离异家庭研究的热点和前沿如下：

1. 离异家庭研究的热点

阅读研究共被引分析中引用最多的前 15 篇文献以及 6 篇高中心性的文献和 16 篇具有强引用爆发的参考文献，结合关键词共现网络分析，总结出离异家庭的研究热点为：离异对子女的影响、婚姻解体的影响因素、家庭结构的演变。其中主要聚焦于离异家庭对子女的心理健康和社会行为的影响，主要包含离异家庭子女的心理健康、离异家庭代际影响、离异家庭子女的社会适应、学业成绩等等；离异家庭子女的心理健康受家庭结构变化、经济因素、父母冲突、离异事件本身对父母自身的影响程度、子女自身的心理特征等方面的影响。大量研究从多方面的因素探讨离异家庭对子女心理健康和社会行为的影响，以求能弥补孩子或用其他方法恢复家庭结构，尽可能减少对孩子的负面影响。

2. 离异家庭研究的前沿

离异家庭的研究逐渐科技化和多样化。研究趋势从家庭研究、心理学发展，转向多学科的科学研究。采用创新性的统计计量方法或分析手段，全面科学地剖析离异家庭研究相关的隐形因子，这可能是未来的新兴领域。

通过对共现关键词的分析发现，从第一篇关于离异家庭的研究文献发表以来，离异家庭研究的重点在离异家庭的影响因素，研究内容（家庭成员适应调节、幸福感知或学业成绩等），离异的后果和研究方法等方面不断演变。从聚类分析中离异家庭的发展规律可以看出，离异家庭研究一直聚焦于离异影响子女心理、社会行为、教育等方面的内外部因素，但是研究方法和手段在不断变化，近些年来趋向采用设计各种模型（如统计模型、固定效应模型）和采用各种技术等方法研究离异家庭的影响因素。随着时代的不断发展，复杂社会环境下，多变的家庭结构给离异家庭带来的新的挑战也可能是未来研究的方向。

第三章

农村学前阶段特殊家庭家庭教育现状分析

一、农村学前阶段特殊家庭家庭教育现状实证调研

（一）调研意图

家庭作为社会最基本的细胞，不但关系着个人一生的发展，还关系着社会的安定，国家的未来。受城市化和现代化的影响我国的家庭结构发生变化，单亲家庭、重组家庭、留守儿童家庭等不同家庭结构日益增加。家庭环境对婴幼儿的身心发展有着深远而持久的影响，而农村地区婴幼儿家庭环境质量总体水平较低。通过对以往的研究进行整理，笔者发现，学术界对农村留守儿童家庭教育的问题大多是采用定量的研究方法，采用质性研究方法的较少，对离异重组家庭的研究也相对较少。由于特殊家庭家庭结构复杂，采用质性研究方法更能分析家庭情况。因此，笔者深入研究对象的生活场景，在与研究对象的直接接触中收集第一手资料，了解特殊家庭家庭教育现状，探寻特殊家庭中影响幼儿发展的因素，并针对存在的问题找到相应的对策，为后续特殊家庭家庭教育指导的研究提供更为真实可信的借鉴材料。

（二）调研方法

1. 研究对象所在地的自然及社会环境

湖南省 Y 县 R 镇全镇总面积为 170.3 平方千米，截至 2019 年末，R 镇户籍人口为 32906 人；地势自西北向东南倾斜，西北群峰高耸，峭壁横踞，东南地势较为平坦。R 镇粮食作物以水稻、玉米为主，经济作物以柑橘、油菜、棉花为主。R 镇经济发展水平较低，笔者在参观过程中没有看到一家水果店，当地教师说镇上只有一家零食铺顺便卖水果，但也只是偶尔才营业，平时很多生活用品都是镇上居民周末在城市里采购后带到学校。我们采访的几户人家都是为了方便孩子读书在镇上租的房子。镇上青年劳动力较少，大部分年轻人外出务工，目前常住在镇上的主要就是老人和小孩，故很大一部分都是留守儿童。

2. 研究对象的学校教育情景

与本课题合作的幼儿园园长是当地人，拥有 20 多年教龄。他向我们介绍了 S 幼儿园的现状：S 幼儿园是公办幼儿园，近几年的学生人数在不断减少，一是因为生源减少，二是家庭经济条件稍好的孩子都被父母送去城里读书。参观过程中幼儿园里的孩子们对我们充满了好奇。通过观察，笔者有以下发现：园所整体设施设备比较粗糙，户外很多幼儿玩教具都是老师利用废弃物品自制的；教学设备简陋，区域游戏材料极少，但每个教室都配有显示屏；幼儿午睡设施不齐全；每间教室门口未设置家园联系栏，教师解释是因为监护人都是老人，他们不识字，所以也没有家园联系手册。

3. 研究对象及其家庭的基本情况

结合幼儿园的实际情况，本课题选取了五位幼儿作为课题研究对象，开展个案调查。农村特殊家庭子女大部分都是留守儿童，小一部分来自离异家庭，且因为幼儿年纪小，离异之后重组的家庭案例较少，所以主要以离异单亲家庭为主。笔者在征得园所负责人以及家长同意后，分别选取了 A、B、C、D、E 五位幼儿开展个案调查，A 为隔代监护型留守家庭的幼儿，B 为离异单亲家庭的幼儿，C 为离异留守家庭的幼儿，D 为重组家庭的幼儿，E 为重组留守家庭幼儿。这几位幼儿的家庭结构既有典型的留守儿童和离异重组家庭的总体特征，也有其自身的个体独特性，符合个案研究的特征。

二、农村学前阶段特殊家庭家庭教育情况

（一）隔代监护型农村留守儿童——幼儿A

隔代监护农村留守儿童是指其父母双方外出工作，主要由家里的老人抚养的孩子，是农村较为常见的留守儿童类型。

1. 家庭基本情况

男，大班，留守儿童，主要由爷爷奶奶照顾，父母关系好。

（1）多子女隔代监护农村留守儿童家庭

幼儿A一直是由爷爷奶奶抚养，且家中有三个孩子，老大是女孩，目前在县里重点中学读高中，老二也是女孩，目前在镇上读小学，属于多子女隔代监护农村留守儿童家庭。

（2）家庭经济条件一般

幼儿A住的房子是农村自建的一层平房，内外装修简单，没有过多装饰；房内设施简陋，厨房燃气和电器设备存在一些安全隐患，厨房摆放了一些蔬菜和肉类。询问后得知没有拖欠孩子学费，可见，在经济上该家庭能保证三个孩子学习和生活的基本需求。

（3）家庭氛围

幼儿A的家庭学习氛围良好，父母关系融洽，姐姐和弟弟关系也很和谐。在幼儿A家访时，其爷爷奶奶正在做农活，幼儿A和读小学的姐姐正在房间里一起学习。看到有教师过来家访，爷爷奶奶马上放下手中的农活，面带微笑，招呼我们坐下，给我们端茶。沟通中大部分是奶奶在回答问题，爷爷低头在一边听，两位老人发言都不多，性格较温和。在对话中得知老大在省里的重点高中读书，成绩优异。

家访谈话记录如下：

教师：老大现在在一中读书是吧？

奶奶：是的（微微点头）。

教师：现在年级排名多少？

奶奶：上次回来说是100多名吧！

教师：那很厉害了，在一中考这个名次上重点肯定没问题。

教师：你们家里几个孩子都很听话懂事，你们平时是怎么教育孩子，和他们相处的呢？

奶奶：我们平时忙自己的农活，也没怎么管他们。

教师：那晚上你们一般干什么？

奶奶：晚上大家坐在一起聊天，陪他们学习、看看书。

(4)父母经常和孩子联系

父母和被委托监护人责任意识较强，父母经常和孩子联系，被委托监护人照护细心，也不觉得累。幼儿A的爸爸妈妈感情很好，也经常和孩子通过视频电话的方式沟通，询问孩子在家的生活情况和需求等。

家访谈话记录如下：

教师：爸爸妈妈多久联系孩子一次？多久见一次面？

奶奶：平时晚上有空的话都会让他们和爸爸妈妈视频聊天，他们一年回来一两次，比如春节或者比较长的假期就会回来看孩子。寒暑假会把孩子接到打工的地方去玩。

(5)被委托监护人照护省心，不觉得累

家访谈话记录如下：

教师：在您带孩子过程中有让您印象特别深刻，或觉得很累很困难的事情吗？

奶奶：还好，孩子比较懂事。

奶奶：我们也不清楚，我们没读过书，学习上帮不了什么忙，只能靠他自己(微笑着回答)。

爷爷：学习上我们也帮不上忙，能做的就是照顾他们的生活，这几个孩子自己也很懂事。

被委托监护人尽可能在生活上将孩子照顾周全，虽然教育能力不足，但他们比较尊重孩子自己的想法，不多加控制孩子，和孩子相处时不会过多地要求孩子，尽量满足孩子的需要。

家访谈话记录如下：

教师：您平时有打骂过孩子吗？对孩子管教严厉吗？

爷爷：孩子自己很懂事，我们基本没有打骂过他们。在学习上我们两位老人帮不上忙，就陪他们一起学习，在生活上尽可能满足他们。

教师：平时会让孩子和您一起做家务吗？

爷爷：因为我腿脚不方便，孩子经常帮我们做家务，帮奶奶干农活、喂鸡，平时洗澡穿衣也都是自己完成。

2. 幼儿表现

幼儿A生活自理能力强，各方面能力发展较好。受家庭氛围的影响，他在学习方面非常上进，学习习惯良好，自尊心很强，不愿落后。教师对这户人家评价都很高，两位老人话虽不多，但孩子被教育得很听话很懂事。幼儿A在学校的表现很好，性格开朗，能和老师同学友好相处；有礼貌，看到老师会主动打招呼，并积极参与幼儿园的活动，具有较好的行为习惯。

笔者与教师谈话记录如下：

笔者：您能说一下幼儿在幼儿园的表现吗？

教师：因为父母都常年在外打工，家中只有爷爷奶奶和姐姐，爷爷奶奶年纪都比较大，并且爷爷腿脚不方便，幼儿A需要学会自己照顾自己。听爷爷说幼儿A从中班开始就是自己洗澡、独自睡觉，有时候还帮奶奶喂鸡。幼儿A从进幼儿园开始，吃饭、上厕所、穿脱衣服都是自己做的，在幼儿园从来没有尿过床；到了中大班他经常帮助老师做一些事务，比如倒垃圾、发点心、送餐具等。幼儿A性格也很开朗，积极参加各种活动，与其他小朋友相处融洽，基本没有和其他小朋友打架或者争吵过。他的身体素质也很好，很少感冒，基本上没有请过假。

笔者：回忆该幼儿平时的表现，有哪些让你印象特别深刻的事情吗？

教师：有一次学习数字活动，很多小朋友在家里已经学了一点，但是幼儿A没有家长教，所以数字“5”和“8”他写不好。当时他表现得很沮丧，很失落。因为在平时他一直属于表现好的幼儿，经常得到老师的表扬。第二天，老师却发现他写得很好了，就问爷爷是不是在家教他了，爷爷说是放学回家他要姐姐教他的，学了很久。由此可见，幼儿A是个自尊心很强的孩子，什么都想表现得好，也很爱学习。不管是爷爷奶奶还是爸爸妈妈，从小教育他们三姐弟要努力学习。所以幼儿A在学习方面的自尊心特别强，发现自己有些方面不如其他小朋友他就心情不好，但也会默默努力。

3. 家庭教育指导的需求

在访谈快结束时，教师询问爷爷奶奶对幼儿园的要求，爷爷奶奶虽然很礼貌地回答了幼儿园做得很好，孩子也学得很好，但也询问了教师孩子在幼儿园的表现。可见被委托监护人比较信任教师，也比较在乎和看重幼儿的发展，希望尽可能多地了解幼儿在幼儿园的表现。

家访谈话记录如下：

教师：你们对幼儿园还有哪些要求吗？我们有可以帮助你们的吗？

奶奶：你们已经做得很好了，感谢老师。

奶奶：幼儿 A 在幼儿园表现还可以吗？

教师：很听话也很有礼貌，表现得很好。

奶奶：那就麻烦老师多费心了。

（二）离异单亲家庭——幼儿 B

离异单亲家庭是指夫妻双方经法定程序解除婚约，未成年子女跟随父母一方生活的家庭。目前，离异单亲家庭是单亲家庭的主要形式。

1. 家庭基本情况

幼儿 B，男，大班，父母离异，母亲是中学教师，工作忙。父母未离婚前，父亲脾气暴躁经常打孩子；孩子性格古怪，喜欢打人。父母离婚后，幼儿 B 由外婆和母亲共同抚养。

(1)父母关系破裂

幼儿 B 的爸爸和妈妈关系破裂，离婚后几乎未联系。但是外婆和妈妈的关系融洽，目前生活在比较和谐安全的家庭环境之下。

不知是不是因为我们的突然到访，妈妈的回复有些拘谨，不是很愿意提及之前的事情。当老师问到孩子爸爸是否有经常联系和探望孩子时，妈妈表示不愿多提及孩子的爸爸。面对离异之后的种种困难，妈妈轻轻一笑表示都过去了，并说孩子的外婆过来一起帮忙，生活也变得越来越好了。

家访谈话记录如下：

教师：现在主要是你自己照顾孩子吗？孩子的爸爸有没有回来看过他？

妈妈：现在我妈过来帮忙，我轻松很多。离婚后就没有联系过那个人了。

(2)教师家庭，居住地同伴氛围良好

幼儿B住在镇上中学的教师宿舍楼，宿舍楼里有很多同龄小伙伴。访谈时能看见幼儿B和其他小朋友一起在宿舍楼里打闹玩耍，玩得很开心。通过交谈得知宿舍楼里的邻居们就像是兄弟姐妹，这些小伙伴关系很好，大家放学之后就一起玩耍，互相串门。

家访谈话记录如下：

教师：你们这栋楼有很多同龄的小朋友，大家在一起玩得很开心。

妈妈：是的。他们几个像兄弟姐妹一样亲，放学后就一起玩，每天都很热闹。

(3)家庭氛围

监护人具有较强的责任意识，非监护方父亲责任意识较弱，几乎未参与孩子的养育。由于父亲脾气非常暴躁经常打孩子，幼儿B父母的关系一直不和，离婚后母亲几乎没让幼儿B和父亲联系，在家里也很少提及父亲。当询问母亲带孩子累不累时，母亲并没有表示出很累，而是提出了最近养育幼儿B方面的困扰，即如何帮助幼儿B养成良好的行为习惯，由此看出监护人具有较强的责任意识。

家访谈话记录如下：

教师：平时和孩子的爸爸联系多吗？

妈妈：几乎不和爸爸联系，爸爸也不想他们。

教师：在您带孩子的过程中，有让您印象特别深刻，或觉得很累很困难的事情吗？

妈妈：还好，因为有我妈妈帮忙一起带孩子。我平时工作很忙，有时候还要上晚自习，但是我一有空就会陪孩子。

(4)教育方式

妈妈对幼儿B的养育方式有些专制又有些溺爱，对孩子学习成绩有较高期望。因为是离异家庭，被采访者单独抚养孩子，虽与外婆同住，但身为中学老师的她工作繁重，既要在生活上照顾幼儿B，还要关注他的教育问题，对幼儿B的关注度较高，将希望和情感寄托在孩子身上。家里墙上粘贴了很多孩子的画，教师也称赞幼儿 B 的画画得很好。

家访谈话记录如下：

教师：您平时有打骂过孩子吗？对孩子管教严厉吗？

妈妈：我没有打骂过他，即使有的时候他很不听话我也会好好和他说。

教师：平时会让孩子和您一起做家务吗？

妈妈：家务都是外婆在做。孩子很喜欢画画，平时他在家会让他画画，我在家的话就陪他一起学习，他放学之后经常和邻居小朋友一起玩。

2. 幼儿表现

在幼儿园能遵守基本规则，自我控制能力较差，易冲动，攻击性较强，读大班后情况好转。

笔者与教师谈话记录如下：

笔者：您能说一下幼儿 B 在幼儿园的表现吗？

教师：幼儿 B 进餐时需要老师的提醒才能较快地吃完，桌面不干净，会撒饭；没有形成规律的作息，午睡有时入睡较快有时不会睡觉，早晨常常不能按时起床导致迟到，需要家长督促；能自己穿脱衣物、叠衣服和叠薄被子；能自己上厕所，知道饭前便后洗手；愿意为集体做事，如承担班级值日生等。

幼儿 B 在园表现较活跃，喜欢和同伴打闹，经常会出现小磕小碰的情况：如午餐后散步时间，和小朋友推挤被磕到；午睡脱衣服时和旁边的人打闹导致重心不稳磕在床上。幼儿 B 肢体协调能力较弱，班上幼儿在大班下学期基本都学会了跳绳，能手脚协调地连续跳绳，幼儿 B 却还未掌握正确的跳绳方法，总是在手摇绳时脚便起跳了，需要跳得很高才能偶尔跳过，无法连续跳绳；不能积极主动地参加各类体育锻炼，晨间锻炼时会偷懒，与他人讲话打闹而不参与活动。

幼儿 B 喜欢绘画，并具有一定的绘画能力，其绘画作品画面充实且完整，有一定的构图，能清楚地表达自己的所见所想；颜色运用合理，画面色彩鲜艳且协调。幼儿 B 在很多活动中会表现出注意力不集中的情况，但在建构活动中非常专注且有耐心。一次建构活动中，其他幼儿快速搭建出作品后便开始进行象征性游戏，只有幼儿 B 一直进行搭建，即使搭建过程中遇到困难也没有放弃，直到最后搭建成功。

笔者与教师谈话记录如下：

笔者：回忆幼儿B平时的表现，有让你印象特别深刻的事情吗？能具体说说吗？

教师：幼儿B在小中班时易怒、暴躁，面对同伴的触碰时会抓狂、喊叫，但上大班后较少出现这种情况。记得有一次，幼儿B在与同桌玩玩具时，他人不小心将他搭建的积木弄倒了，幼儿B发现后表现得非常愤怒并攥紧了拳头，死死地盯着自己倒掉的积木，脸上涨得通红，老师发现后及时出面安抚了幼儿B。

3. 家庭教育指导的需求

家长不知道如何和孩子沟通自己和爸爸离婚这件事，暂时只能在孩子问起时对这件事情避而不谈，所以家长希望能有正确的方式和孩子沟通。

家访谈话记录如下：

教师：您在育儿方面有什么困难的地方，具体举例说一下？

妈妈：有时候不知道应该怎么去和孩子沟通，关于孩子爸爸的情况，不知道怎么和孩子解释清楚，只能避而不谈这件事情。

（三）离异隔代监护留守家庭——幼儿C

离异隔代监护留守家庭是指夫妻双方经法定程序解除婚约，未成年子女跟随父母一方生活，但抚养孩子的监护人又外出工作，故由家里的老人抚养孩子的家庭。

1. 家庭基本情况

幼儿C，男，大班，父母离异，由爷爷一人独自抚养；父亲在外打工，母亲不承担任何经济费用，且离婚后几乎从未看望幼儿C，且和幼儿C爷爷的关系非常不和，家中经济条件极差，幼儿C家中的房子很破旧且是在镇上租的，厨房摆放着快坏掉的菜，房子内部也存在很多安全隐患。

（1）责任意识

被委托监护人有较强的责任意识，非监护人母亲角色缺席。家访中爷爷表现得很健谈，也有些爱面子，家庭结构的变化不是很愿意和他人说。笔者请主班教师把爷爷单独拉在一边时，爷爷才愿意说家里的情况。

家访谈话记录如下：

教师：孩子和爸爸妈妈多久联系一次、多久回来看看孩子呢？

爷爷：（叹了叹气）他爸爸要赚钱，在外打工过年才会回来。母亲从来不联系，也没回来看过孩子。

教师：在家带孩子累不累？

爷爷：累倒是不累，就是有时候干农活或是家里有事就没太多时间管他。

（2）家庭氛围

幼儿C家中有严重的家庭冲突，爷爷对母亲不满，共同养育关系破裂。只要说起孩子的母亲，爷爷整个人就表现出无奈和不满。有的时候爷爷会控制不住情绪，在幼儿面前表现出对母亲的不满。

家访谈话记录如下：

教师：孩子有没有和你提想妈妈之类的？

爷爷：孩子曾经问过"妈妈是不是不在了"。

教师：您和孩子爸妈沟通多吗？

爷爷：和爸爸有时候打电话联系。孩子有一次实在很想妈妈就给妈妈打了电话，妈妈接电话说很忙。之后也就没有联系了，孩子平时在家也不提不问妈妈去哪里了。

（3）教育方式

幼儿C的爷爷对孩子管束较为严格，幼儿C不听话时会打骂他；爷爷非常关注孩子的学习，但平时比较忙，既要包揽家里的农活和家务，又要肩负起照顾孙子的责任；由于文化水平不高，没有办法在学习上帮助和指导孙子，对孙子行为品德的引导缺少正确的教育方式。此外，爷爷个人的性格比较好强，对孙子的教育方式主要以控制型为主。在访谈中，爷爷多次问教师"幼儿C在学校听不听话"，反复表示"这个娃很难管，总是和我反着来"，并且认为幼儿C很爱玩，不认真学习。面对幼儿C的"不听话"，爷爷有时候也会打骂他，结果遭到孩子的反抗，因此爷爷觉得是孩子不好管教，给他贴上"不好管"的标签。爷爷很在乎孩子的学习成绩，即使交不起学费，也多次跟园长表示希望孩子能继续读书，上幼儿园。可见爷爷认为读书很重要，是改变家庭现状重要途径，把希望都寄托在幼儿 C 的身上，希望他乖巧听话、懂事爱学习。

家访谈话记录如下：

教师：您平时有打骂过孩子吗？

爷爷：这个孩子不听话得很，不听话的时候我就骂啊，有时候也打，打他骂他他也不听。

教师：平时会让孩子和您一起做家务吗？

爷爷：小孩子一回来我就叫他去写作业。但他就喜欢玩，放学一回来就在外面到处玩。

2. 幼儿表现

根据爷爷和教师的描述，幼儿 C 在家里和幼儿园“非常调皮”，无视规则，做事情没有边界感，自我调节和自我控制能力都很差，具有不良的卫生习惯。

笔者与教师谈话记录如下：

笔者：您能说一下幼儿 C 在幼儿园的表现吗？

教师：幼儿 C 从小身体不好，我们做老师的也不确定是不是真的身体不好，他经常请假，说感冒了在医院打针。但有时候请假了，又被家长看到爷爷带着他在镇上闲逛。也不知道是不是真的感冒了，不能来幼儿园。到了大班，他请假的次数就少了些。幼儿 C 生活自理能力还可以，就是卫生习惯不好，流鼻涕就直接用衣袖擦，穿的衣服、背的书包也总是脏兮兮的，指甲永远是黑黑的，可能爷爷一个人带两个孩子，年纪又大，所以帮忙收拾得不干净。

笔者：该幼儿平时的表现有哪些让你印象特别深刻的吗？

教师：幼儿 C 属于那种特别调皮的孩子，他管不住自己的行为，比如老师规定教室里不能追赶打闹，不能和小朋友打架，他就是不听，依旧特别喜欢和小朋友追赶打闹。老师批评教育过很多次，批评过后能控制住自己几分钟，等老师没注意他了，他就又开始打闹了。他有好几次因为追赶打闹，把小朋友弄摔跤、自己撞到墙和柜子，甚至有时候玩着玩着就把别人抓伤了。因为行为问题与他爷爷沟通过很多次，爷爷说他在家里也调皮得很，自己哪怕是用棍子打，幼儿也没有改变，还是调皮。

3. 家庭教育指导的需求

“孩子回来之后不知道怎么去指导他”，简单的一句话既体现出爷爷作为被委托监护人照顾孩子的责任感，同时也让幼儿园教师反思，在帮助和指导留守儿童家庭方面，幼儿园还有很多有待提升的地方。

家访谈话记录如下：

笔者：您在孩子教育方面有什么困难的地方吗？具体举例说一下。

爷爷：孩子回来之后我不知道做什么，怎么去帮助他们。我也想知道孩子在幼儿园表现怎么样？

（四）重组家庭——幼儿 D

重组家庭是指夫妻双方因某种原因离婚后，由至少一方带着自己的一个或多个子女与新的伴侣重新组成家庭。

1. 家庭基本情况

幼儿 D，男，在幼儿园读中班，父母离异后跟着母亲，母亲离婚一年后再婚。父母离婚很大一部分原因是孩子外婆对孩子爸爸不满，觉得孩子爸爸没有能力，一直依靠女方家里，孩子的爸爸在结婚两年后选择离开。母亲离婚一年后嫁给同村的人，再婚的对象没有结过婚，没有孩子；家中经济条件一般，但基本能负担起养育孩子的费用。

（1）责任意识

离婚后爸爸就没有回来过，父亲角色缺席。外婆外公带孩子的时间居多。

家访谈话记录如下：

教师：平时孩子和爸爸联系多吗？

妈妈：没有联系了，爸爸离开了之后就没有回来过，也不知道去哪里了。

教师：在家带孩子累不累？

妈妈：还好，父母帮忙一起带孩子，不是很累。

（2）家庭氛围

在家访中可以看出外婆比较强势，说话也非常直接，因为女儿婚姻失败有所不满，经常和女儿争吵。幼儿D的继父为人比较友善，和幼儿D也是像朋友一样相处。

家访谈话记录如下：

教师：孩子有没有和你说过想爸爸之类的话？

妈妈：没有，他很少提想见爸爸之类的话，现在的爸爸对他也很好，他能接受继父。

教师：您平时是如何和孩子相处的？可以具体分享一下吗？

妈妈：我上班的时候就是我爸妈帮忙带孩子，因为孩子外婆外公家和我现在自己的家离得很近，很多时候孩子都在外婆外公家。

（3）教育方式

幼儿D的妈妈为人很和善，和幼儿D像朋友一样相处，有问题会和孩子好好沟通；因为离婚对孩子有些愧疚，其虽然没有过于宠爱骄纵孩子，但也并没有对幼儿D提出过多高要求，没有把自己的期望过多地放在孩子身上，幼儿D在家也很听话。

家访谈话记录如下：

教师：您平时有打骂过孩子吗？

妈妈：没有，孩子很懂事，有时候自己玩自己的，在家里话很少。

教师：平时会让孩子和您一起做家务吗？

妈妈：平时放学回家后他就和附近的小伙伴去玩了，或者自己玩手机。我们没有特别要求他一定要一起做家务，但他很懂事，基本上好好说他都会听进去。

2. 幼儿表现

根据教师的描述可知，幼儿D性格较为内向、自卑，不敢积极表现自己，少言寡语，但比较懂事。

笔者与教师谈话记录如下：

笔者：您能说一下幼儿D在幼儿园的表现吗？

教师：幼儿D平时在幼儿园听话懂事，他比较内向，内心真实的想法不轻易表现出来，少言寡语。

笔者：该幼儿平时的表现有哪些让你印象特别深刻的？能具体说说吗？

教师：幼儿 D 属于那种平时话很少的孩子，不爱表现。我记得有一次老师们组织大家在幼儿园做游戏，他躲躲闪闪的，不愿意参与。很多热情大胆的孩子都很快加入游戏，但是幼儿 D 即使有想法也只是站在一边观望。

3. 家庭教育指导的需求

幼儿 D 的妈妈表示由于现在的家庭状况，不知道如何与孩子相处，孩子比较内向，不善于表达，比较听话懂事，她希望能有正确的方式指导自己和孩子相处，有正确的教养行为，形成良好的亲子关系。

家访谈话记录如下：

教师：您在育儿方面有什么困难的地方？请具体举例说一下。

妈妈：我现在的家庭情况你们也知道，我对孩子有些愧疚，有时候想无条件迁就孩子，但又怕孩子养成不好的行为习惯，不知道应该以什么样的方式和孩子相处，以及如何处理亲子关系。

（五）重组隔代监护留守儿童家庭——幼儿 E

重组家庭是指夫妻双方因某种原因离婚后，由至少一方带着自己的一个或多个子女与新的伴侣重新组成家庭，负责抚养孩子的监护人因外出工作，由家里的老人抚养孩子的家庭结构。

1. 家庭基本情况

幼儿 E，小班幼儿，父亲去世，母亲改嫁，从小由爷爷奶奶抚养，家中还有一个叔叔正在读大学。母亲基本承担孩子全部的生活费用。奶奶对幼儿 E 的生活起居照顾得很周到，家庭经济条件较好，笔者去的时候孩子的爷爷奶奶刚好在做晚饭，两个人做了很丰盛的晚餐，房子虽然是在镇上租的但也十分敞亮。

（1）责任意识

幼儿 E 的监护人和被委托监护人都有较强的责任意识。在家访过程中奶奶的一句话让教师们都很感动。奶奶说：“我什么都不想，一心只想把孩子带好。”很简单的一句话，体现出奶奶的淳朴和对孩子的爱。

家访谈话记录如下：

教师：平时和妈妈联系多吗？

奶奶：平时都会微信联系，放假了也会去孩子妈妈那边玩，她经常会买衣服和吃的寄回来。

教师：在家带孩子累不累？

奶奶：累倒是不累，孩子平平安安、健健康康就好。

(2)家庭氛围

幼儿 E 所在家庭氛围和睦。奶奶尽可能满足孙儿的要求，会询问幼儿 E 想吃什么，家里也有很多孩子爱吃的零食。孩子妈妈在外地工作，并在省会城市买了房和车，她经常给孩子买吃的和衣服，在物质上没有亏待过孩子，还说等孩子再大一点就接去省城读书。

家访谈话记录如下：

笔者：您平时是如何和孩子相处的？可以具体说一下吗？

奶奶：平时我们就是带他玩，到处逛，他要什么就尽量满足。

(3)教育方式

奶奶养育孩子时只希望孩子能吃饱穿暖，在物质上尽可能地得到满足，但老人文化水平有限，在幼儿的学习和教育方面帮不上忙。两位老人认为只要孩子平平安安、健健康康长大，就是对在外辛苦工作的儿媳妇最好的回报。

家访谈话记录如下：

教师：您平时有打骂过孩子吗？

奶奶：孩子不听话、做得不对的时候我们会教育他。

教师：平时会让孩子和您一起做家务吗？

奶奶：家里没有太多家务要做。

教师：幼儿 E 在家都自己的事情自己做吗？

奶奶：基本上他自己会做的事情都自己做，孩子总的来说还是挺听话的。

2. 幼儿表现

幼儿 E 是小班第二学期转来的，即使换了新环境也能很快适应，没有出现哭闹情况；能自己穿脱衣裤鞋袜，自理能力不错；在与同伴相处过程中不主动与人发生争执，能与同伴愉快地玩耍；能积极参与游戏活动，没有因为活动有难度而退缩，能想办法完成。还记得有一次活动结束后老师组织孩子们上厕所，女孩子先上男孩子坐在自己的位置上等。坐在幼儿 E 旁边的孩子很兴奋，一个劲儿地摇头，结果磕到幼儿 E 的头，幼儿 E 当时就露出了难受的表情，接着摸了摸头，可是旁边的孩子并没有发现也没有道歉，幼儿 E 自己摸了两下头之后又开心地笑了起来。

笔者与教师谈话记录如下：

笔者：该幼儿平时的表现有哪些让你印象特别深刻的，能具体说说吗？

教师：幼儿 E 非常懂事，能体谅大人的辛苦。有一次老师给孩子们讲故事《长大之后做什么》，当问到幼儿 E 时他说："我长大了要给奶奶赚钱。"这句话虽然稚嫩，但是听得我眼含热泪。我马上肯定了他的想法，对他说："奶奶听到后一定很开心。"随后我和幼儿 E 的奶奶交流了许久，奶奶说他在家时不时就会说这句话。

3. 家庭教育指导的需求

家访谈话记录如下：

教师：您在育儿方面有什么困难的地方吗？请具体举例说一下。

奶奶：也说不出什么困难的地方，相信幼儿园能教好孩子，我们没什么文化，在他的学习上也帮不上忙，一心只希望孩子健康长大。

三、农村学前阶段特殊家庭家庭教育的现状及影响因素

（一）农村学前阶段留守儿童家庭家庭教育现状

1. 监护人具有较强责任意识

监护人和被委托监护人都表现出比较强烈的责任意识，他们非常在乎孩子在幼儿园的表现，也愿意去学习怎样帮助孩子成长。家访时每户家庭都会询问老师一个相同的问题："老师，这个娃在学校表现怎么样？"短短的一句提问，在每户家庭都能听到，足以说明家长们的责任意识，他们想了解幼儿的表现，关心幼儿，关注幼儿的成长。访谈中留守儿童的监护人都具备较强的责任意识还表现在以下两个方面，一是父母外出打工改善家里的经济条

件，尽可能在物质上让幼儿过得好一点；二是监护人会尽可能地用微信和电话联系幼儿，幼儿寒暑假也会去监护人工作的地方生活。

2. 家庭氛围较好

访谈中幼儿 A 和幼儿 E 都是隔代监护留守儿童家庭，由隔代监护人抚养。虽然监护人在外打工，但是孩子生活幸福，在幼儿园各方面的表现也较好。这其中首先是因为父母在外打工改善了家里经济条件，缓解了经济压力，父母基本上能满足孩子在物质上的需求，为建立良好的家庭氛围打下了比较好的经济基础。其次是因为监护人和被委托监护人具有较强的责任意识，父母并没有因为外出打工就失去和孩子的联系，平时会通过视频和语音通话的方式联系孩子，放假时会接孩子在身边生活。最后，家庭每一个成员都很爱孩子，无论是监护人还是隔代监护人都表现出浓浓的对孩子的爱，一心只希望孩子健康长大。

3. 监护人重视教育、期望较高但缺乏教育方法

访谈的留守儿童家庭都是典型的隔代监护型留守儿童家庭，被委托监护人在物质上尽可能满足孩子需求。虽然被委托监护人年纪大且家里还有农活，但当教师询问"您带孩子过程中有让您印象特别深刻，或觉得很累很困难的事情吗"时，被委托监护人都没有表示出对带孩子的厌烦情绪，也未觉得累，只是觉得自己文化水平有限，在学习和教育上帮不上忙。可见，被委托监护人有种育儿无力感，存在心有余而力不足的情况，在孩子的教育上想帮但是不知道方法，也没有相应能力。同时也体现了留守儿童家庭对子女教育的重视程度较高。例如，幼儿 A 的教师表示："爷爷奶奶还有爸爸妈妈从小教育他们三姐弟要努力学习。所以幼儿 A 在学习方面的自尊心特别强，发现自己有些方面不如其他小朋友他就心情不好，但也会默默努力。"但幼儿 A 在学习方面的表现也在一定程度上体现出家长对孩子过高的期望。

4. 缺乏正确的教养方式

农村留守儿童家庭大多以隔代教育为主，监护人文化水平较低，眼界较窄，注重在生活物质方面对孩子有求必应；缺少正确的教养方式，如有的会采用打骂的方式教育孩子，有的会格外溺爱孩子，很少关注孩子心理和精神上的需求，只一味在物质上尽可能满足孩子。访谈中的留守儿童家庭多是采

用以溺爱型为主、偏独裁型相结合的教养方式。幼儿 A、幼儿 C 和幼儿 E 都是爷爷奶奶带孩子，隔代亲会导致他们格外溺爱孩子，谈话中幼儿 A 的爷爷和奶奶、幼儿 E 的奶奶对幼儿表现出很多的爱和期待，但这些爱和期待很大一部分通过物质的满足来表达。被委托监护人除了原则性问题，很少在其他方面对孩子提要求或者对孩子的行为进行控制。幼儿 C 比幼儿 A 和 E 的家庭关系稍微复杂一些，幼儿 C 的被委托监护人是明显的独裁型的教养方式，希望幼儿 C 按照自己想要的方式发展，希望对孩子所有的行为都加以保护监督，并要求孩子绝对服从，对幼儿 C 违反规则的行为表现出愤怒，甚至采用打骂的惩罚措施，很少考虑孩子的想法。

5. 教育理念落后，过于重视学习成绩

我国教育部办公厅印发《关于开展幼儿园“小学化”专项治理工作的通知》中明确了 5 项治理任务，即严禁幼儿园教授小学课程内容；纠正“小学化”教育方式；整治“小学化”教育环境；解决教师资质能力不合格问题；小学坚持零起点教学。我国初步通过的《中华人民共和国学前教育法(草案)》中指出，幼儿园应当配备符合国家和地方有关标准的玩具、教具和幼儿图画书，不得使用教科书。幼儿园不得教授小学阶段的教育内容，不得开展违背学前儿童身心发展规律的活动。由此可见应在学前阶段坚决抵制和摒弃让儿童提前学习小学课程和教育内容。

笔者通过访谈了解到，作为被委托监护人的老人们教育程度不高，教育孩子的理念比较陈旧，还停留在幼儿园是让孩子学习小学课程内容的误区中。留守儿童家庭教育理念落后，过分注重孩子学习成绩高低，在乎孩子在幼儿园有没有学到知识、会不会写字算术等。可见，由于监护人自身育儿理念错误，导致教育观念和方法滞后，接受不了新式教育和思想。

6. 亟需家庭教育指导

在农村留守儿童家庭家访中发现，监护人和被委托监护人话都不多，谈话过程中都是教师主动提问，他们很少主动问教师问题。每户家庭中爷爷或者奶奶唯一主动问老师的问题就是“他在幼儿园听不听话，表现得好不好”。可见，这些留守儿童家庭的被委托监护人非常关心幼儿，非常想了解孩子平时在幼儿园的行为表现，在乎教师对孩子的评价。因此，幼儿园作为学前阶段家庭教育指导的重要指导机构，在指导时应该通过多种便于农村老人理解的方式，让他们知道幼儿平时的表现，并指导爷爷奶奶们科学育儿，提高育儿能力。

（二）农村学前阶段离异和重组家庭家庭教育现状

1. 非监护方责任意识弱，家庭角色缺失

《中华人民共和国婚姻法》第三十六条规定："父母与子女间的关系，不因父母离婚而消除。离婚后，子女无论由父或母直接抚养，仍是父母双方的子女。离婚后，父母对于子女仍有抚养和教育的权利和义务。"离异只能解除夫妻关系，而亲子关系永远存在。对孩子的教养责任不因夫妻离异而消失，父母不能以离异为理由拒绝履行家庭教育的职责。离婚后父母应协商好如何和孩子保持联系。父亲或母亲一方角色的缺失，对孩子的亲社会行为、性别角色的养成、伙伴关系的形成等都会产生较大的负面影响。父亲对孩子的自我认同及其发展有很大作用，父亲角色的缺失会影响孩子独立思维能力的养成，并且造成孩子缺少责任感、性别角色意识模糊等问题。而母亲角色的缺失会使孩子对母亲的原始依恋心理得不到满足，使孩子缺乏安全感，并且可能会使孩子缺失学习及养成良好生活能力的机会，对孩子的情商培养造成负面影响。在访谈中发现，离异和重组家庭的非监护方责任意识都很弱，幼儿B和幼儿D家庭中父亲角色缺失，幼儿C家庭母亲角色缺失，非监护方离婚后几乎都未参与幼儿的生活，监护方未和非监护方协商定期让非监护方与孩子见面。

2. 家庭冲突严重

离异和重组家庭的研究结论，从"严重影响说"发展到"有限影响说"，相关研究从主要关注家庭结构不完整和抚养者缺失对儿童的影响，如离异家庭影响儿童的情绪、认识、自立行为、心理健康、社会性发展；到发现离异家庭对孩子的影响是通过某些间接因素产生，比如离异前后的亲子关系、家庭冲突、父母教养方式等，这些因素对儿童发展有更直接的影响。家庭冲突比离异更影响儿童和青少年的健康成长。访谈中离异和重组家庭中除了幼儿E的家庭外，都有较严重的家庭冲突：父母关系不和，非监护人几乎不看望孩子，孩子缺少父亲或者母亲的陪伴，监护人也很少在孩子面前提及非监护人，有时还会在孩子面前说对方的坏话。由于监护人的态度，幼儿也很少提及自己的父亲或者母亲，但偶尔也会表示出对父母或者母亲的想念。

3. 亲子沟通障碍

亲子关系是构成家庭关系最基本、最重要的关系之一。学前阶段积极友好的亲子沟通能促进幼儿的健康成长，幼儿阶段建立的良好亲子关系能为孩子的未来发展奠定坚实的基础。个体是通过与父母的交流和互动来获取物质上的支持和情感上的满足，并在此过程中逐渐形成自我意识。大量研究表明亲子关系的健康水平与孩子的心理健康水平息息相关，亲子沟通可以让父母了解幼儿的想法、需求，从而不断增进亲子之间的感情。离异和重组家庭的家庭结构发生变化，家庭关系破裂，父母或者母亲的角色缺失使得亲子关系发生变化，容易出现亲子沟通障碍。访谈中了解到离异单亲家庭幼儿 B 的母亲、离异留守家庭幼儿 C 的爷爷，以及重组家庭幼儿 D 的母亲与各自孩子都存在一定的亲子沟通障碍。一方面父母关系不和，彼此的矛盾未得到解决，且很少联系，有的时候还会在孩子面前埋怨对方；另一方面监护人不知道如何和幼儿沟通，不知道如何和幼儿提及家里的情况，面对家庭结构的变化选择闭口不谈。幼儿常常思念爸爸或者妈妈，但家里紧张的氛围让孩子很少能够表达出来。

学前阶段的孩子理解能力和表达能力不足，有时不知如何使用正确的语言去表达自身的感受，需要家长积极交流和引导，了解幼儿内心真实的想法。重组家庭的孩子在家里和幼儿园表现得格外懂事，因为他们更想获得关注和关心，这种情况下重组家庭的父母更要积极主动接近孩子，和孩子沟通，了解孩子心理的需求。

4. 缺乏正确的家庭教养方式

不同的教养方式对儿童心理发展有不同的影响。美国心理学家戴安娜·鲍姆林德将父母教养方式（parenting styles）分成四种类型：权威型、独裁型、溺爱型和忽视型。研究表明，权威型的育儿方式是最理想的教养方式。一般来说，权威型的教养方式对孩子有更多正面的影响，孩子表现更积极主动，自控能力强，做事有主见，能和他人进行良好的沟通。访谈中离异和重组家庭的父母缺乏正确的教养方式。离异单亲家庭幼儿 B 的母亲采取的是独裁型和溺爱型相结合的教养方式，对孩子期望过高，对孩子过度关注和保护，大大小小的事情都要管控到位，有时又会溺爱幼儿。离异留守家庭幼儿 C 的爷爷采取的是典型的以独裁型为主的教养方式，经济和精神上的双重压力，导致他脾气比较暴躁，希望幼儿 C 各方面都按照自己的想法去做，很少考虑孩子的想法；希望对孩子的行为都加以监督和保护，要求幼儿 C 服从他，有时幼儿 C 不守规则爷爷还会采用严厉的惩罚措施。重组家庭幼儿 D 的母亲采取的是偏忽视型的教养方式，对孩子没有太多的要求，很少发怒训斥幼儿 D，很少对幼儿 D 提要求和对他的行为进行控制。

5. 难以适应家庭结构的变化

在离异和重组家庭的访谈中了解到，父母都很困惑于如何与幼儿沟通父母离异的事实。父母离异意味着原来完整的家庭破裂，对孩子而言，这是一件很大的负性应激事件。在这个过程中，孩子需要适应父母离异所带来的生活变化。如何让孩子平稳接受父母离婚的事实，让孩子像正常家庭的孩子一样健康成长，是每一个离异父母都需要考虑和面对的现实课题。离异后父母应该尽早与孩子坦诚沟通，父母要告诉孩子，虽然爸爸妈妈今后不在一起生活了，但仍然还像以前那样爱他。此外，为了帮助孩子消除自责心理、放下思想包袱，父母还要主动给孩子解释清楚，告诉孩子父母离异是大人自己决定的事情，不是他的错。在父母离异初期，由于巨大的心理落差，孩子此时最需要父母的关心。父母应该多关注孩子的情绪变化，与孩子保持密切的沟通，告诉孩子在任何时候都可以把自己内心的不安和恐惧情绪向父母倾诉，以寻求父母的帮助，让孩子内心产生一种安全感。

四、农村学前阶段特殊家庭家庭教育的影响因素

（一）不同的家庭氛围对幼儿发展产生影响

父母间的冲突会给孩子健康成长造成的负面影响，有研究认为这是父母给孩子带来的最大负面影响。研究发现，孩子的健康成长状况与家庭环境有很大的关系，生活在父母冲突较大的双亲家庭的孩子会比生活在和谐幸福的

单亲家庭的孩子的健康成长水平要低。但也有研究发现，离婚的父母大多伴随着冲突，所以离婚式单亲家庭的孩子的健康成长水平比其他单亲家庭的孩子低，但冲突会随着时间而减少，孩子的健康水平则会随着时间的增加而提高。

访谈中幼儿 A 虽然是留守儿童家庭，每次孩子和父母分离时会依依不舍，思念父母不想父母走。但是良好的家庭氛围，父母关系和睦，爷爷奶奶为人友善，兄妹之间友好相处，家人的满满爱意都会使得留守儿童健康成长，其生活自理能力、社交能力、学习表现得到了幼儿园教师的肯定。相比之下，家庭冲突严重的家庭对幼儿发展表现出消极影响，幼儿出现较多的问题行为。留守离异家庭的幼儿 C，家庭冲突很严重，父母之间、爷爷和妈妈之间几乎不联系，相互抱怨的家庭氛围，导致幼儿 C 表现出较多的问题行为。离异单亲家庭的幼儿 B 和重组家庭的幼儿 D 也是一样，幼儿 B 的父母冲突严重，幼儿 D 的外婆和妈妈经常争吵，使得幼儿 B 和幼儿 D 没有在健康和谐的家庭氛围下长大，表现出一些严重的问题行为。重组家庭的孩子容易自卑、敏感，甚至直接把自己封闭起来。这个时候孩子可能会有两种相对极端的表现，一种是沉默不语，还有一种就是专门和父母对着干。如采访中幼儿 D 话比较少，难以向父母敞开心扉。

研究表明如果父母离婚后冲突减少，孩子与非监护人交往频繁会有利于孩子的适应；反之，如父母之间冲突大，则不利于孩子的成长。因此，家庭氛围是影响孩子成长的重要因素，积极和谐的家庭氛围有利于幼儿健康成长，存在激烈矛盾和冲突的家庭不利于幼儿健康成长。

（二）不同养育方式对幼儿的表现产生影响

戴安娜·鲍姆林德将父母的教养方式总结为两个维度，横坐标是父母对孩子的情感态度，在高回应端家长以积极、肯定、耐心的态度对待孩子，满足孩子的需求；在低回应端，家长排斥孩子，对孩子不闻不问。纵坐标为家长对孩子的要求，在高要求端家长为孩子制定了较高的标准，并要求孩子努力达到；在低要求端家长放纵孩子，对孩子缺乏管教。权威型父母的权威来自对孩子的尊重与理解，是对孩子最有利的教养方式。

权威型家长的表现：积极表达对孩子的爱，和孩子沟通交流；孩子有需求时积极回应，尊重理解鼓励孩子；经常肯定孩子，给予帮助；对孩子有合理的高要求，而不是任由孩子做主，奖惩分明，会适当限制孩子的行为。

权威型教养下孩子的表现：积极乐观，独立自主；能自我控制和解决问题；自尊感、自信心强，待人友好和善；能较好接纳自我，有良好的社会道德规范。

独裁型家长的表现：希望孩子按照自己的方式成长，要求孩子绝对服从；很少考虑孩子的想法，常常用冷漠、忽视的态度对孩子；孩子犯错时候很愤怒，并严厉惩罚。

独裁型教养下孩子的表现：常常焦虑、退缩、不快乐；在社会交往遇到挫折时，容易产生敌对反应；青少年时期自我调节能力和适应能力较差；自我控制能力差，在学校的表现比放纵型和忽视型教养的学生好，听话、守纪律，反社会行为较少。

溺爱型家长的表现：及时表达对孩子的爱和期待，但是很少对孩子的行为提出要求(比如不要求孩子学习、做家务，也不规范他们的行为举止)；任由孩子自由安排和做决定(在孩子还不具有这种能力的情况下)；孩子犯错时很少发脾气训斥孩子，以忽视或者接受的态度对待。

溺爱型教养下孩子的表现：大多不成熟，易冲动，攻击性较强；责任感不强，合作性差，很少为别人考虑，自信心不足。

忽视型家长的表现：既缺乏对孩子爱的表达和回应，又缺少对孩子行为的要求；只在物质上满足孩子要求，不会提供精神支持；几乎没有亲子互动，对于耗费时间和精力育儿的事情很少去做，比如教育孩子学习、培养孩子的行为习惯等。

忽视型教养下孩子的表现：自我控制能力差，容易出现适应障碍；具有较强的攻击性，缺乏热情和同情心，很少替别人考虑。这类孩子在青少年时期可能出现不良行为。

通过访谈了解到五户家庭的家长缺乏正确的教养方式。特殊家庭的家长容易形成独裁型和溺爱型的教养方式。隔代监护型留守儿童家庭长辈容易溺爱幼儿，过度满足幼儿的需求。对幼儿表达爱意是非常正确的教养方式，但是如果没有尺度，无条件地满足就会变成溺爱。年纪大的被委托监护人既要干农活和做家务，还要照顾孩子，加上自身文化素质不高，指导和帮助幼儿有难度，也很难正确约束和引导幼儿。此外幼儿的父母在外地工作，对幼儿有所愧疚，因此尽可能地在物质上满足孩子，以此作为弥补，对幼儿的其他需求也尽可能满足，甚至包办某些幼儿自己能做的事情，不利于幼儿良好行为习惯的养成。离异单亲家庭的家庭情况特殊，加上监护人工作和生活压力大，所以单亲家庭容易出现独裁型家庭教养方式。离异单亲家庭的家长，自己本身就既需要调节不良情绪，还要面对工作和家务，有时候遇到困难，心理压力大，易产生负面情绪，还会将负面情绪带到家庭中，在教育孩子时容易情绪波动，态度恶劣。单亲家庭的家长容易把大量的情感寄托在孩子身上，对孩子有较高的期望，访谈中幼儿 B 和幼儿 C 都是单亲家庭，尤其是幼儿 C 的爷爷抚养孩子身心劳累，又无所依靠，和幼儿 C 相依为命，对孩子期望较高，如果幼儿不按自己的想法行动，就会打骂孩子。访谈中笔者了解到离异后监护方基本不和非监护方联系，孩子只有一方的陪伴，监护者需承担双重角色。重组家庭的家长则容易形成溺爱型的教养方式，家庭结构特殊，父母不知道如何和幼儿沟通，对孩子内心有愧疚，只在物质上满足孩子，只对孩子基本的行为习惯加以管束，不敢对孩子提出过多的要求，不太注重孩子的学习成绩，而重组家庭孩子受家庭环境的影响在幼儿园和家里会表现得格外听话和懂事。

五、农村学前阶段特殊家庭家庭教育的建议

（一）农村学前阶段留守儿童家庭家庭教育的建议

1. 多了解孩子，建立稳定的亲子沟通渠道

一方面监护人需要多了解孩子，关心孩子，走近孩子。留守儿童和父母分居两地，缺乏父母的关爱和陪伴，父母需要多多了解幼儿情况，并和幼儿保持良好的沟通，用幼儿听得懂的语言理解孩子，了解幼儿的需要，给予幼儿心理上的支持。监护人要经常与老师联络沟通，随时了解掌握子女的身心发展状况，与教师探讨适合幼儿的教育方法，更好地促进儿童的成长和发展。同时留守儿童的父母要和孩子建立稳定的亲子沟通渠道，充分利用现代通信手段，多和孩子交流，了解孩子的想法，对孩子的行为进行正确的引

导。比如鼓励幼儿自己的事情自己做，在家多关心爷爷奶奶；还可以在每年的重要节日帮孩子准备有意义的礼物，增加亲子关系之间的仪式感。另一方面被委托监护人也要及时多和教师交流，多和教师说说幼儿在家的表现和情况，了解幼儿在园的表现，并对幼儿加以有效正确的引导与教育。

留守儿童的父母外出务工以提高家庭的生活水平，家长把期望都放在孩子身上，希望孩子多读书有出息，容易对孩子形成过高的期望，在某种程度上对孩子造成压力。监护人和被委托监护人对幼儿在学习上要有合理的期望和支持，首先自己要放平心态，树立正确的儿童观和育儿观。幼儿和成人一样是平等的、独立的、发展的个体，家长要尊重幼儿，保障幼儿的生存和发展，遵循幼儿的发展特点和规律、能力和个性。其次，要多了解孩子，以幼儿为中心关心幼儿，满足幼儿合理的需求，掌握幼儿的性格特征，发现幼儿的优缺点，了解幼儿的兴趣和爱好，鼓励孩子做自己喜欢的事情，引导孩子发展一些兴趣爱好。

2. 帮助幼儿树立规则意识

树立规则意识是帮助学前儿童养成良好行为习惯的重要途径之一。帮助幼儿树立规则意识就是给幼儿安全感，通过规则让幼儿明白所有的行为都应有度。詹姆士·杜布森博士在《勇于管教》中说道："如果悬崖边上设有栏杆，那么人就敢靠着栏杆往下看，因为不会害怕摔下去；如果没有栏杆，大家在离悬崖很远的地方就停住了，更别说站在悬崖边往下看。"这里的"栏杆"就是规则，幼儿没有规则意识就没有边界，不知道安全的尺度在哪里，缺乏安全感。留守儿童家庭中的一些长辈溺爱孩子，不会以正确方式指导孩子，面对孩子的不良行为表现不加以正确的指导，使得孩子缺乏边界感，做事情没有规矩，而且留守儿童家庭的父母长期在外务工，监护人难以直接及时地纠正孩子的不良行为。因此，指导留守儿童家庭的家长帮助幼儿建立规则意识是家庭教育指导的重要内容之一。

3. 形成科学的教养方式，更新祖父辈教育观念

由访谈可知，隔代监护型留守儿童的长辈们有的溺爱孩子，孩子需求尽可能都满足，有的教育方式简单粗暴。大部分农村留守儿童家庭的祖辈文化水平较低，教育观念陈旧，且受到传统观念的影响，认为幼儿园应该让孩子

学习拼音、写字、算术。帮助留守儿童家庭祖父辈更新教育观念，学习科学的教养方式格外重要。幼儿园可以通过家访、家长会、家庭教育讲座等多种形式向留守儿童家庭的祖父辈传播正确的教育观念，引导祖父辈更科学地育儿。

4. 增强被委托监护人的安全意识

留守儿童家庭的孩子由于缺乏父母的监督，且被委托监护人多是老一辈，爷爷奶奶、外公外婆文化水平和身体精力有限，导致留守儿童会面临一些安全问题。这些问题对留守儿童的身心健康会造成极大的影响。增强家长的安全意识是留守儿童家庭家庭教育指导的重要内容之一。关注未成年人心理健康，教导其珍爱生命，对其进行安全出行、健康上网和防欺凌、防溺水、防诈骗、防拐卖、防性侵等方面的安全知识教育，帮助其掌握安全知识和技能，增强其自我保护的意识和能力。

（二）农村学前阶段离异重组家庭家庭教育的建议

1. 提高非监护方的责任意识

由访谈可知父母因关系不和离异后的家庭，其非监护方责任意识较弱。《中华人民共和国家庭教育促进法》指出，未成年人的父母分居或者离异的，应当相互配合履行家庭教育责任，任何一方不得拒绝或者怠于履行；除法律另有规定外，不得阻碍另一方实施家庭教育。本课题采访的离异重组家庭中，非监护方的责任意识普遍较弱。例如，幼儿 C 家庭中的母亲从未看望孩子，也很少电话联系孩子；幼儿 B 的父亲也几乎和孩子没有联系，这些非监护方都未意识到自己的职责。

2. 提供安全、温馨、稳定的成长环境

马斯洛认为儿童需要一个安全的环境，这个环境之中没有困惑、疑虑和恐惧，孩子在这样的环境下才能安全探索和发展。每个孩子都希望自己有个完整的家，有无条件爱自己的爸爸和妈妈，在温暖有爱的家庭中长大。而离异家庭往往充满了争执、吵架甚至打架，孩子在这样不安全、恐惧的环境下长大，对其的不利影响是伴随一生的。家长对于离异家庭的孩子应有更多的关心、爱护和教育，帮助他们解答困惑，走出困境，陪伴孩子健康成长，使得离异和重组家庭的孩子也有美好的未来。

鼓励离异和重组家庭的孩子表达情感。应让孩子知道他们的情绪和感受是正常的，并提供安全的环境，让他们能够自由地表达自己。帮助孩子形成健康的应对压力的方式，如运动、艺术创作、写日记等。这些活动可以帮助他们释放情绪，减轻压力，培养积极的思维方式。鼓励孩子建立积极的心态和多做自我评价，培养他们的自信心和自尊心。

3. 建立良好的亲子关系

幼儿在重组家庭中会体验到不同于原有家庭的生活方式，幼儿需要适应新的家庭成员的角色和责任。对于幼儿来说，理解父母离异和父亲或母亲的新的婚姻关系是一项很困难的事情。比如重组家庭面临与继父或继母之间的新亲子关系的建立，这需要时间、耐心和积极的互动，以促进亲子关系的发展。有些幼儿可能更容易接受新的家庭成员，而另一些可能需要更长的时间来建立信任和亲密关系。家庭内部需要建立积极健康的沟通模式，以增进家庭成员之间的理解和支持，帮助幼儿更好地适应家庭的变化。

第四章

农村学前阶段特殊家庭家庭教育指导现状分析

一、特殊家庭家庭教育指导政策现状分析

（一）受到重视并有法律法规保障实施

家庭教育近些年来越来越受到政府的重视，相关部门陆续出台了一系列的政策法规。2019 年《全国家庭教育指导大纲(修订)》中专门提出特殊家庭的家庭教育指导，并对离异和重组家庭、农村留守儿童、流动人口家庭和服刑人员家庭这四类特殊家庭的家庭教育给出了具体的指导方向。2021 年颁布的《湖南省家庭教育促进条例》明确提出将幼儿园和中小学等学校的家庭教育指导工作纳入督导范围，实施教育督导评估。对有特殊需求的未成年人，学校与其父母或者其他监护人应共同研究并指导开展家庭教育。2021 年《中共中央 国务院关于全面推进乡村振兴加快农业农村现代化的意见》指出完善农村特殊教育保障机制，加强对农村留守儿童和妇女、老年人以及困境儿童的关爱服务。2022 年开始施行的《中华人民共和国家庭教育促进法》的出台填补了家庭教育立法的空白，推进了家庭教育指导工作的开展，使得家庭教育政策有了法律的保障。《中华人民共和国家庭教育促进法》第 20 条明确提出，未成年人的父母分居或者离异的应当相互配合履行家庭教育责任，任何一方不得拒绝或者怠于履行；除法律另有规定外，不得阻碍另一方实施家庭

教育。

从家庭教育政策制度到相应的法律出台，特殊家庭的家庭教育指导工作既有相关法规的规范也有法律保障。

（二）强调学前阶段幼儿园是家庭教育指导的重要机构

《幼儿园教育指导纲要（试行）》指出幼儿园应与家庭、社区密切合作，与小学相互衔接，综合利用各种教育资源，共同为幼儿的发展创造良好的条件。2016 年施行的《幼儿园工作规程》中规定幼儿园同时面向幼儿家长提供科学育儿指导，幼儿园应当主动与幼儿家庭沟通合作，为家长提供科学的育儿宣传指导，帮助家长创设良好的家庭教育环境，共同担负教育幼儿的任务。《幼儿园保育教育评估指南》在“家园共育”中指出幼儿园可通过家长会、家长开放日等多种途径，向家长宣传科学育儿理念和知识，为家长提供分享交流育儿经验的机会，帮助家长解决育儿困惑。《中华人民共和国家庭教育促进法》第 39 条到第 42 条明确提出，中小学校、幼儿园应当将家庭教育指导服务纳入工作计划，作为教师业务培训的内容；应当根据家长的需求，邀请相关人员传授家庭教育理念、知识和方法，组织开展家庭教育指导服务和实践活动，促进家庭与学校共同教育；可以采取建立家长学校等方式，针对不同年龄段未成年人的特点，定期组织公益性家庭教育指导服务和实践活动，并及时联系、督促未成年人的父母或其他监护人参加；具备条件的中小学校、幼儿园应当在教育行政部门的指导下，为家庭教育指导服务的站点开展公益性家庭教育指导服务活动提供支持。家庭教育相关的法律法规明确规定以幼儿园为中心开展各类家庭教育指导服务，并具体指出幼儿园开展家庭教育指导工作的实施途径。

二、学前阶段家庭教育指导服务体系现状分析

（一）研究背景

家庭教育指导旨在提升家长的育儿水平，这是提高家庭教育质量的关键。2022 年我国正式颁布实施的《中华人民共和国家庭教育促进法》，标志着

我国的家庭教育由传统的“家事”上升为新时代政府予以保障的重要的“国事”。幼儿的教育是所有教育的开端和基础，许多研究表明幼儿阶段(3~6岁)的孩子在体格和神经发育、心理和智能发育上都有快速的发展，是进行教育的重要时期。因此家庭教育应从幼儿阶段开始，保障幼儿健康全面发展。幼儿的发展关系到未来国民的整体素质，影响着国家的繁荣发展，因此社会各界有责任探讨和解决幼儿家庭教育的问题。本研究通过实际调查分析幼儿家庭教育指导的现状，并提出提高教育指导质量的建议，既可以丰富幼儿家庭教育指导相关研究，同时为后续指导服务改进工作提供理论依据和策略，以引起社会对幼儿家庭教育的重视，促进幼儿健康成长。

（二）研究对象与方法

本研究采用问卷调查法和访谈法，了解幼儿家庭教育指导服务的现状，分析存在问题的因素。研究的地区选取了代表湖南省常德市城市经济发展水平的武陵区和代表农村经济发展水平的桃源县、临澧县、汉寿县、石门县。研究对象是幼儿园、妇联、社区、教育局进行家庭教育工作的负责人以及有3~6岁幼儿的家长。根据国家政策、现有研究和实地调查可知，幼儿园、妇联、教育局和社区为幼儿家庭教育指导服务主要机构，因此选取以上四个机构相关人员为研究对象。

1. 问卷调查法

本研究除了选取指导服务的机构，还选取了16所幼儿园的3840名家长为问卷调查的对象，16所幼儿园包括湖南省常德市武陵区的8所，桃源县、汉寿县、临澧县、石门县各有2所。问卷内容主要包括家长基本信息、认知程度、参加机构、指导内容、指导形式、指导时间和指导服务队伍。整理出调查对象的基本情况详见表4-1。

表 4-1　调查对象基本情况

项目	内容	人数	占比/%
家长身份	爷爷	41	1.07
	奶奶	135	3.52
	母亲	2987	77.79
	父亲	677	17.63
教育程度	初中及以下	690	17.97
	高中/专科	1940	50.52
	本科及以上	1210	31.51
幼儿就读班级	小班	1200	31.25
	中班	1338	34.84
	大班	1302	33.91
幼儿性别	女	1899	49.45
	男	1941	50.55
幼儿园地理位置	农村	1361	35.44
	城市	2479	64.56
就读幼儿园办学性质	民办	1771	46.12
	公办	2069	53.88

2. 访谈法

为了全面了解各机构幼儿家庭教育指导的现状，笔者访谈了研究地区的16位幼儿园园长，10位妇联负责人，10位社区负责人、10位教育局负责人（详见表4-2）。访谈内容包括家庭教育指导服务的对象类型、内容、形式和服务队伍。访谈结束后及时对材料进行分类编码。

表 4-2　访谈对象的具体分布区域

区域	幼儿园园长	社区负责人	妇联负责人	教育局负责人
武陵区	8	2	2	2
桃源县	2	2	2	2
汉寿县	2	2	2	2

续表

区域	幼儿园园长	社区负责人	妇联负责人	教育局负责人
临澧县	2	2	2	2
石门县	2	2	2	2

（三）研究结果与分析

通过实地调研笔者了解到，常德地区由妇联牵头推进家庭教育指导工作，教育部门则指导、管理幼儿园、中小学的家长学校，组织和实施幼儿家庭教育指导服务活动的机构是幼儿园和社区。

1. 研究结果

（1）指导服务的对象类型

幼儿家庭教育指导服务体系的对象类型：指导对象为非特殊群体家庭，几乎没有提供专门针对特殊群体家庭（比如留守儿童的家庭、隔代教育的家庭、离异家庭等）的指导服务。且指导机构由于专业水平有限无法为各类群体提供指导服务。具体分析如下。

通过对 26 位访谈对象的访谈可知，16 所幼儿园和 10 所妇联机构都组织了针对非特殊群体家庭的指导服务活动，但是只有 2 所幼儿园开展过针对特殊群体家庭的指导服务，其中一所城市幼儿园开展过隔代教育的指导活动，一所农村幼儿园开展了留守儿童家庭的指导活动。当问到为什么没有开展针对特殊群体的指导服务时，相关机构负责人都表示实施难度很大，因为机构自身专业水平有限，缺乏家庭教育基础知识和指导技能，所以不能提供良好的指导服务。详见表 4-3。

表 4-3　机构开展指导服务的家庭类型分析

指导对象	频数	占比/%	分类指导困难	频数	占比/%
非特殊家庭	26	100%	不困难	0	0
特殊家庭	2	7%	困难	26	100%

(2)指导服务的内容

经调查可知，幼儿家庭教育指导服务内容的现状为：幼儿园指导服务内容全面且丰富，但缺少父母自我情绪管理的指导内容；社区指导内容单一，只有关于教育观念和方法的指导内容；家长对各类指导内容需求都很高。具体分析如下。

在指导服务内容的需求一问中，依据对内容需求程度的不同，将指导内容的需求程度分为“非常需要、需要、一般、不需要、非常不需要”五个等级，对应赋值为5分、4分、3分、2分、1分，中等平均分为3分，得分越高代表家长认为对该内容的需求程度越大。由表4-4可知，“幼儿身心发展（$M=3.50$）”“教育观念与方式（$M=3.52$）”“兴趣和行为习惯（$M=3.48$）”“入学准备（$M=3.46$）”“自我情绪管理（$M=3.49$）”每类指导内容的需求都大于平均分3分。说明家长对各类指导服务的内容需求都很大。

表4-4　家长对指导服务的内容需求

内容	M	SD	需求程度排序	需求程度百分比				
				非常需要	需要	一般	不需要	非常不需要
幼儿身心发展	3.50	0.665	2	58.3%	35.1%	5.7%	0.7%	0.3%
教育观念与方式	3.52	0.651	1	59.0%	35.4%	4.7%	0.5%	0.4%
兴趣和行为习惯	3.48	0.641	4	55.0%	39.4%	4.8%	0.5%	0.3%
入学准备	3.46	0.735	5	56.9%	34.7%	6.0%	1.9%	0.5%
自我情绪管理	3.49	0.654	3	56.2%	37.8%	5.0%	0.6%	0.4%
总体	3.49	0.684		57.1%	36.5%	5.2%	0.8%	0.4%

注：“M”代表均值平均值，“SD”代表标准差。

由社区和幼儿园的访谈可知，城乡的家庭教育指导服务在内容上未呈现出差距，指导服务内容主要为以下五个方面：第一，了解幼儿身体健康和心理发展。指导家长为幼儿提供安全的物质环境和心理环境，学习关于幼儿健康教育的科学知识，如开展“如何缓解幼儿入园焦虑”“幼儿春秋季疾病预防和护理”等知识讲座。第二，更新教育观念和方法。帮助家长树立科学育儿理念，组织家长分享育儿经验和方法，如“教育是一场智慧修行”“好孩子是玩出来的”等主题活动。第三，兴趣和行为习惯的培养。指导家长培养幼儿良好的生活和卫生习惯，如组织“家园共育促进幼儿良好的生活习惯”等活动。第四，自我情绪管理。指导家长如何管理自我情绪，和幼儿友好相处，如学会做善于沟通的智慧父母等。第五，入学准备。指导家长从理念和行动上做好幼小衔接，如开展幼小衔接专题讲座等。

如图 4-1 所示，幼儿园指导服务内容全面且丰富，但缺少关于父母自我情绪管理的指导内容；社区指导内容单一，只有关于教育观念和方法的指导内容。

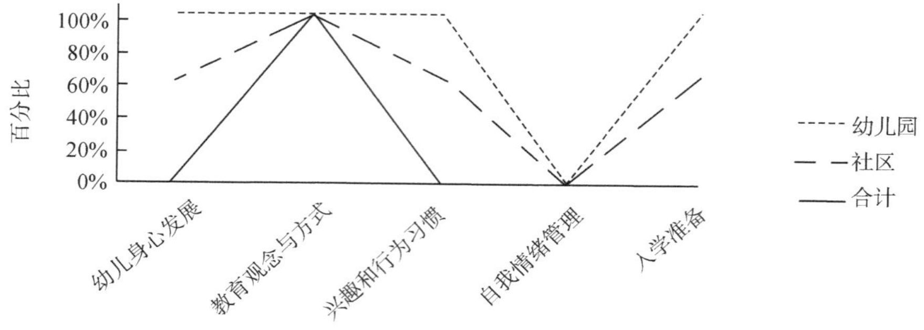

图 4-1　机构指导服务的内容

扫码看图

(3)指导服务的形式

幼儿家庭教育指导服务形式的现状为：幼儿园指导形式大部分以理论指导和线下指导为主，而家长需要理论与实践、线上与线下相结合的家庭教育指导。具体分析如下。

由访谈可知，城乡家庭教育指导服务在形式上未呈现出差距。指导形式分为正式家庭教育指导和非正式家庭教育指导。正式家庭教育指导为线上或线下家长学校、讲座、家长会、亲子活动；非正式家庭教育指导为儿童入园和离园时的沟通、线上或线下家访、家园联系手册、园所开放日活动。无论是正式家庭教育指导还是非正式的家庭教育指导，基本都是通过两种形式开展活动。

由幼儿园和社区访谈数据可知，机构主要通过理论加线下的方式开展指导活动。在家长调查问卷中，63.28%的家长需要线上加线下的方式参加家庭教育指导，84.4%的家长需要理论加实践相结合的方式参加家庭教育指导。

(4)指导服务队伍

幼儿家庭教育指导服务队伍的现状：妇联没有专门的部门指导工作，教育局缺乏专门的人员管理，社区没有专门的家庭教育指导站。家长主要参加幼儿园单独组织的家庭教育指导，希望参加机构间协作组织的家庭教育指导。

据访谈可知，常德市家庭教育指导服务体系是由妇联牵头指导推进家庭教育服务工作，但没有明确的、独立的实施部门。教育局对家长学校的管理挂靠在老干部科，缺乏专门的管理人员，很难完成指导与管理家长学校的职责，更谈不上制度化和规范化地建设家长学校。有研究表明家委会和家长学校是家庭教育指导服务体系建构中非常重要的一个部分，应确保每一所家长学校都能够正式建立。但在实际情况中有 70% 的家长学校“形同虚设”。农村某幼儿园负责人表示家长学校只是挂牌，缺少实际管理、指导与实施；社区没有提供家庭教育指导站，且因为各种原因限制，家庭教育指导站平台的搭建工作实施起来难度很大。

在家长调查问卷中，关于“指导服务队伍”有两个问题，即“您参加过常德市哪些机构组织的教育指导（多选题）（选项有幼儿园/高校/社区/政府/机构间协同）”和“您最想通过常德哪个机构参加家庭教育指导（选项有幼儿园/高校/社区/政府/机构间协同）”。调查结果显示，88. 01% 的家长参加的是幼儿园组织的家庭教育指导，58. 43% 的家长想参加机构间协作组织的家庭教育指导。图 4-2 为指导服务队伍调查结果。

2. 研究结果分析

通过以上对指导对象类型、指导内容、指导形式和指导服务队伍四个方面的现状调查，分析得出幼儿家庭教育指导服务体系当前存在的四个方面的不足。

（1）指导服务机构间缺乏协作

首先，幼儿园缺少其他机构的协助，不仅缺人才，而且缺资源。从现状调查结果可知，当前家庭教育指导对象只针对非特殊家庭，且指导人员能力有限，幼儿园缺少资金和资源培训教师并聘请专家。其次，社区资源较多却未被充分利用。现状调查显示，社区指导对象单一，只对非特殊家庭提供指导服务；指导内容单一，只进行教育观念和方法方面的指导服务；指导形式主要为理论和线下为主。最后，家长主要参加由幼儿园组织的家庭教育指

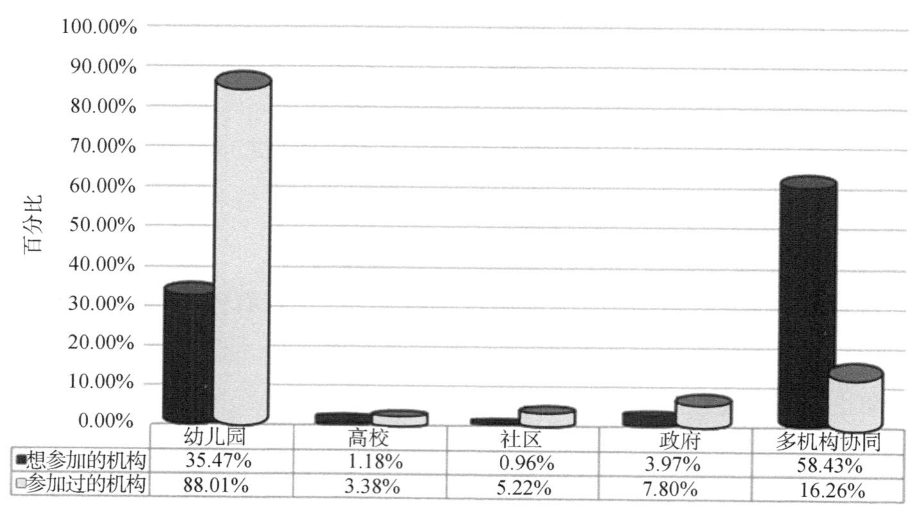

图 4-2　指导服务队伍调查结果

导。研究结果显示，88.01%的家长参加的是幼儿园组织的家庭教育指导，可见当地妇联未能积极推进和协调幼儿园、社区的合作，造成"重学校、轻社区"的现象比较严重。

(2)指导服务人员能力有待提高

2019年常德妇联牵头制定的家庭教育工作联席会议制度中强调，推动建立"全覆盖、保基本、分层级和对类型"的家庭教育指导服务体系。《全国家庭教育指导大纲(修订)》对特殊家庭、特殊儿童的家庭教育指导提出了具体的要求。由指导服务对象类型的现状调查可知，大部分机构都是以非特殊家庭为对象进行的指导服务，机构工作人员表示由于缺乏家庭教育基础知识和指导技能，所以不能对特殊家庭提供良好的指导服务，可见指导服务人员专业能力有待提高。

(3)对指导服务对象了解不足

由指导内容和指导形式的现状可知，在指导内容方面，相关机构和家长需求之间存在差距，机构组织的活动中缺少对家长自我情绪管理的内容，但是家长对自我情绪管理的内容需求较高；在指导形式方面，机构和家长需求之间存在差距，机构的指导形式以理论指导和线下指导为主，但是家长对理论加实践、线上加线下的指导形式需求较高。从这两方面可知幼儿家庭教育指导服务过程中对指导服务对象的了解不足。

(4)指导服务评价体系欠缺

完善的指导服务评价体系有利于改进指导服务工作，提高指导服务质量，为幼儿家庭教育指导服务体系提供反馈机制。通过以上的调查可知，当地指导服务机构进行指导服务时没有执行标准，指导之后没有评价标准，才会导致组织的指导服务内容和形式与家长需求不符。家长学校建立和评估有标准，但是在实施过程中标准并未执行到位，导致家长学校，尤其是农村家长学校服务质量有限。因此，亟须完善指导服务评价体系。

(四)建议

生态学是指研究生物之间及生物与环境之间相互关系的科学。本研究借鉴生态学理论，将整个幼儿家庭教育指导服务体系看成一个教育生态系统。教育的主体(家长)、教育关系(以政府、社区、高校与幼儿园的教育关系为代表)、教育环境(以政府、社区、高校、幼儿园提供的环境为代表)等多个生态因子构成教育生态系统(如图4-3所示)。这些生态因子相互影响、相互制约，动态地追求和谐的平衡。本研究从生态学视角，根据幼儿家庭教育指导的不足提出以下针对性建议。

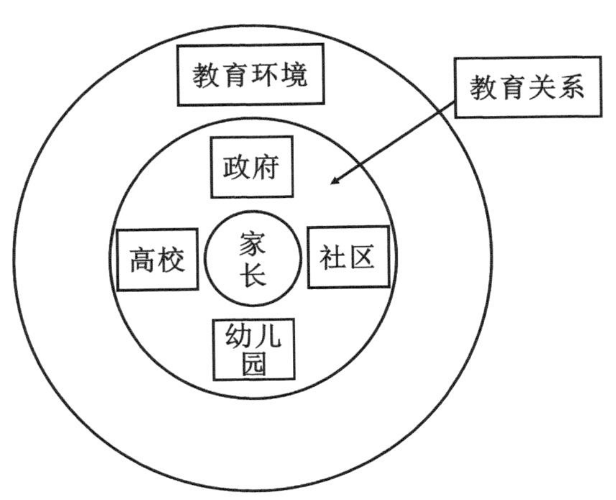

图4-3　生态学视域下的幼儿家庭教育指导服务体系

1. 完善机构协作体系，提升指导服务组织效能

幼儿家庭教育指导服务体系的完善，需要社会、家庭及相关机构共同参

与。政府、社区、高校、中小学校、家庭五方形成教育合力密切配合构建家庭教育指导模式，结合幼儿发展和家长需求，形成政府、幼儿园、社区、高校四位一体，共同参与的协作体系，提高家庭教育指导服务的水平。本研究认为机构间协作体系如图 4-4 所示，具体内容如下。

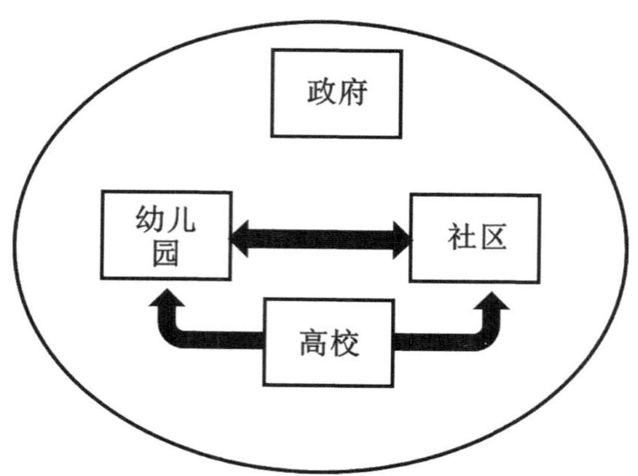

图 4-4　幼儿家庭教育指导服务机构协作体系

(1)以政府主导

政府完善政策并督导落实。政府要进一步指明幼儿教育相关的部门在家庭教育指导中的责任和职能，统一管理，加强监督；加强对家长学校的管理和指导，协调社区和幼儿园通力合作，合理分配人力、物力和财力，充分做到资源合理化利用，必要时可拨付部分专项经费支持家庭教育指导服务机构的工作开展。

(2)以幼儿园为主阵地

幼儿园是幼儿主要的受教育之地，幼儿园和幼儿家庭的合作共育影响幼儿的发展。幼儿园应充分利用政府、社区、高校的教育资源，形成教育合力，最大限度发挥协作体系的作用，促进儿童的发展。

(3)以社区为依托

社区有着丰富的人力资源、物质资源、文化资源和资金，整合这些资源可以提高幼儿家庭教育指导服务质量，比如，幼儿园和社区一起组织活动时，可以由社区提供活动的场地，组织培训家庭教育志愿者，聘请专家，等等。

(4)高校支持

发挥高校教学、科研和服务社会的功能，推动高校在幼儿家庭教育指导服务理论体系和人才的培养工作中发挥作用。搭建合作研究平台，设立幼儿家庭教育研究室，推动理论和实践工作相结合。

2. 制定人员培训计划，提高指导队伍专业能力

制作由政府主导、高校配合、机构间合力开发的适用于各类幼儿家庭教育指导的课程，供专业人员和志愿者学习；以基本理论为基础，实现人才队伍专业化、指导内容全面化。完善培训体系，提供培训平台，利用互联网建立幼儿家庭教育指导相关的精品课程线上学习平台，使家长可以线上学习理论知识，线下实践。组织相关人员通过专业的学习和考核提高专业能力，以培养幼儿家庭教育指导服务的专业队伍。

3. 了解家长实际需求，制定指导服务实施策略

随着时代发展和社会结构的变化，家庭结构也在不断发生变化。应根据家长需求，改进教育目标并关注特殊家庭的家庭教育问题。在开展亲子活动之前充分考虑家长的需求，活动形式上打破时间和空间的局限，充分利用现代媒体资源开展活动。满足家长实际需求，需做到以下两个方面。首先，掌握不同层级不同类型的家庭需求，如：特殊家庭和特殊幼儿的家庭需求。其次，掌握新时代的家长对指导服务内容和形式上的需求，与时俱进，突破创新。比如根据不同类型人群开展主题教育计划，使家庭教育指导服务更精细化、有针对性和实效性，真正地为有需要的家长所用。

4. 推进服务考核评估工作，完善指导服务体系建设

考核评估不仅能督促相关机构积极开展工作，还能为进一步完善指导服务体系提供基础。完善机制，首先需要相关部门协同确定考核评价标准，使各部门能按标准实施推进工作，并建立奖惩制度以激励工作的开展。其次可以利用互联网平台和实地调查向相关机构和家长了解指导服务工作效果，接收反馈意见和改进需求以便进一步规范与优化。

三、幼儿园教师家庭教育指导能力现状分析

（一）研究背景与目的

1. 研究背景

家庭教育是“家事”，更是“国事”，有关部门印发了一系列文件，并要求各地认真贯彻落实文件要求，积极开展家庭教育指导工作。在幼儿园，班级工作好做，家长工作难做；小朋友好照顾，“大朋友”难照顾。幼儿园的教育不仅面向幼儿还面向家长，如果家园合作开展不顺利，幼儿教育效果会大打折扣。从社会层面看，社会对幼儿园教师专业性的认同度并不高，从某种程度上说，可以通过提高幼儿教师家庭教育指导的能力，在教师与家长的沟通中，实现社会对幼儿园教师专业性的认同①。

教师家庭教育指导能力是指教师利用多学科的知识，对家长从理论、方法、内容和技术等方面进行指导，从而帮助家长提高育儿素养，提升家庭教育水平的一种能力。笔者查阅相关文献发现关于家庭教育指导能力的研究较少，对家园共育能力的研究较多。家园共育指幼儿园和家庭两方积极主动配合，共同作用促进幼儿身心全面健康发展。幼儿园家庭教育指导是指幼儿园为提高家长的育儿能力，为家庭提供各种专业的支持和服务。可见，要落实家园共育离不开家庭教育指导，而落实家园共育，则需要教师具备良好的家庭教育指导能力。据了解，为使幼儿园开展高质量的家庭教育指导，培养高素质的幼儿园教师队伍，本课题组开展了常德市幼儿园教师家庭教育指导能力情况的调查，以了解现状并给出建议。

2. 研究目的

了解幼儿园教师家庭教育指导能力水平的现状，分析幼儿园教师家庭教育指导能力的影响因素，为进一步提高幼儿园教师家庭教育指导能力提出建议。

---

① 华爱华. 从科学育儿指导看幼儿园教师的专业性：对疫情期间家园沟通线上实践的反思[J]. 幼儿教育，2020(28)：4-8.

（二）研究对象和方法

1. 研究对象

（1）问卷调查对象

常德市有 6 个县和 2 个区，一个代管县级市和 6 个管理区。本次选择两区一县一管理区，包括武陵区、鼎城区、石门县、桃花源旅游管理区，以园所为单位进行整体抽样。研究对象基本信息见表 4-5，其中问卷调查对象共 264 人，男性 2 人，占 0.8%；女性 262 人，占 99.2%。在公办幼儿园的教师共 180 人，占 68.2%；在民办幼儿园的教师共 84 人，占 31.8%。最高学历在中专及以下的有 45 人，占 17%；大专学历 126 人，占 47.7%；本科学历 92 人，占 34.8%；研究生及以上学历 1 人，占 0.4%。教龄 2 年以下 38 人，占 14.4%；3~5 年 67 人，占 25.4%；6~10 年 76 人，占 28.8%；11~20 年 36 人，占 13.6%；20 年以上 47 人，占 17.8%。无职称的 156 人，占 59.1%；初级职称 70 人，占 26.5%；中级职称 32 人，占 12.1%；副高及以上职称 6 人，占 2.3%。

表 4-5　调查对象的描述性统计分析

基本信息	选择项	人数	占比/%	最多选择项
性别	男	2	0.8	女
	女	262	99.2	
园所的性质	公办幼儿园	180	68.2	公办幼儿园
	民办幼儿园	84	31.8	
受教育水平	中专及以下	45	17	大专
	大专	126	47.7	
	本科	92	34.8	
	研究生及以上	1	0.4	

续表

基本信息	选择项	人数	占比/%	最多选择项
教龄	2 年以下	38	14.4	6~10 年
	3~5 年	67	25.4	
	6~10 年	76	28.8	
	11~20 年	36	13.6	
	20 年以上	47	17.8	
职称	无职称	156	59.1	无职称
	初级	70	26.5	
	中级	32	12.1	
	副高及以上	6	2.3	

（2）现场访谈对象

访谈对象分别选取位于武陵区、鼎城区、石门县、桃花源旅游管理区的 4 所公办幼儿园和 4 所民办幼儿园，每所幼儿园选园长 1 名、幼儿园教师 2 名，共计采访 24 人。

2. 研究过程

（1）确定维度

阅读并总结相关政策文件、研究文献的热点和方向，确定《幼儿教师家庭教育指导能力问卷》包含四个维度，即了解政策文件的专业能力、了解儿童发展的专业能力、支持父母育儿的能力和个人品质。

针对家庭教育指导能力，研究者组织幼儿教育专家、幼儿园教职工和家长，根据《全国家庭教育指导大纲（修订）》中的指导原则，即思想性原则、科学性原则、儿童为本原则、家长主体原则，筛选出幼儿园教师应具备的九大家庭教育指导能力。

（2）调查问卷试抽样

采取随机抽样的方式，在常德市发放《幼儿家庭教育指导能力问卷（样卷）》并辅以访谈。

（3）确定问卷结构

本调查问卷分为四个部分，包含基本信息、影响因素、九大能力及开放题。基本信息包括性别、所在园所性质、受教育水平、教龄、职称共 5 道题；影响因素包括您的学历是否为学前教育专业、您是否愿意参加系统的家庭教育培训课程、如果家长有育儿疑惑您是否乐意帮助、幼儿园是否经常组织家庭教育及指导相关的教研活动、您是否参加过一整套完整的家庭教育及指导的培训课程、幼儿园是否把教师对家长的指导纳入教师考核评价标准、幼儿园是否对家庭教育指导工作进行教育督导评估共 7 道题；九大能力包括解读家庭教育相关政策文件的能力、观察和了解幼儿的能力、解读幼儿行为的能力、解答家长困惑的能力、解读家长性格和养育类型的能力、分类指导多类型家庭的能力、利用互联网指导家长的能力、指导家长支持幼儿园一日活动的能力、设计和实施家长活动的能力，共 9 道题；2 道开放题为您觉得为教师提供哪些支持能更好地提高教师的家庭教育指导能力，帮助家长提高育儿水平；如果您参加家庭教育指导能力的培训，您想学习哪些方面的内容。其中选择题根据不同选项分别赋 1~5 分。

（三）研究结果与分析

1. 幼儿园教师家庭教育指导能力现状

（1）家庭教育指导能力整体欠缺

教师家庭教育指导能力整体欠缺，解答家长育儿困惑的能力和指导家长支持幼儿园一日活动的能力较强，解读家庭教育相关政策文件的能力和分类指导多类家庭的能力较弱。

本次接受调查的共 264 人，如表 4-6 所示，九大能力均值从高到低依次为解答家长育儿困惑的能力（M=3.69）、指导家长支持幼儿园一日活动的能力（M=3.67）、观察和了解幼儿的能力（M=3.61）、设计和实施家长活动的能力（M=3.6）、解读幼儿行为的能力（M=3.55）、利用互联网指导家长的能力（M=3.46）、解读家长性格和养育类型的能力（M=3.32）、分类指导多类家庭的能力（M=3.14）、解读家庭教育相关政策文件的能力（M=2.67），整体均值为 3.41。这说明幼儿园教师家庭教育指导能力仍有欠缺，尤其是分类指导多类家庭的能力和解读家庭教育相关政策文件的能力较低。

表 4-6　九大家庭教育指导能力调查表

具体能力	平均数（M）	中位数	标准偏差	范围	最小值	最大值
解读家庭教育相关政策文件的能力	2.67	2	1.21	4	1	5
观察和了解幼儿的能力	3.61	4	1.18	3	2	5
解读幼儿行为的能力	3.55	3	1.32	4	1	5
解答家长育儿困惑的能力	3.69	3	1.24	3	2	5
解读家长性格和养育类型的能力	3.32	3	1.17	4	1	5
分类指导多类家庭的能力	3.14	3	1.2	4	1	5
利用互联网指导家长的能力	3.46	3	1.23	4	1	5
指导家长支持幼儿园一日活动的能力	3.67	4	1.12	3	2	5
设计和实施家长活动的能力	3.6	4	1.16	4	1	5

（2）了解和阅读过家庭教育相关政策文件

解读家庭教育相关政策文件的能力主要是指了解《中华人民共和国家庭教育促进法》《全国家庭教育指导大纲（修订）》等家庭教育相关的政策文件，理解政策文件精神，理解政策文件相关要求，并能运用在幼儿园家庭教育指导中。从数据表 4-7 可知，知道有这些文件的教师占 40.2%，有阅读过这些文件要求的教师占 29.2%，但是花时间学习理解过这些政策文件的教师只有 6 位，占 2.3%。数据表明教师解读家庭教育相关政策文件的能力较低，大部分教师只是知道和阅读过家庭教育相关政策文件。

表 4-7　解读家庭教育相关政策文件的能力调查表

解读家庭教育相关政策文件的能力	人数	百分比/%
基本没看过	34	12.9
知道有这些文件	106	40.2
有阅读过这些文件要求	77	29.2
花时间学习理解过这些政策文件	6	2.3
理解并运用在幼儿园的工作中	41	15.5
总计	264	100

(3)能较好地使用科学的方法观察和记录幼儿

观察和了解幼儿的能力是指能用科学的方法和手段观察、记录、了解幼儿的行为表现，以及一日生活中的各个细节，通过观察幼儿的在园情况分析幼儿的特点和爱好，并根据每个儿童的兴趣、优势、需求、能力等特点为其实施个性化教育策略的能力。通过调查发现，当前教师观察和了解幼儿的能力的均值为3.61。从表4-8可知，“会观察记录幼儿一日生活”和“会用科学的方法观察记录幼儿一日生活”分别都占24.2%，“能根据幼儿的特点为其实施个性化教育策略”这项占33.7%。这说明大部分教师处在观察记录幼儿生活的能力水平，还有少部分教师能在观察和了解后为幼儿实施个性化的教育策略。

表4-8　观察和了解幼儿的能力调查表

观察和了解幼儿的能力	人数	百分比/%
没有观察记录过幼儿一日生活	0	0
会观察记录幼儿一日生活	64	24.2
会用科学的方法观察记录幼儿一日生活	64	24.2
科学观察后能分析幼儿的特点和爱好	47	17.8
能根据幼儿的特点为其实施个性化教育策略	89	33.7
总计	264	100

(4)能用丰富的个人经验分析幼儿行为背后的原因

解读幼儿行为的能力是指能运用心理学、教育学等学科专业知识全面地分析幼儿行为背后的原因，并提供支持。调查结果显示当前教师解读幼儿行为的能力均值为3.55。从表4-9可知，教师基本都能用个人经验、相关专业知识以及幼儿生活环境等分析幼儿行为背后的原因。

表4-9　解读幼儿行为的能力调查表

解读幼儿行为的能力	人数	百分比/%
不会分析幼儿某行为背后的原因	4	1.5
会根据个人经验判断幼儿行为产生的原因	80	30.3
能用丰富的个人经验分析幼儿行为背后的原因	50	18.9

续表

解读幼儿行为的能力	人数	百分比/%
能运用心理学等专业知识分析幼儿行为产生的原因	27	10.2
能根据幼儿生活环境、专业知识等方面全面解读幼儿的行为	103	39
总计	264	100

(5)能根据现有知识水平解答家长育儿困惑

解答家长育儿困惑的能力是指与家长沟通时能识别家长的需求，理解家长的情绪，站在家长的立场上考虑问题，并能从幼儿、家庭、幼儿园、社会等多方面全面分析，清楚明白地向家长表达自己的看法，有针对性地给出科学的建议，为家长答疑解惑，引导家长科学育儿，促进幼儿成长。调查结果显示，当前教师解答家长育儿困惑的能力均值为3.32。由表4-10可知，教师基本能根据现有知识水平解答家长疑惑。

表4-10　解答家长育儿困惑的能力调查表

解答家长育儿困惑的能力	人数	百分比/%
无法解答家长的困惑	0	0
能根据现有知识水平简单解答家长疑惑	59	22.3
能根据现有知识水平基本解答家长疑惑	80	30.3
能科学全面地解答家长的困惑	10	3.8
沟通时能较好识别家长需求，针对性科学地解答家长的困惑	115	43.6
总计	264	100

(6)基本能分析出家长的性格特点和养育类型

解读家长性格和养育类型的能力是指能了解家长的教养方式和性格特点，通过与家长的沟通辨别家长的性格和养育类型，灵活地采取不同的方式有针对性地对家长进行指导。调查结果显示当前教师解读家长性格和养育类型的能力均值为3.32。由表4-11可知，教师与家长沟通时基本能分析出家长的性格特点和养育类型。

表 4-11　解读家长性格和养育类型的能力调查表

解读家长性格和养育类型的能力	人数	百分比/%
沟通时不能分析出家长的性格特点和养育类型	8	3
沟通时能简单分析出家长的性格特点和养育类型	71	26.9
沟通时基本能分析出家长的性格特点和养育类型	71	26.9
沟通时能较好地分析出家长的性格特点和养育类型	57	21.6
沟通时能熟练灵活地分析出家长的性格特点和养育类型	57	21.6
总计	264	100

(7) 基本能对各类家庭进行家庭教育指导工作，但指导能力水平偏低

分类指导多类型家庭的能力是指教师面对有特殊需要的家庭，能针对性指导的能力。有特殊需要的家庭包括留守儿童家庭、离异重组家庭、单亲家庭、隔代教育家庭、特殊儿童的家庭等，教师能根据不同家庭特点有针对性、有计划地进行家庭教育指导。调查结果如表 4-12 所示，分类指导多类型家庭的能力调查中，指导留守儿童家庭的均值为 3.26，离异重组家庭均值为 3.05，单亲家庭均值为 3.12，隔代教育家庭均值为 3.23，特殊儿童的家庭均值为 3.05。由此可知，教师基本能对各类家庭进行家庭教育指导工作，但指导能力水平偏低。

表 4-12　分类指导多类型家庭的能力调查表

指导家庭的类型	平均数	中位数	标准偏差	范围	最小值	最大值
留守儿童家庭	3.26	3	1.21	4	1	5
离异重组家庭	3.05	3	1.20	4	1	5
单亲家庭	3.12	3	1.19	4	1	5
隔代教育家庭	3.23	3	1.18	4	1	5
特殊儿童的家庭	3.05	3	1.22	4	1	5
总计	3.14	3	1.20	4	1	5

(8) 能利用互联网向家长传递育儿知识

利用互联网指导家长的能力是指能合理使用各种互联网平台对家长进

行指导，如利用微信、家园互动平台等网络途径对家长进行育儿理念、知识、技巧和方法等方面的指导，向家长传递丰富科学的育儿知识和理念。由表4-13可知，基本所有教师都能利用互联网指导家长，共262人，占比约99.2%。由问卷调查结果分析可知，当前教师利用互联网指导家长的能力均值为3.46。

表4-13　利用互联网指导家长的能力调查表

利用互联网指导家长的能力	人数	百分比/%
不会使用网络向家长传递育儿知识	2	0.8
能利用网络平台零星地向家长传递育儿知识	75	28.4
能利用网络平台有计划地向家长传递育儿知识	71	26.9
能系统地利用网络向家长传递育儿知识	31	11.7
灵活根据幼儿和家长需求有计划地利用网络向家长传递育儿知识	85	32.2
总计	264	100

(9)能让家长清晰了解幼儿的一日生活

指导家长支持幼儿园一日活动的能力是指能让家长清晰地了解幼儿的日常活动，使家长积极主动地协助幼儿园一日活动的开展。指导家长支持幼儿园一日活动的能力均值为3.67。从表4-14可知，所有参与调查的教师都能让家长了解幼儿的一日活动。能让家长清楚了解幼儿的一日活动，并愿意协助幼儿园育儿的教师占比28.4%，能让家长清楚了解幼儿在园活动并全力协作园所的教师占比29.9%，由此可见，教师能较好地让家长清晰地了解幼儿的一日生活。

表4-14　指导家长支持幼儿园一日活动的能力调查表

指导家长支持幼儿园一日活动的能力	人数	百分比/%
不会让家长了解幼儿的一日活动	0	0
基本能让家长了解幼儿的一日活动	56	21.2
能让家长清晰地了解幼儿的一日活动	54	20.5
能让家长清楚了解幼儿的一日活动，并愿意协助幼儿园育儿	75	28.4

续表

指导家长支持幼儿园一日活动的能力	人数	百分比/%
能让家长清楚了解幼儿在园活动并全力协助园所	79	29.9
总计	264	100

（10）能较好地设计和实施各类家长活动

设计和实施家长活动的能力是指能够根据需要策划和组织家长会、家委会、家长开放日、主题活动、家访等活动。此次调查中，教师设计和实施家长活动的能力均值为3.6。由表4-15可知，教师设计和实施各种家长活动的能力均值从高到低依次为主题活动3.7，家访3.68，家长开放日3.68，家长会3.67，家委会3.58，家长义工3.56，家长学校3.33。

表4-15　设计和实施家长活动的能力调查表

设计和实施的家长活动类型	最小值	最大值	平均值	标准偏差
家长会	1	5	3.67	1.135
家访	1	5	3.68	1.129
家长学校	1	5	3.33	1.199
主题活动	1	5	3.7	1.133
家长开放日	1	5	3.68	1.146
家委会	1	5	3.58	1.193
家长义工	1	5	3.56	1.178

2. 幼儿教师家庭教育指导能力的影响因素

（1）是否参加过培训

一套完整的家庭教育指导培训应系统全面，而非零散片面。从培训对幼儿教师家庭教育指导能力的影响上可知（表4-16），教师是否参加过完整的培训对教师九大家庭教育指导能力上存在显著差异（$P<0.05$），参加过完整培训的教师家庭教育指导的能力更高。

表 4-16　培训对幼儿教师家庭教育指导能力的影响

家庭教育指导能力的类型	参加过完整培训	未参加过完整培训	Z	P
解读家庭教育相关政策文件的能力	3(2~5)	2(2~3)	-6.071	0
观察和了解幼儿的能力	4(3~5)	3(2~4)	-4.55	0
解读幼儿行为的能力	5(3~5)	3(2~5)	-5.295	0
解答家长育儿困惑的能力	5(3~5)	3(2~5)	-4.794	0
解读家长性格和养育类型的能力	4(3~5)	3(2~4)	-4.925	0
分类指导多类型家庭的能力	4(3~5)	3(2~4)	-4.15	0
利用互联网指导家长的能力	5(3~5)	3(2~4)	-5.183	0
指导家长支持幼儿园一日活动的能力	4(3.5~5)	3(2~4)	-4.568	0
设计和实施家长活动的能力	4(3.5~5)	4(3~4)	-3.59	0.001

(2)幼儿园的评价与监督

幼儿园的评价与监督是指幼儿园把教师对家长的指导纳入考核评价标准，进行教育监督评估。由表 4-17 可知，幼儿园是否把教师对家长的指导纳入考核评价标准对教师九大家庭教育指导的能力影响上存在显著差异($P<0.05$)，说明把教师对家长的指导纳入考核评价标准的幼儿园，其教师家庭教育指导的能力越高。由表 4-18 可知，幼儿园对家庭教育指导工作进行教育督导评估对教师九大家庭教育指导能力上存在显著差异($P<0.05$)，说明对家庭教育指导工作进行教育督导评估的幼儿园，其教师家庭教育指导的能力越高。

表 4-17　幼儿园将对家长的指导纳入考核评价标准对教师家庭教育指导能力的影响

家庭教育指导能力的类型	纳入考核评价	未纳入考核评价	Z	P
解读家庭教育相关政策文件的能力	3(2~4)	2(1~3)	-5.268	0
观察和了解幼儿的能力	4(3~5)	3(3~4)	-1.926	0.05
解读幼儿行为的能力	4(2~5)	3(2~4)	-3.496	0
解答家长育儿困惑的能力	5(3~5)	3(2~4)	-3.919	0

续表

家庭教育指导能力的类型	纳入考核评价	未纳入考核评价	Z	P
解读家长性格和养育类型的能力	3(2~5)	3(2~4)	-3.296	0.001
分类指导多类型家庭的能力	4(3~4)	3(2~4)	-3.413	0.001
利用互联网指导家长的能力	4(3~5)	3(2~4)	-4.79	0
指导家长支持幼儿园一日活动的能力	4(3~5)	3(2~4)	-4.003	0
设计和实施家长活动的能力	4(3~5)	4(3~4)	-1.964	0.009

表 4-18　幼儿园对家庭教育指导工作进行教育督导评估对教师家庭教育指导能力的影响

家庭教育指导能力的类型	进行督导评估	不进行督导评估	Z	P
解读家庭教育相关政策文件的能力	3(2~3)	2(1~2.25)	-5.365	0
观察和了解幼儿的能力	4(3~5)	3(2~4)	-3.083	0.002
解读幼儿行为的能力	4(2~5)	3(2~4.25)	-3.232	0.001
解答家长育儿困惑的能力	5(3~5)	3(2~4)	-3.717	0
解读家长性格和养育类型的能力	3(2~5)	3(2~4)	-2.381	0.017
分类指导多类家庭的能力	4(3~4)	3(2~4)	-3.444	0.003
利用互联网指导家长的能力	4(3~5)	3(2~4)	-4.552	0.000
指导家长支持幼儿园一日活动的能力	4(3~5)	3(2~4)	-3.166	0.002
设计和实施家长活动的能力	4(3~5)	4(3~4)	-2.239	0.025

(3)教师的教龄

教龄是指教师从事教学工作的累计时间。从数据可知(表 4-19)，教龄的长短对解读家庭教育相关政策文件的能力、解读家长性格和养育类型的能力、分类指导多类型家庭的能力，以及设计和实施家长活动的能力存在显著差异($P<0.05$)，教龄越长的教师，其解读家庭教育相关政策文件的能力、解读家长性格和养育类型的能力、解决家长性格和养育类型的能力、分类指导多类型家庭的能力，以及设计和实施家长活动的能力越强。

表 4-19 教龄对幼儿教师家庭教育指导能力的影响

家庭教育指导能力的类型	2 年以下	3~5 年	6~10 年	11~20 年	20 年以上	Z	P
解读家庭教育相关政策文件的能力	3（2~3）	2（2~3）	2（2~3）	2（2~3）	3（2~5）	16. 816	0. 002
观察和了解幼儿的能力	3（2. 75~5）	4（2~5）	3（2~5）	3（3~5）	4（3~5）	2. 159	20. 5
解读幼儿行为的能力	4（2~5）	3（2~5）	3（2~5）	4（2. 25~5）	5（3~5）	8. 942	20. 5
解答家长育儿困惑的能力	3（2~5）	3（2~5）	3（3~5）	5（3~5）	5（3~5）	9. 308	20. 5
解读家长性格和养育类型的能力	3（2~4）	3（2~4）	3（2~4）	4（2. 25~5）	4（3~5）	12. 892	0. 012
分类指导多类型家庭的能力	3（2~4）	3（2~4）	3（3~4）	4（3~4）	4（3~5）	20. 266	0. 0054
利用互联网指导家长的能力	3（2~5）	3（2~5）	3（2~5）	3. 5（2. 25~5）	3（2~5）	2. 095	0. 0054
指导家长支持幼儿园一日活动的能力	4（2~5）	4（3~4）	4（3~5）	4（3~5）	4（3~5）	4. 207	0. 0054
设计和实施家长活动的能力	3（2~4）	3（2~4）	4（3~4）	4（3~5）	4（4~5）	24. 631	0. 000

（4）教师教育背景和所在园所性质

将教师的教育背景和所在园所性质在所有能力维度的变量上进行非参数检验发现，教师教育背景和所在园所性质与幼儿教师家庭教育指导能力没有明显关联。

（四）研究结论与建议

1. 研究结论

（1）幼儿教师家庭教育指导能力水平现状

幼儿园教师家庭教育指导能力调查结果的数据分析表明，教师家庭教育指导能力整体欠缺，解答家长育儿困惑的能力和指导家长支持幼儿园一日活动的能力较强，解读家庭教育相关政策文件能力和分类指导多类家庭的能力较低。

九大家庭教育指导能力指导水平现状具体分析如下：教师了解和阅读过家庭教育相关政策文件；能较好地使用科学的方法观察和记录幼儿一日生活；教师能用丰富的个人经验分析幼儿行为背后的原因；教师能根据现有知识水平基本解答家长疑惑；教师沟通时基本能分析出家长的性格特点和养育类型；教师基本能对各类家庭进行家庭教育指导工作，但指导能力水平偏低；教师能利用互联网络平台有计划地向家长传递育儿知识；教师能较好地让家长清晰地了解幼儿的一日生活；能较好地设计和实施各类家长活动。

（2）几个影响幼儿教师家庭教育指导能力的重要因素

通过调查分析发现，培训是影响幼儿教师家庭教育指导能力的重要因素之一；幼儿园的管理对教师家庭教育指导能力具有显著影响力；教龄越长，解读家庭教育相关政策文件的能力、解读家长性格和养育类型的能力、分类指导多类型家庭的能力，以及设计和实施家长活动的能力越强；教育背景和所在园所性质与幼儿教师家庭教育指导能力没有明显关联。

2. 建议

（1）教师培训从“零碎分散”向“系统精准”转变

《中华人民共和国家庭教育促进法》第三十九条明确指出，中小学、幼儿园应当将家庭教育指导服务纳入工作计划，作为教师业务培训的内容。由此可见对教师进行培训是提升家庭教育指导质量的有利抓手。根据研究调查结果，对教师培训提出以下建议。

第一，实施全面系统的家庭教育指导能力相关的培训。培训是提高教师能力重要的途径之一，调查结果显示一套系统完整的培训是影响幼儿教师家庭教育指导能力的重要因素。但现有的培训中多为零碎分散的主题化培训，比如常见的培训主题有“幼儿园教师如何和家长有效沟通”“幼儿园指导家庭教育的途径和方法”，等等。这些培训内容虽然涵盖了家庭教育指导能力的部分内容，但不够全面和系统，教师需要参加以“家庭教育指导能力提升”为主题的系列化培训以提高指导能力，提升指导质量。

第二，重视政策解读和分类指导多类家庭的相关培训内容。近年来，我国出台了很多家庭教育相关的法律法规，如《中华人民共和国家庭教育促进法》《全国家庭教育指导大纲(修订)》，各省出台了《家庭教育促进条例》，等等。家庭教育是“家事”更是“国事”，科学解读政策文件可以为幼儿园家庭教育工作指明方向。但是调查显示幼儿园教师解读家庭教育相关政策文件的能力较低，大多只是知道和简单阅读过家庭教育相关的政策文件。因此，在培训中应该有针对性，找准教师能力弱项，提高教师理解家庭教育相关政策文件并将相关文件精神运用在幼儿园工作中的能力。

我国社会结构正在发生深刻变化，家庭结构也日趋多元化、复杂化，不同类型的特殊家庭越来越引起人们的重视，如留守儿童家庭、单亲家庭，隔代教育家庭、离异重组家庭等。复杂多元的家庭结构使得幼儿园的家庭教育指导存在多元化、复杂化的问题。针对不同类型家庭的需求，培训时可以将各种类型家庭的家庭教育指导作为专项培训内容。

(2)幼儿园管理从“有标有制”向“精标完制”转变

第一，健全精准有力的幼儿园家庭教育指导评价标准和考核制度。调查发现，幼儿园把对家长的指导工作纳入教师考核评价标准和幼儿园对家庭教育指导工作进行教育督导评估这两项直接影响幼儿园教师家庭教育指导能力。

《幼儿园保育教育质量评估指南》中明确指出将向家长宣传科学育儿理念和知识，为家长提供交流育儿经验的机会，帮助家长解决育儿困惑等家庭教育指导相关项目纳入评估标准中。研究发现，有一部分幼儿园并未将教师指导家长的工作纳入考核评价标准，没有从制度层面激励教师开展工作；有一部分幼儿园制定了教师指导家长工作的评价标准和考核制度，但存在评价标准和考核制度单一的问题，比如局限于是否家访、是否沟通、是否收到家长的投诉，考核结果的主动权绝大多数掌握在家长手里。考核制度执行时缺乏多主体、详细明确的标准，考核制度并未发挥对教师家庭教育指导能力发展的促进作用。因此幼儿园应把家庭教育指导工作纳入考核评价，开展督导工作。在考核中明确将家庭教育指导工作与教师绩效挂钩，制定考核标准。在执行方面，加强制度的约束力，加强幼儿园内部管理，制定并执行科学有效的评价反馈机制，实行权责明确、奖惩分明的制度。

第二，打造共享友好的学习氛围和园所环境。研究显示，教育经验越丰富、教龄越高的教师，其解读家庭教育相关政策文件的能力、解读家长性格和养育类型的能力、分类指导多类型家庭的能力，以及设计和实施家长活动的能力越强。幼儿园除了对幼儿教师进行培训之外，营造良好的氛围，发挥经验丰富教师的优势，也是提高教师家庭教育指导能力的途径之一。打造"分享型""友好型"园所，将"共享友好"的理念融入幼儿园家庭教育指导工作，开展教研活动，邀请有教育经验的教师分享指导经验，实行一对一或者一对多的指导方式提高教师家庭教育指导能力，进而提升家长的育儿水平，促进幼儿更高水平的全面发展。

四、农村幼儿园特殊家庭家庭教育指导现状分析

(一) 农村幼儿园特殊家庭家庭教育指导现状实证调研

1. 研究背景

随着我国城镇化水平的稳步提高，发展活力不断释放，数以万计的农村居民涌入城区从事非农业劳动。他们的子女受各种条件的限制，无法直接随父母进城，只能被留在原户籍所在地接受九年义务教育，这部分儿童通常被称为农村留守儿童，又叫"空巢儿童"。这些被迫和父母分开、缺少父母的贴身关怀呵护与教导的农村留守儿童，在其成长发育过程中可能出现较多的心理健康问题，进而影响他们的身心健康发展。怎样更好地加强对农村留守儿童的关心教育和权益保障，处理好农村留守儿童的教育问题，已经成为整个社会共同关心和探讨的议题。随着人们婚姻观念的变化，我国离婚人数有所增长，再婚人口和重组家庭的数量增加。重组家庭内部的人际关系相对更复杂，是颇具敏感性与脆弱性的特殊家庭类型，家庭成员在处理内部关系和矛

盾冲突时，更容易产生新的家庭教育问题。特殊家庭儿童的发展与教育问题逐渐成为社会的关注焦点。

随着《中华人民共和国家庭教育促进法》的出台，家庭教育由“家事”上升为重要“国事”，对家庭教育的重视，使得家庭教育指导越发重要。家园共育促进幼儿健康成长，幼儿园作为学前阶段家庭教育指导的主要机构，在学前阶段家庭教育指导中发挥着重要作用。但当前农村特殊家庭家庭教育指导开展情况不容乐观，农村幼儿园中来自留守儿童家庭和离异重组家庭的幼儿占比较多，对特殊家庭进行家庭教育指导时，幼儿园往往力不从心，家庭教育指导的质量得不到保障。为了解幼儿园是如何针对特殊家庭开展家庭教育指导工作的，研究以 S 幼儿园为研究对象，调查幼儿园特殊家庭家庭教育指导的现状，分析指导工作中存在的问题，并提出改进建议，为农村幼儿园提升特殊家庭家庭教育指导质量提供参考，同时为学前阶段特殊家庭家庭教育指导的理论发展和实践建设提供研究案例，帮助提升农村特殊家庭家长的育儿能力，促进幼儿身心健康成长。

2. 研究设计

(1)研究对象所在地

研究对象所在地为湖南省 Y 县城 R 镇，选取 R 镇 S 幼儿园为个案园，以 S 幼儿园的小、中、大班教师和幼儿园园长为主要研究对象。选择 S 幼儿园基于以下原因：首先，湖南省 R 镇经济条件一般，符合农村地区特点。全镇总面积为 170.3 平方千米，地势自西北向东南倾斜，西北群峰高耸，峭壁横踞，东南地势较为平坦。R 镇粮食作物以水稻、玉米为主，经济作物以柑橘、油菜、棉花为主。经济水平不是很发达，教师说平时要用的很多生活用品都是他们周末在城市里采购后带到学校的。R 镇 S 幼儿园来自特殊家庭的幼儿较多，以来自留守儿童家庭和离异重组家庭的幼儿为主。我们采访的几户人家都是为了孩子读书在镇上租的房子，镇上青年劳动力较少，大部分都选择外出务工，留在村里的很少，常住人口主要就是老人和小孩，并且很大一部分都是留守儿童。

(2)研究方法

访谈法。研究采用半结构式访谈法，自编访谈提纲《农村幼儿园特殊家庭家庭教育指导的现状》。共与大、中、小班的 9 名教师，以及幼儿园园长、副园长进行了访谈。访谈采用集体访谈和个别访谈相结合的方式。访谈教师的基本信息如表 4-20：

表 4-20　访谈对象基本情况

职务	性别	教龄/年	学历	专业
园长	女	16	本科	学前教育
副园长	女	10	专科	学前教育
大班教师	女	2	专科	学前教育
大班教师	女	5	专科	学前教育
大班教师	女	3	专科	学前教育
中班教师	女	4	专科	学前教育
中班教师	女	2	专科	学前教育
中班教师	女	1	专科	学前教育
小班教师	女	2	专科	学前教育
小班教师	女	2	专科	学前教育
小班教师	女	1	专科	学前教育

观察法。研究采用非参与式观察，通过观察来了解 S 幼儿园家庭教育指导组织和实施的情况。为了获取客观真实的资料，研究者在 2022 年 9 月至 2023 年 9 月这段时间共前往 S 幼儿园三次，观察 S 幼儿园家庭教育指导活动开展情况，对教师的行为表现进行记录。

文本分析法。研究收集整理了与幼儿园家庭教育指导相关的资料，比如微信群聊天记录、活动新闻稿、家长活动资料等，以了解分析幼儿园特殊家庭家庭教育指导工作的开展情况。

（二）农村幼儿园特殊家庭家庭教育指导的主要内容

1．帮助家长树立正确的教育观念

该园留守儿童居多，大部分都是典型的隔代监护型留守儿童，隔辈家长的文化水平层次较低，年纪较大，有的不会使用智能手机，有的不认识字，教育观念落后。大部分家长不了解幼儿园为什么开展以游戏为主的活动，认为幼儿园应该教孩子拼音、算术、写字。园长表示还会有家长因为幼儿园不注重拼音、算术、写字从而给孩子换幼儿园就读。我国教育部办公厅印发的《关于开展幼儿园“小学化”专项治理工作的通知》中明确的治理任务中包含严禁教授小学课程内容，纠正“小学化”教育方式，整治“小学化”教育环境。可见，学前阶段应坚决抵制和摒弃让儿童提前学习小学课程和教育内容的错误倾向。因此，帮助家长树立正确的教育观念，改变隔辈家长传统的“小学化”的教育观念成为S幼儿园家庭教育指导的主要内容之一。园所通过召开全员参加的大型家长会、班级小型家长会和来园离园交流等家庭教育指导形式让隔辈家长了解幼儿在幼儿园学习什么，以及怎么学习更符合幼儿的身心发展规律。

2. 使家长意识到家庭教育的重要性

一方面，S幼儿园以离异重组家庭居多，很多离异家庭的非监护方没有育儿意识，非监护方离婚后甚至几乎未参与到幼儿的生活。《中华人民共和国婚姻法》第三十六条规定：“父母与子女间的关系，不因父母离婚而消除。离婚后，子女无论由父或母直接抚养，仍是父母双方的子女。离婚后，父母对于子女仍有抚养和教育的权利和义务。”离异只能解除夫妻关系，而亲子关系永远存在，离婚后父母应协商好如何和儿童保持联系。因此，让离异重组家庭的家长意识到家庭教育义务迫在眉睫。另一方面，S幼儿园隔代监护型留守儿童家庭居多，有的长辈认为幼儿的教育是幼儿园单方面的责任和自己没有多大关系，自己能让孩子吃饱穿暖就可以了；还有极少一部分父母在外打工，且没有积极了解孩子在园的情况。学前阶段的发展不同于其他时期，幼儿的教育并不是幼儿园单方面进行教育，幼儿时期的家园共育非常关键，需要家长和幼儿园形成合力，建立良好的合作关系，才能共同促进幼儿身心健康成长。因此，如何使家长意识到家庭教育的重要性成为S幼儿园进行家庭教育指导的主要内容之一。S幼儿园通过召开班级家长会，让家长了解家庭教育的政策和文件，并向家长们解读文件中家庭教育的重要性，加强家长教育孩子的责任意识。园所还会组织亲子活动，鼓励家长积极参与，从而提高家长的教育意识。

3. 开展安全教育提高家长的安全意识

《全国家庭教育指导大纲(修订)》中针对3—6岁儿童的家庭教育指导内

容要点中明确指出：提高安全意识。指导家长尽可能消除居室和周边环境中的危险性因素；结合儿童的生活和学习，在共同参与的过程中对儿童实施安全教育；重视儿童的体能素质，提高其自我保护能力，减少儿童伤害。由此可知，安全教育是家庭教育指导内容要点。由于大多隔代留守儿童家庭中的被委托监护人的安全意识较低，如家里用水用电不规范；也不会教育孩子如何正确保护自己，帮助孩子树立安全意识，导致留守儿童家庭经常出现安全事故。留守儿童性侵事件也常有发生。安全教育成为幼儿园家庭教育指导很重要的内容之一。

为提高家长的安全意识，S 幼儿园主要从两方面着手。一方面采用家访的形式对家长开展安全教育。在家访时，教师上门第一件事就是仔细查看留守儿童家庭的家庭环境，如厨房用电，家中电器设备使用情况，反复提醒隔辈家长用电安全。另一方面通过线下讲座，使家长学习安全知识。S 幼儿园组织了以"幼儿春秋季疾病预防和护理""幼儿急救常识"为主题的全员大型家长会，邀请当地医院的专业人员讲解海姆立克急救法，手把手教家长安全急救技巧。

4. 培养幼儿良好的生活习惯和卫生习惯

留守儿童家庭中，有的家长格外溺爱孩子，不让孩子做家务劳动；有的家长自己卫生习惯不好，导致孩子也没有形成良好的卫生习惯；有的家长不会用正确的方式育儿，没有帮助孩子树立规则意识，导致幼儿不听话，养成了不良的行为习惯。《全国家庭教育指导大纲(修订)》的"3—6 岁儿童的家庭教育指导"内容中明确指出，要"培养儿童生活自理能力和劳动意识。指导家长鼓励儿童做力所能及的事情，学习和掌握基本的生活自理方法，参与简单的家务劳动，在生活点滴中启发儿童的劳动意识，保护儿童的劳动兴趣"。幼儿在学前阶段树立规则意识，培养良好的行为习惯可以为今后的生活打下坚实的基础。

S 幼儿园通过来园离园交流和班级家长会的形式，指导家长培养幼儿良好的生活和卫生习惯。比如在来园离园时，当教师观察到幼儿的书包或者个人物品都是爷爷奶奶背着的，教师会在来园离园交流的时候告诉他们"幼儿自己的事情自己做，自己的书包自己背"。举行班级家长会过程中教师会让长辈理解为什么要培养幼儿良好的生活习惯，如何从小事做起。有教师表示有一次和某个幼儿的奶奶交流之后收到她发的一段视频，视频内容就是该幼儿在放学回家路上自己背书包，奶奶还在一旁对孩子说："今后自己的事情自己做"。

（三）农村幼儿园特殊家庭家庭教育指导的形式

S 幼儿园家庭教育指导以传统型的指导方式为主，主要的家庭教育指导形式有家庭教育讲座、家长会、来园离园交流、家访、亲子活动和家长开放日。该幼儿园原本在教室门外放置了家园联系手册，但后来取消了，园长表示大部分监护人都是老年人，文化水平低，不识字，所以这种形式的家庭教育指导在农村幼儿园不适用。

1. 家庭教育讲座

家庭教育讲座是指幼儿园定期聘请儿童保健专家、心理专家、教育专家针对儿童心理、教育，以及家庭教育某个方面的问题开展的教育活动，是一种集体的教育指导形式。其目的是传播科学的家庭教育知识、观念和方法，帮助家长正确理解儿童心理和成长问题，提高家长整体教育素质。受农村幼儿园指导对象的影响，把家长们聚集在一起，面对面交流的指导形式更符合当地实际，家长更愿意听、愿意学。家庭教育讲座根据主讲主题的不同，主讲人有幼儿园园长、当地医院医生、政府机构人员、幼教专家等等。家庭教育讲座每学期都会举办一次，每次会根据实际情况选择主题内容，主要有以下四个方面：第一，了解幼儿身体健康和心理发展阶段。指导家长为幼儿提供安全的物质环境和心理环境；学习关于幼儿健康教育的科学知识，如"如何缓解幼儿入园焦虑""幼儿春秋季疾病预防和护理"等主题活动。第二，更新教育观念和方法。帮助家长树立科学育儿理念，分享育儿经验和方法，如"教育是一场智慧修行""好孩子是玩出来的"等主题活动。第三，行为习惯的培养。培养幼儿良好的生活和卫生习惯，如"家园共育促进幼儿良好的生活习惯"等活动。第四，入学准备。指导家长从理念和行动上做好幼小衔接，如"幼小衔接专题讲座"等。

比如开学时该园以"健康育儿、共促成长"为主题，邀请当地卫生院医生进行幼儿卫生与保健专题讲座，宣传春季传染病预防、儿童心理健康等知识，与家长互动进行海姆立克急救法的操作，帮助家长掌握急救知识。

2. 家长会

家长会是由幼儿园或班级教师发起，面向幼儿家长的交流、互动、介绍性的会议或活动，是一种集体的家庭教育指导形式。通过访谈了解到，家长会是该园比较常用和重视的家庭教育指导形式，幼儿园每学期会组织 2 次左右的家长会，以班级家长会为主，由各班班级的主班老师主持，配班老师进行协助。班级教师家长会的流程主要包括以下几个方面：首先向家长介绍班级这学期的一日生活常规和保教内容，即这学期幼儿在幼儿园干什么、家长在哪些方面要配合幼儿园的工作。其次，向家长传递科学的育儿理念和方法。在内容上根据不同年龄阶段幼儿的不同表现选择不同的家长会主题，比如小班主要是分离焦虑问题比较严重，需要教会家长理解幼儿的哭闹并采取正确的应对方式；中班着重于幼儿社交能力的培养；大班幼小衔接是家长关注的内容，教师需要告知家长正确的幼小衔接观，告知幼儿园将如何有效开展衔接工作。

3. 来园离园交流

来园离园交流是家长接送幼儿的过程中教师、幼儿、家长之间进行个别沟通与交流的一种形式。教师表示虽然现在能及时和家长进行线上交流，但是该园很多家长不会使用智能手机，所以来园离园交流指导成为幼儿园最频繁、最及时、最高效的面对面家庭教育指导形式，帮助教师解决了大量日常沟通问题。来园离园的交流每天都会发生，主要沟通幼儿生活情况和行为表现，生活情况主要指沟通幼儿在园和在家有没有吃饭、有没有不舒服、有没有外伤、有没有大小便等。行为表现方面，教师可以向家长反馈幼儿是否遵守规则、和同伴交往的能力、参与活动的情况等行为表现；家长可以向教师反馈幼儿在家的情绪、行为习惯、幼儿的感受，比如是否有跟家长说有小朋友欺负他，是否有说不想上幼儿园，是否和同伴玩得不开心等情况。教师和园长表示对于留守儿童家庭和离异重组家庭的孩子，由于家庭情况复杂，家长往往会忽视幼儿在家的情况，比如身体是否不舒服、是否有外伤等。尤其是留守家庭中年长的监护人安全意识薄弱，可能忽视幼儿的身体状况。

4. 家访

幼儿园家访是指教师去到幼儿的家里，了解幼儿的原生家庭情况。S 幼儿园每年会组织 2 次左右的大型家访和多次的小型家访。大型家访就是全体教师一起去每个孩子的家里和家长沟通，了解家庭情况。小型家访是指去个别特殊情况的幼儿家中和家长沟通了解幼儿情况。S 幼儿园特殊家庭的幼儿较多，家访是该园非常重要的家庭教育指导形式。通过家访教师能直接查看幼儿的生活环境，排查幼儿家中是否有安全隐患，也能进一步了解幼儿的家庭情况和在家的生活习惯。

5. 亲子活动

亲子活动是幼儿园教师和家委会共同策划组织的，家长、幼儿和老师都感兴趣且共同参与的活动。亲子活动有利于家长在参与活动过程中，学习更多亲子游戏玩法和互动方法，增进亲子感情，融洽亲子关系，提高亲子陪伴质量。S 幼儿园亲子活动的类型主要是大型亲子运动会和以节日主题为主的亲子趣味活动，运动会一学期举办一次，留守儿童家庭主要是长辈参与亲子活动，离异重组家庭多是监护人一方参与活动。

6. 家长开放日

家长开放日是幼儿园定期或者不定期邀请家长来园参观幼儿活动及幼儿教师保教工作的家园沟通形式。主要目的是让家长了解幼儿园的一日生活，增进对幼儿园教师工作的理解，有利于家长从教师的保教工作中学习亲子游戏和亲子互动的方法。S 幼儿园家长开放日以教学展示型为主，在开学初 S 幼儿园便开展了以“家园携手，共育成长”为主题的家长开放日活动。该园安排家长观看幼儿的活力操展示，开展了最具代表性的集体教学活动，希望通过集体教学活动，让家长了解幼儿在教学活动中的表现。在活动中，幼儿掌握了简单的生活技能；课堂上幼儿呈现出的欢乐、积极的精神面貌，让家长能够对孩子的在园生活放心。园长表示，希望通过这样的活动让家长们了解老师们的苦心，从而更加理解教师的工作；也让家长真正地走进幼儿在园的学习生活，促使家长们更加主动配合教师和幼儿园的工作，共同完成对幼儿的教育和培养，促进幼儿的全面和谐发展。

（四）农村幼儿园特殊家庭家庭教育指导存在的问题

笔者通过观察与幼儿园各类家庭教育指导情况和阅读家庭教育指导相关的文献，从指导理念与原则、指导目的与内容、指导形式与资源三大方面总结了农村幼儿园特殊家庭家庭教育指导存在的问题。

1. 指导理念与原则缺乏专业性

《全国家庭教育指导大纲（修订）》中明确指出了家庭教育指导工作应坚持的四项指导原则和八项核心理念。家庭教育指导是指相关机构和人员为提高家长教育子女能力而提供的专业性支持服务和引导。幼儿园教师家庭教育指导的活动设计、实施和评价都应该考虑到指导对象即家长在这次家庭教育活动中是否有提高育儿能力。让家长提高教育幼儿的能力是关键。

访谈发现教师在家庭教育指导活动指导理念与原则方面缺乏专业性。教师在组织和实施班级家长会时，基本都是按照常规分两步走，第一步向家长介绍幼儿园的一日生活常规及保教目标、内容、形式和方法；第二步向家长传递科学的教育理念与教育方法。家长会的主题多是从教师自己的角度出发，没有及时了解家长的需求，指导方式多是以教师自己讲解为主，缺乏和家长的沟通互动。访谈中当问到教师“设计家长会方案时有参考指导性文件吗”“每次活动组织完成之后有从哪些方面评价自己的指导效果吗”“是否从中反思下次指导活动如何改进”时，教师均表示不是很清楚。说明教师开展家庭教育指导工作时重视指导形式而忽视指导效果，在指导活动结束之后未能总结与反思。

2. 指导目的与内容缺乏系统性

通过观察和访谈发现，S 幼儿园的指导目的和内容缺乏系统性，主要体现在以下几个方面。第一，活动之间缺少系统性。每学期家庭教育指导的方案缺乏关联性，不同的家庭教育指导的活动内容缺少系统性，没有针对一个重要专题的系统性讲解。第二，不同家庭类型的指导缺少系统性。当指导目的与内容都是针对全体家长或者是整个班级的家长时，有的内容为了让祖父辈理解，设计得过于简单，没有满足年轻家长的需求；有的内容涉及难度较高的育儿知识，满足了年轻家长需求但是祖父辈难以理解；对于离异重组家庭的家庭教育指导多为通过家访了解幼儿的家庭情况，或者向家长反馈幼儿在幼儿园的表现，没有针对性的、系统的以离异和重组家庭为对象的指导内容。

3. 指导形式与资源缺乏多样性

调查发现，S 幼儿园指导形式和资源比较单一，缺乏多样性。首先在指导方式上多以理论讲解为主，缺少根据家长学习特点设计的丰富多样的指导形式。比如在一次提高家长安全意识的家长会中，只从理论上讲解了什么是海姆立克急救法、海姆立克急救法的重要性、海姆立克急救法的具体操作。家长仅在一旁观看，没有动手操作。这次活动在一定程度上提高了家长的安全意识，知道有海姆立克急救方法，但是并未深入学习该急救知识的操作，单一的指导形式难以让家长全面学习育儿知识及技巧。其次未根据不同类型的家庭调整家庭教育指导形式与资源。笔者根据访谈和观察了解到 S 幼儿园家庭教育指导的形式主要有家访、家长会、家庭教育讲座、亲子活动、家长开放日。但幼儿园并未充分了解多种家庭教育指导形式的优缺点，并根据每种指导形式的优势对不同群体开展指导活动。比如 S 幼儿园留守儿童家庭较多，很多父母外出打工，由长辈在家照顾孩子。幼儿园开展的指导活动多为线下活动，并以留守儿童家庭中的长辈为对象，外出打工的父母只能通过教师在微信群发送的图片和视频了解幼儿近况，无法参与到家庭教育指导活动中。

（五）农村幼儿园特殊家庭家庭教育指导的改进建议

1. 加强教师对特殊家庭家庭教育指导的能力

由于教师未充分了解特殊家庭家庭教育的特点与需求，加上专业理论知识和能力欠缺，导致特殊家庭家庭教育指导质量难以提升。幼儿园应定期组织教师学习《全国家庭教育指导大纲（修订）》的指导原则、指导理念、指导内容，设计家庭教育活动时应参考科学正确的指导理念与原则，学会用正确的指导理念与原则反思家庭教育指导活动的效果。

2. 提升教师的沟通能力

教师和家长之间良好有效的沟通可以使得家长获得教师的理解，教师获得家长的支持。留守儿童家庭和离异重组家庭家庭结构的特殊性，要求教师拥有良好的沟通能力。隔代留守儿童家庭家长的文化水平较低，离异重组家庭的家长面对家庭结构的变化很多事情不愿说出口，这些都需要教师能够站在特殊家庭家长的立场体会家长的感情、需要和意图，理解家长的内心感受并把这种理解传递给家长，获得家长的信任与支持。

3. 针对性实施对特殊家庭的家庭教育指导

根据不同指导对象进行家庭教育指导。调查分析家长的指导需求，不同家庭类型的共性问题可以通过集体指导形式开展，留守儿童家庭和离异重组家庭的特定问题和关键问题应选择有针对性的家庭教育指导形式。

4. 创新特殊家庭家庭教育指导的形式

(1)充分发挥网络优势

通过访谈了解到，S 幼儿园以线下指导形式为主，留守儿童家庭中参与家庭教育指导的对象多为隔代长辈，缺少对监护人父母的指导。虽然留守儿童的父母远在外地，和孩子分隔两地，不能每天和孩子待在一起，但是他们依然需要了解孩子的动态，以便及时和孩子沟通，增进亲子关系。微信平台是目前网络指导中使用频次最高的工具。幼儿园可以通过微信聊天的方式及时与留守儿童家长分享幼儿的在园生活，让外出打工的父母也能及时了解孩子的基本情况；还可以通过线上讲座和线上家长经验分享会的指导形式开展家庭教育指导活动。线上讲座指根据家长的需求和特殊家庭的特点，聘请相应专家开展针对性强的专题讲座，以提高家长的育儿能力。线上家长经验分享会是指幼儿园邀请在家庭教育方面有心得、有方法的家长在线上做经验分享与交流。有的特殊家庭把幼儿教育得很好，具有丰富的家庭教育经验，幼儿园组织线上经验分享会能充分利用家长资源，面对同样的家庭结构，家长们的育儿问题有很多相似性，解决问题的成果经验更容易引起家长们的共鸣，具有较强的实践意义和可操作性，家长之间能互相借鉴和学习。

(2)坚持个别指导离异重组家庭

离异重组家庭的家长面对家庭结构的变化很多时候采取忽视不谈的态度，加大了教师家庭教育指导的难度，获取离异重组家庭家长的信任与支持是幼儿园家庭教育指导的关键一步。教师可以与离异重组家庭的家长面对面、一对一交流，主题明确，针对性强，可以全面了解离异重组家庭的家庭教养情况，分析家长的育儿行为，综合幼儿在园和在家的表现，与家长深入交流探讨，分析幼儿的成长情况，共同制定家庭教育方案，促进幼儿健康成长。

第五章

国外家庭教育指导项目的经验及启示

澳大利亚积极教养项目、美国父母即教师项目和美国学前儿童家长指导项目的服务对象都包含弱势群体家庭和处境不利儿童的家庭，这三个项目都强调改善和调整家长的育儿理念和行为，并且利用学校和社会资源促进家庭教育发展，为儿童创建良好的发展生态圈，为我国农村学前阶段特殊家庭家庭教育指导项目提供了方向。以下详细分析这三个项目。

一、澳大利亚积极教养项目的经验及启示

(一)积极教养项目的背景

积极教养课程(Positive Parenting Program，Triple-P)为家长提供了预防和干预分层次项目，被联合国评选为世界上最为广泛研究的课程，并荣获多项国家及国际奖项，是世界上最有效的基于询证研究依据的父母训练方法之一。积极教养课程通过为父母提供有效的育儿知识和技能，提高父母的育儿能力和自我调节能力，为孩子创造一个安全的、支持性的、鼓励性的环境，培养健康成长的孩子，建立更稳固的亲子关系。

该项目由马修·桑德斯(Matt Sanders)教授和他在昆士兰大学的同事共同开发，并且有全球25个国家和地区的256所院校的823名研究人员的参与。该项研究已持续超过35年(统计至2019年)，观察了25个国家和地区的16009个家庭，历经600多项试验，适用于不同国家、不同文化、不同家庭。

截至2019年，积极教养课程已被翻译成20多种语言，在30多个国家和地区应用推广，为近400万儿童和他们的家庭提供了帮助。

2006年，香港理工大学做了一项关于积极教养项目的调查研究，以判断积极教养项目在中国地区是否具有借鉴意义。该调查研究以480个有2~12岁孩子的中国家庭为研究对象，尝试在这些家庭环境 实施父母积极教养项目。这些家庭首先需完成4次2小时线下的小组课程，然后父母们需接受4次单独的电话咨询和8周父母教养训练，该项目除了教授父母教养策略和技能，还会根据每个家庭特点给出针对性建议，父母们填写了关于儿童问题、教养压力、养育水平、父母心理健康等一系列问卷。研究结果显示在接受积极教养项目之后父母不良的养育方式显著减少，幼儿的问题行为明显减少，父母心理健康和关系也有所改善，育儿冲突显著降低，可见积极教养课程对于中国家庭教育指导项目具有借鉴效果。

（二）积极教养项目的理论支持

积极教养项目的理论主要有班杜拉（Bandura）的社会学习理论（Social Learning Theory）；派特森（Patterson）的亲子互动社会学习模型（Social Learning Models of Parent-child Interaction）；公共卫生模型（Public Health Model），这三个主要理论构建了积极教养项目的多层级教育干预体系。

1. 社会学习理论

班杜拉的社会学习理论为积极教养项目核心目标的确定奠定了基础，由此确定了积极教养项目的对象是家长，最主要的目的是提高家长的育儿能力和自我调节能力。美国著名心理学家班杜拉是新行为主义的主要代表人物之一，社会学习理论的创始人。他认为来源于直接经验的一切学习现象实际上都可以依赖观察学习发生，其中替代性强化是影响学习的一个重要因素。班杜拉的社会学习理论包含观察学习、自我效能、行为适应与治疗等内容。积极教养项目将社会学习理论的自我效能和自我调节的理论内容作为项目目标确认的理论依据。

自我效能指个人对于能在多大程度上完成某行为的信念，即个体对自己在特定的情境中是否有能力得到满意结果的预期，个体对效能预期越高，就越倾向做出更大努力。直接的成败经验、替代性经验、言语劝说和情绪的唤起这四个方面的因素会影响自我效能感的形成。自我调节是个体认知发展从不平衡到平衡状态的一种动力机制。自我调节有广义和狭义之分。广义的自我调节，指人们给自己制定行为标准，用自己能够控制的奖赏或惩罚来加强、维护或改变自己行为的过程。狭义的自我调节，实际上指自我强化，即当人们达到了自己制定的标准时，用自己能够控制的奖赏来加强和维持自己的行为的过程。自我观察、自我判断和自我反应是自我调节的三个基本过程。积极教养项目的自我调节是广义上的自我调节，即个体进行自我判断和评价，据此进行自我强化或惩罚，达到调节自身行为的目的。

2. 亲子互动社会学习模型

派特森的亲子互动社会学习模型强调儿童不良行为的发生与家庭不利因素密切相关，认为个体反社会行为的出现，与其在儿童时期受到的父母或严厉、或漠视的教养方式有密切关系。模型指出造成儿童反社会行为的核心因素为不良的管教方式和强制性的亲子互动模式。派特森的亲子互动学习理论将儿童反社会行为的发展分为三个阶段。第一阶段为儿童早期，过于严厉的管教模式或父母养育角色缺失会诱发儿童问题行为的产生；第二阶段为儿童中期，儿童的问题行为会在学校环境中表露出来，儿童会遭到同伴的孤立和排挤；第三阶段为儿童晚期，由于长期无法从同伴群体中获得认可，他们容易进入同样具有反社会特征的同伴群体中寻求认同，进而误入歧途。总的来说，派特森的亲子互动社会学习模型指出儿童的问题行为若未能在家庭中得到及时的干预和纠正，会使儿童在学校或其他场合受到他人的排挤，因为长期无法从同伴处获取应得的支持和认可，还可能致使儿童尝试从反社会群体中获取认同感，从而误入歧途。

3. 公共卫生模型

公共卫生模型提供了系统性的方法，旨在通过集体的努力和科学的方法来预防疾病、促进健康和延长寿命。它广泛应用于各种健康问题的预防和干预，包括心理健康和行为问题。公共卫生模型强调三个主要层次的干预：初级预防、次级预防和三级预防。初级预防旨在减少新病例的发生，通过教育和环境改变来降低风险因素的影响，例如通过社区教育项目来减少儿童虐待。次级预防则侧重于早期识别和及时干预，以防止问题的进一步恶化，例如通过筛查工具及早发现有行为问题的儿童并提供相应的干预措施。三级预防则集中于已经存在的问题，通过治疗和康复措施来减轻其严重性和长期影响，例如提供行为治疗和心理咨询来帮助患有严重行为问题的儿童恢复和适应。

在积极教养项目中，公共卫生模型发挥了重要作用，通过系统性的方法来解决亲子互动中的问题，促进儿童的健康发展。通过初级预防，项目提供了大量的教育资源和培训，帮助家长掌握有效的育儿技巧，预防不良行为的发生。例如，通过工作坊和家庭访问，家长可以学习到如何建立积极的家庭环境，如何有效地与孩子沟通，以及如何通过正向强化来鼓励孩子的良好行为。次级预防方面，积极教养项目采用了科学的筛查工具和方法，早期识别那些可能存在行为问题或处于风险中的儿童，并提供及时的支持和干预。例如，通过定期的评估和观察，项目工作人员可以发现孩子在情绪和行为上的变化，并及时与家长沟通，共同制定个性化的干预计划。三级预防则通过多种形式的持续支持和专业服务，帮助那些已经表现出显著行为问题的儿童及其家庭。例如，项目可能提供个别咨询、家庭治疗和行为管理计划，帮助这些家庭克服困难，促进孩子的正向发展。

公共卫生模型的核心在于通过集体行动和科学方法来实现健康目标，强调预防和干预的系统性和全面性。在积极教养项目中，这一模型不仅帮助识别和解决了个体家庭的问题，还通过社区层面的努力，促进了整个社区的健康发展。通过提供广泛的资源和支持，项目不仅帮助家长更好地教育和引导他们的孩子，还增强了社区的凝聚力和互助精神。最终，公共卫生模型在积极教养项目中的应用，不仅提升了个体家庭的幸福感和健康水平，也为社会的整体健康发展做出了重要贡献。

（三）积极教养项目的原则

积极教养项目原则分为五个部分，分别为营造安全有趣的环境，让孩子保持忙碌并且探索他们的世界；创造积极的学习环境，鼓励孩子学习和调节自己的情绪和行为；严明纪律，不苛刻不惩罚，制定合理且前后一致的纪律；对自己和孩子有合理的期望；照顾好自己，这样才能更好地养育孩子。

1. 营造安全有趣的环境

积极教养项目首要的原则就是营造一个安全有趣的环境，消除家庭内部部分危险因素，让孩子有机会探索、玩耍、发现和体验这个世界。有趣的事情可以激发孩子的好奇心，提高语言和思考能力，让孩子保持忙碌。

2. 创造积极的学习环境

当孩子需要父母时，父母应该在孩子身边陪伴孩子，积极回应孩子。比如孩子想和父母说话、想和父母分享、想得到父母的帮助时，父母应该尽快停下手头的事情回应孩子。孩子安全感的建立来源于孩子需要父母的时候父母一直都在。积极的学习环境能鼓励孩子尝试不同的事情，并帮助孩子认识正确的行为，当孩子做了正确的行为时父母要及时积极地表扬孩子，这样孩子就知道这样做是对的，更愿意做同样的行为，营造良好的正确行为培养环境。

3. 严明纪律

严明纪律最重要的一点在于明确孩子需要遵守的界限和规则，让孩子知道怎么做才是对的。父母要坚定而温柔，坚持规则但是不严苛，做一个冷静且始终一致的父母。父母要迅速地对孩子的情绪和行为做出一致且冷静的反应，帮助孩子学会调节自己的情绪和行为。有了明确的界限和严明的纪律，还要教孩子学会用温和和尊重他人的方式表达自己的感受，学会接受规则和限制，学会自我控制。父母也要学会调节自己的情绪，千万不要对孩子大吼大叫、威胁甚至殴打。当父母引导孩子完成具有挑战性的任务时，父母要能接受孩子不能达到预期的结果；在孩子做得不错的时候，父母应及时给予关注和表扬，能让制定的纪律发挥最大的效果。家庭中的所有成员应该互相支持，保持一致的界限和规则。

4. 对自己和孩子有合理的期望

每一个孩子都是不同的，发展的方向和速度都不一样，父母不能对孩子各个方面都有较高的期望，不能要求孩子做到超出他年龄以及能力范围之外的事情。有时候你觉得孩子故意不听自己的话，总是对自己发起挑战，但实际上可能是他们还没有能力按照你的要求去做。比如让一个三岁的孩子完全靠自己的能力收拾干净房间，是一件很难完成的事情。所以父母们要思考孩子是否能够理解并且达到自己的期望。每个孩子都有自己成长的轨迹和节奏，父母不应自己设想孩子在什么年纪应该成为什么样的人，孩子的成长是循序渐进的，父母不应期望孩子一到某个年纪就立马掌握父母认为应该掌握的技能；也不能时常将“别人家的孩子”与自己的孩子参照对比，否则会给孩子带来压力。同时父母对自己也需要保持合理的期望，没有人是完美的，不能对自己太过于苛刻，每个人都是在犯错和尝试中成长，父母需要一边学习一边成长。

5. 照顾好自己

好的父母需要把自己的需求放在第一位，当父母的需求得到满足，教养孩子也会变得更容易。每个人都需要有自己的生活、兴趣和爱好，父母需要从养育孩子的过程中解放出来，做自己。如果父母自己的需求没有得到满足，就很难保持充满耐心地养育孩子。照顾好自己，关注自己的感受，留出时间做完全属于自己的事情，保持私人空间和育儿的平衡，只有先照顾好自己，孩子才会更好。

（四）积极教养项目的目的

积极教养项目的目的是帮助父母与孩子建立牢固的关系、保持良好的沟通以及给予孩子有效的注意力，同时鼓励孩子学会生活中的技能，与他人友好相处，管理好自己的情绪，学会独立，并让自己感觉良好。积极教养项目可以帮助父母解决孩子生活中常见的问题，比如长时间玩手机和电子产品，对打架斗殴等严重问题也有帮助。主要目的包括以下几点：第一，提高父母管理孩子常见行为问题和发展性问题的能力。第二，减少父母对强迫性和处罚性管教方法的使用。第三，设定每个人都要遵循的家庭惯例和规则。第四，建立积极的人际关系，使家长可以与孩子相处融洽并减少争执。第五，培养快乐、健康和自信的孩子。第六，帮助家长平衡工作和家庭之间的关系。第七，创造一个幸福、安全的家庭环境。

（五）积极教养项目的内容

围绕积极教养项目的原则，研究者研发了多项家长教养技能和五层级教养干预体系，以满足不同家庭结构和不同需求的父母。

教养技能分为基本教养技能和提升教养技能，基本教养技能主要是改善儿童行为习惯的技能，包括增进亲子关系、鼓励儿童良好的行为习惯、教授儿童新的技巧、处理儿童不当的行为和活动规划等技能。提升技能主要是针对家长的自我提高的技能，包括自我管理技能、情绪调节技能和伴侣支持技能。

五层级教养干预是由低到高的干预体系。层级一为大众项目，干预强度较低，主要针对对育儿知识感兴趣的家长，旨在培养家长的育儿兴趣，鼓励父母积极参与育儿。项目利用网络电视媒体进行宣传，家长通过纸质书籍和线上专业育儿平台获得育儿资源。层级二为精选项目，干预强度较低。主要针对对一般育儿知识感兴趣或对子女某方面发展有特别需要的家长。干预主要采用一对一咨询或讨论会的形式开展，一对一咨询的内容为儿童健康发展的相关知识或者儿童轻微问题行为，讨论会的内容为“积极教养项目讨论会系列”(The Triple-P Seminar Series)，包括3次主题会议：“积极教养的力量”“培养自信和有能力的孩子”“培养有韧性的孩子”。培训内容的关联性不大，家长可根据需要选择参与会议。层级三包括初级关怀项目和讨论小组项目，干预强度低等到中等。干预内容主要是为有睡眠障碍、发脾气或者小组咨询的形式提供积极教养技巧的育儿计划，或就儿童常见的问题行为开展讨论。层级四为多重育儿培训项目。干预强度中等到高等，干预内容是为有需要学习积极教养项目强化技能的家长、残疾儿童的家长、有严重问题行为和情绪问题儿童的家庭(这里儿童的问题行为没有达到行为障碍的确诊标准)提供多重育儿培训项目，通过一对一咨询、小组会议、家长手册和线上在线互动对家长进行积极教养技能的培训，以便家长通过多种形式的学习和练习真正掌握积极教养的技能，提高育儿能力。层级五为家庭教养项目，干预强度最高。项目针对不同儿童和家庭问题开展不同项目的干预，强化项目主要面向有严重问题行为且伴随家庭功能障碍儿童的家庭，为其提供一对一的咨询，包括教养能力提升、情绪管理和压力应对技能的内容；路径项目为面向有虐待儿童风险的父母进行归因训练和愤怒管理培训；生活方式项目是为有超重或肥胖儿童的家长提供关于营养健康生活方式和一般教养策略的小组强化会议；家庭过渡项目为针对离异父母开展冲突管理、一般教养策略和双方协作技能的强化会议。

（六）积极教养项目的实施途径

积极教养项目是有社会各类机构合作参与，形成社会共力的家庭教育指导项目。主要的实施途径包括个别指导、小组研讨和自主学习三种类型。

1. 个别指导

个别指导是指专业人员针对性指导家庭成员育儿，包括个性化咨询和个性化干预指导。个性化咨询指为有需要的父母提供简单育儿知识与技能，主要依托相关机构进行个性化咨询，比如学前阶段主要依靠托育机构和幼儿园进行个性化咨询。个性化干预指导指为有育儿指导需要的家庭提供有计划针对性的家庭教育指导。个性化干预指导的流程为诊断、实施、回应和撤离。诊断指家庭教育指导专业人员了解有需求的家庭的基本情况，根据观察分析的结果制定干预方案；实施指根据制定的干预方案，以积极教养的方式和理念对家庭实施干预计划；回应指干预方案实施过程中评估家庭育儿现状，及时和家庭成员沟通，帮助家庭解决育儿困惑；撤离指专业家庭教育指导人员撤离指导，让家庭成员单独育儿。总之，个别指导满足了不同类型家庭的个性化需求，更符合当代社会背景下的各类家庭结构。

2. 小组研讨

小组研讨指由有育儿指导需求的家庭成员组成讨论小组，共同学习育儿指导知识和技能，解决育儿困惑。一般情况下小组研讨人数在 12 人左右，研讨流程主要分为三个部分。第一部分学习育儿知识，家庭教育指导专业人员根据家庭主要需求分享科学育儿知识与技巧。第二部分是家长间分享讨论，家长们根据育儿主题积极发言，每位家长发表自己的育儿观点和经验，家长间互相学习以解决育儿困惑。第三部分情景模拟，指导专家出示育儿模拟情景，家长们根据学习到的育儿知识和技巧进行情景模拟，以练习巩固育儿技巧，进一步加深理解育儿技巧。小组研讨过程中家庭教育专业指导人员随时为各位家长答疑解惑。

3. 自主学习

自主学习指为家长提供育儿知识的资源，家长通过线上平台资源和纸质类读物自主学习育儿知识与技巧，还可以通过电视育儿频道、积极教养项目官方网站和互联网媒体等获取科学的育儿知识和技巧。纸质类读物主要是积极教养项目提供的科学育儿读物，如《父母自我指导手册》，项目为不同层次不同需求的家长提供了科学、全面、易理解的读物，还为不同家庭提供了阅读计划。自主学习为不方便线下学习的家长提供了便利。

（七）积极教养项目的启示

1. 以提升家长自我调节能力为特殊家庭家庭教育指导的核心目标

积极教养项目核心目标为发展家长的自我调节能力，中心思想是提升家长的自我管理能力，鼓励家长成为独立解决育儿问题的人。该项目以提高个人的自我调节能力为核心目标，社会学习理论的自我效能及自我调节理念为该项目奠定坚实的理论基础。项目通过着力提升家长的自我效能感从而提高家长育儿行为的内驱力，使用练习、反馈、同伴互助和创造良好环境等方式坚定家长科学育儿的信念，家长在育儿过程中主动进行自我评价，并通过自我强化或惩罚来调节自己的育儿行为和教育方式。

随着社会的变革和经济的快速发展，家庭结构发生变化，留守儿童家庭、离异重组家庭等特殊家庭的家庭教育问题日益凸显，相关法律政策明确强调家长在家庭教育中的主体责任。据调查可知，特殊家庭的家长有主动学习育儿知识和技巧、参加家庭教育指导活动的动机，但由于家庭结构变化、经济压力、社会压力等问题造成特殊家庭的家长养育焦虑，担心自己教育不好孩子或者很难形成良好的亲子关系，亲子双方获得感和满足感都在降低，家长逐渐丧失育儿的自信心和学习的内驱力。不当的教养行为会造成孩子问题行为的发生，随着孩子问题行为的增加，家长的养育效能感也会随之降低。因此，我国特殊家庭家庭教育指导项目可以借鉴积极教养项目中的核心目标，即以提升家长自我调节能力为家庭教育指导的核心目标，倡导特殊家庭的家长积极养育。通过向特殊家庭的家长提供家庭教育指导服务，传授育儿知识与技能，指导特殊家庭的家长科学育儿，通过合理科学积极的家庭教育指导方式，组织实施积极有效的家庭教育指导活动，让家长在参加家庭教育指导的活动中学习到育儿知识和技巧，并及时有效地运用在家庭教育中，提高家长自我效能感，增强家长的育儿信心，让家长产生参加家庭教育指导活动的内驱力，积极学习育儿知识与技能，最终实现家长独立育儿，独立解决育儿问题。

2. 建立由低到高的特殊家庭家庭教育指导层级

积极教养项目为降低儿童问题行为的发生概率，构建了强度由低到高、覆盖面由广到窄的五层级干预体系，对出现育儿问题的家庭进行干预，也对没有出现育儿问题的家庭进行预防，积极教养项目还有专门针对特殊家庭和特殊儿童的家庭教育指导内容，以满足不同家庭的育儿需求。积极教养项目的五层级干预体系由低级干预到高级干预面对的人群依次为：所有对教养知识感兴趣的家长；对一般育儿知识感兴趣或对子女某方面发展有特别需要的父母；有睡眠障碍、发脾气等常见轻微问题行为的儿童家庭，且这些家庭无其他主要行为管理困难或显著的家庭功能障碍；希望获得积极教养技巧强化训练的父母、残疾儿童的父母、已经有较严重的行为和情绪问题儿童的父母，但儿童没有达到行为障碍的确诊标准；儿童有严重行为问题且伴随家庭功能障碍、有虐待儿童风险的父母、超重或肥胖儿童的父母、离异父母。据研究调查显示，有的特殊家庭中的幼儿身心发育较好，没有明显的行为问题，但有的幼儿出现了比较明显的行为问题，如留守儿童家庭中长辈教养方式不正确，造成留守儿童养成不良的行为习惯，不爱干净、不讲卫生；离异重组家庭中由于父亲一方有暴力行为，导致幼儿出现打人等攻击性行为。虽然每个特殊家庭的情况不同，存在个性化指导的问题，但是也存在一些共性的家庭教育问题，如离异重组家庭在如何和孩子良好沟通是共性问题；留守儿童家庭外出打工的父母和家里照顾幼儿的长辈如何合作育儿，如何提高留守儿童家庭家长和儿童的安全意识和自我保护能力，等等。针对特殊家庭的现状，借鉴积极教养项目强度由低到高、覆盖面由广到窄的五层级干预体系，我国学前阶段特殊家庭的家庭教育指导也可以建立由低到高的特殊家庭家庭教育指导层级，对出现育儿问题的特殊家庭进行家庭教育指导，也对没有出现育儿问题的特殊家庭进行家庭教育指导，以满足所有家庭的需求。

3. 实施多样化的特殊家庭家庭教养指导形式

积极教养项目提供优质多样化的指导服务，只要是参加了积极教养项目培训并获得指导资质的人员即可组织实施积极教养项目，为家长提供家庭教育指导。积极教养项目的实施主体非常多样，幼儿园、学校、医疗机构、政府相关部门均可实施该项目。积极教养项目的实施形式也丰富多样，主要为个别指导、小组研讨、自主学习三种类型。个别指导是一对一的家庭教育指导服务，主要的目的是精准解决家庭育儿难题。小组研讨是多位家长一起参加有家庭教育主题的研讨会，主要目的为家长之间互相分享、互相帮助，共同交流育儿知识与技能。自主学习是指积极教养项目提供线上线下育儿资源，家长自学该项目线上线下的学习资源，以提高家长的育儿能力，特别适合无法参加线下指导的家长。

对于特殊家庭群体也需要提供多样化的家庭教育指导形式。留守儿童家庭的被委托监护人年纪较大，文化水平不高，有的甚至不会使用手机等电子产品，家庭教育指导如果是纯理论学习或者线上的学习就无法满足留守儿童家庭的家庭教育指导需求，而简单直接、清晰明了的体验式线下指导更符合留守儿童家庭的需求。相反，留守儿童家庭的监护人长期在外工作，和孩子分隔两地，无法参加线下的家庭教育指导活动，线上的家庭教育指导更能满足留守家庭监护人的指导需求。离异和重组家庭家庭情况特殊，部分家长出于对个人隐私的保护不愿意参加大型的家庭教育指导活动，而一对一的家庭教育指导服务更适合离异和重组家庭。在一对一的指导中，可以深入了解离异重组家庭的家庭教育情况，提供个性化的家庭教育指导方案，有针对性地帮助其解决家庭育儿难题。

二、美国父母即教师项目的经验及启示

（一）父母即教师项目的背景

20 世纪以来，美国的家庭现代变革引发了一系列社会问题，双职工家庭增多，离婚率不断上升，单亲家庭增加，经济发展缓慢，低阶层贫困人口增加，社会的急剧变化导致处境不利的家庭面临较大的压力。为了给这些处境不利的家庭提供帮助，减少和预防家庭危机，20 世纪 70 年代开始在美国的密苏里州启动了父母即教师项目（Parents As Teachers program，简称“PAT”）。

父母即教师项目学习者通过系统和专业的培训，成为家庭教育指导者，为0~6岁儿童的家长提供专业的家庭早期教育指导服务。之所以开展这样的家庭教育指导项目是因为当时的研究者发现，家长的参与和幼儿园孩子的行为表现有一定的相关性，家长的参与会影响孩子的发展，因此建立了“父母即教师”的家庭教育指导项目帮助家长认识家庭教育的重要性，为孩子以后的成长奠定坚实的基础。该项目1981年由美国密苏里州教育部发起，截至2019年已经推广至全美47个州，培训了8000多名“父母辅导者”，并进一步推广至多个国家和地区。美国各州普遍实践的“父母即教师”项目的评估表明参加该项目的父母在育儿技巧、参与的程度与质量方面有显著提升，孩子在认知与入学适应能力等方面也有明显提高。

（二）父母即教师项目的理论支持

1. 生态系统理论

尤里·布朗芬布伦纳(Urie Bronfenbrenner)于20世纪70年代最早提出生态系统理论。生态系统理论强调人和环境的相互作用，认为个体的发展受到多个层面环境的影响，个体在不同的发展阶段会面临不同环境的影响，以及各个层次的生态系统之间的相互作用和相互影响。这里多个层面的环境是指微观系统、中间系统、外层系统和宏观系统。父母即教师项目以生态系统理论为理论依据，针对儿童身体发展和预防问题行为，采用系统之间、系统与个体之间相互作用的思想来改善家庭教育的问题，提高家庭教育的质量。

2. 终身教育理论

保罗·朗格朗(Paul Lengrand)是最早提出“终身教育”这一概念的，他也被誉为“终身教育之父”，他发表的《终身教育引论》系统论述了终身教育的理论，对终身教育的发展具有里程碑式的意义。保罗·朗格朗认为，现代人面对的挑战非常多，一个人凭借某种固定的知识和技能就能度过一生的观念将成为过去，传统教育将不能满足人的一生发展的需要。因此，教育必须是终身教育。保罗·朗格朗还指出，终身教育的最终目标是使人们过上美好、富有意义的人生，同时创建一个更加美好的世界。依其所言，终身教育的最终目标就是达到一种“对于人性和人的愿望更加尊重的更有效和更开放的社会”。按照保罗·朗格朗的观点，终身教育可以从两方面体现：一方面，通过适当的教育结构和方法，帮助人们终身学习；另一方面，通过多种形式的自我教育，在真正意义上和充分的程度上促进自我的发展。终身教育的任务是使人学会学习，即养成学习的习惯和获得继续学习所需要的各种能力，更好地应对新的挑战。在教育方法上，他主张运用适当的手段去训练和引导每一个人，使其在未来的学习型社会中为生存和发展做好准备。在保罗·朗格朗看来，建立终身教育的模式必须遵循一个基本原则：使教育成为生活的工具，成为使人成功地履行生活职责的工具。父母即教师项目旨在提高家长的育儿能力，以终身教育理论为理论基础有助于家长的学习与发展，促进家长的全面发展。

(三)父母即教师项目的理念

20 世纪 50 年代以来，随着社会的不断变革，出现了多种类型的家庭结构，受到经济危机的影响，很多人收入减少，贫困人口增加，种种现象让当时的儿童发展出现诸多问题。由此父母即教师项目应运而生。该项目的理念为“为儿童和家庭服务”，让所有的学前儿童学习、成长和发展，充分发挥儿童全部的潜能，以获得最终的成功。项目为不同种族、不同文化背景、不同家庭结构、不同经济条件的家庭提供家庭教育指导服务，培养专业的“家长教育者”，帮助家长解决育儿难题，提高育儿能力。

(四)父母即教师项目的目的

父母即教师项目的主要目的是让家长意识到家庭教育的重要性，家长是孩子成长的第一任老师，家庭是孩子的第一所学校，尤其是在婴幼时期家长对孩子的关爱和支持非常重要。项目支持家长参与婴幼儿的生活，促进婴幼儿身心健康成长，基于“为儿童和家庭服务”的理念，项目致力于实现以下目标。第一，提高家长对婴幼儿发展的认识与理解，改善家长的教养行为；通过定期家访形式，了解家庭情况并帮助家长了解婴幼儿身心发展的特点和需求。第二，尽可能早地发现婴幼儿发育和身体健康情况；通过专业的评估工具和健康筛查工具，及时诊断婴幼儿的身体健康情况，尽早发现问题，尽早干预治疗。第三，防止虐待和忽视婴幼儿，指导家长营造良好的家庭氛围，建立友好积极的亲子关系，防止虐待儿童、忽视儿童的情况。第四，提高婴幼儿的入学准备水平和学业成功率；以家访、团体会议指导等多种形式指导家长学习婴幼儿早期语言、认知、社会性等知识与育儿技能，改善家长的教养行为。第五，帮助各州、各地区制定和实施家访计划，建立真正的家庭、学校和社区的合作关系，改善儿童家庭福祉。

（五）父母即教师项目的内容与形式

父母即教师项目为家长提供婴幼儿健康发展的各类资源和支持，以提高家长的育儿能力。项目由家庭个人访问、团体会议指导、筛查与评估和提供社区服务资源四个部分的内容组成。

1．家庭个人访问

家庭个人访问是指已通过该项目培训的家长教育者为有需要的家庭进行家访计划，以提高家长育儿能力。家长教育者需要根据家庭的实际情况和项目的要求为家庭提供科学的针对性强的家访计划，主要的指导内容围绕婴幼儿身心健康发展，比如婴幼儿语言的发展、社会性的发展等。在家访中家庭教育者指导家长观察婴幼儿行为表现，并根据婴幼儿的行为表现教导家长采取正确的教育方式促进孩子健康成长。同时家访还关注亲子互动，引导家长根据孩子的行为进行积极的亲子活动。根据家庭的不同需求，家访的时间也有区别，普通家庭的家访至少每月 1 次，每次大概 45～60 分钟。特殊家庭（如离异家庭、困难家庭）的家访每月至少 2 次，每次不少于 60 分钟。

2．团体会议指导

团体会议指导指将年龄相近的家长聚集在一起互相交流、分享育儿经验，共同讨论促进婴幼儿健康发展的方法。团体会议的组织发起者是经过专业培训的家长教育者。会议主题确定主要参考家长的需求，至少一个月指导一次，每次会议时间不少于 50 分钟。有研究显示团体会议指导家长之间的经验交流能显著提升家长的教养效能感。

3．筛查与评估

筛查评估包括对婴幼儿身心状况的筛查、一年一次的身体健康筛查、各个年龄段婴幼儿认知发展和社会情感发展的评估等。项目使用了各个领域的专业筛查工具，比如社交情感问卷、儿童发展清单、对儿童听力和视力等发展情况的筛查工具等。家长教育者根据筛查结果进行分析，和家长交流沟通，制定符合婴幼儿发展的教育方案。从 2011 年到 2012 年，在该项目开展的美国密苏里州儿童全面筛查评估中，诊断出 3500 名存在社会情感问题的婴幼儿和 17500 名存在发育迟缓的婴幼儿，并在诊断后及时为婴幼儿家长提供了专业指导服务，保障婴幼儿健康发展。

4. 提供社区服务资源

父母即教师项目利用社区资源开展家庭教育指导服务。家长教育者是社区和家庭之间的桥梁，一方面家长教育者非常了解每个家庭的家庭教育情况和家长的需求，可以及时将所对接家庭的家庭教育情况反馈给社区。比如家庭教育者将婴幼儿的特点和需求反馈给社区，让社区更好地提供符合婴幼儿发展的服务，如图书馆的设置、玩具的选择等。另一方面家长教育者会利用社区资源组织和参与各类家庭教育指导活动，共享各地社区资源，帮助家长提高育儿能力。

（六）父母即教师项目的启示

随着《中华人民共和国家庭教育促进法》的出台，在国家全力推进家庭教育，提高家庭教育指导质量的时代背景下，特殊家庭群体的家庭教育指导质量亟需提高。美国父母即教师项目开展的时代背景为美国单亲家庭、移民家庭等各类家庭结构出现，父母对儿童的发展造成了负面影响。为了更好地帮助家长解决儿童早期发展中面临的各类问题，使儿童能挖掘自身全部潜力，该项目最开始的指导对象为 0~3 岁婴幼儿的家长，后来指导对象扩展为 0~6 岁婴幼儿的家长。该项目特别关注处境不利的儿童，比如单亲家庭、受虐待儿童的家庭等，能为我国学前阶段特殊家庭家庭教育指导提供的可借鉴的经验具体如下。

1. 明确学前阶段特殊家庭家庭教育指导的理念和目标

父母即教师项目将“为儿童和家庭服务”作为核心理念，并基于该理念确立了五个基本目标。目标一为增加家长对婴幼儿发展的认识与了解，改善家长的教养行为；目标二为尽可能早地发现婴幼儿发育和身体健康情况；目标三为防止虐待和忽视婴幼儿；目标四为提高婴幼儿的入学准备水平和学业成功率；目标五为帮助各州、各地区制订和实施家访计划，改善儿童家庭福祉。项目以理念和目标为核心，为0~6岁婴幼儿的家长提供家庭教育指导，以更好地服务各类家长，解决家长的育儿问题。项目还特别关注处境不利儿童和家庭，为处境不利儿童和家庭提供有效的家庭教育指导服务。

我国近年来持续关注特殊家庭的家庭教育及家庭教育指导，但特殊家庭家庭教育的质量有待提高。在此可借鉴父母即教师的项目经验，理念为先，在以特殊家庭为对象进行家庭教育指导时首先明确指导的理念和目标，让特殊家庭家庭教育指导理念和目标指导家庭教育指导的方案、内容和途径等内容；了解我国学前阶段特殊家庭的家庭教育现状和需求，分析特殊家庭存在的家庭教育主要问题、特殊家庭的幼儿的行为表现和特点、特殊家庭的家长主要的育儿困惑以及家庭教育指导的需求，参考学前阶段特殊家庭家庭教育和家庭教育指导的现状和需求有针对性地确定家庭教育指导的理念和目标。

2. 针对特殊家庭群体开展个别化的家庭教育指导服务

家庭个人访问是父母即教师项目中的重要内容之一。访问专业人员为父母即教师项目认证合格的家庭教育指导师。家庭个人访问一方面可以清晰直观地了解目标对象家庭环境和家庭基本信息，有利于家庭教育指导师了解更加真实的家庭环境和亲子互动状态，以便后续结合家庭环境和亲子活动现状制定个性化的家庭教育指导服务。另一方面可以面对面了解家庭教育的难题，解答家长的育儿疑问，及时为家长提供家庭教育指导。父母即教师项目注重处境不利的家庭，针对处境不利家庭提供每月至少两次的家访，每次家访的时间不少于60分钟。家庭个人访问时使用专业的家庭访问计划和家庭访问计划指导，并详细记录在表格中。

我国留守儿童家庭隔代监护人年纪较大，文化水平较低，通过电话、微信、视频等方式了解家庭情况的难度较大；长辈安全意识较低，留守儿童的家庭环境存在很多安全隐患。基于以上，面对面的家庭访问非常适合留守儿童家庭的现状和需求。离异重组家庭情况特殊，家长不愿沟通，也不愿提及家庭结构变化带来的影响，想要深入了解离异重组家庭的真实情况，让离异重组家庭家长愿意沟通，面对面的家庭个人访问是非常有效的家庭教育指导形式之一。可借鉴“父母即教师”项目，针对特殊家庭提供个别化的家庭教育指导服务，对特殊家庭进行家庭个人访问，制定个性化的家庭教育方案，如留守家庭的家庭教育方案、离异重组家庭的亲子活动方案等，满足不同类型家庭的个性化需求。

3. 多措并举提升学前阶段特殊家庭家庭教育指导的质量

父母即教师项目通过多种不同途径向家长教授专业的育儿知识和方法。项目通过开展家庭个人访问、组织团体指导会议、进行儿童全面筛查与评估指导和提供社区服务资源四个方面为0~6岁儿童的家长提供育儿的专业知识与技巧的指导，提高家长育儿能力，改善家庭教育的质量。项目提供了专业的婴幼儿身心健康发展的筛查和评估工具，比如儿童早期发育水平筛查工具、儿童发展清单等，科学有效地评估婴幼儿的发展情况，提供家庭教育指导方案。

我国学前阶段特殊家庭的家庭教育指导质量有待提高，很大一部分原因是幼儿园教师家庭教育指导的质量有待提高，加上我国家庭教育指导师培训体系和标准正在完善中。因此，我国特殊家庭的家庭教育指导也可以借鉴父母即教师项目的经验。一方面构建线上线下家庭教育指导资源，为特殊家庭不同需求的家长提供专业优质的学习途径，线上优质的学习资源让家长可以根据自身需求直接获取专业的指导，提升家长育儿能力。另一方面可以开发特殊家庭与儿童的筛查工具，弥补幼儿园教师对特殊家庭群体进行筛查和评估时经验和能力不足的问题。科学标准的筛查工具便于幼儿园教师的观察与指导，以提高特殊家庭家庭教育指导的质量。

三、美国学前儿童家长指导项目的经验及启示

（一）美国学前儿童家长指导项目的背景

美国学前儿童家长指导项目（Home Insturction for Parents Preschool Youngsters，HIPPY）旨在为有幼儿的处境不利家庭（如文化水平较低的家庭或者收入低的家庭）提供家庭教育指导服务，以增长家长的育儿知识和提高育儿能力，增进亲子关系，提升家长的育儿信心，促进幼儿早期健康发展。

HIPPY 项目最初研发于以色列，项目服务对象最开始为移民家庭，随着项目发展，服务对象推广到帮助缺乏教育资源和育儿能力的家庭，目前全球有十几个国家已开展该家访项目。20 世纪 80 年代，以色列 HIPPY 项目被引入美国，旨在帮助美国处境不利儿童的家庭，提高处境不利儿童的入学准备水平，实现教育公平。该项目在美国取得不错的成效，并全面推广至美国各个州和地区。美国 HIPPY 项目经过几十年的发展，研究已证实该项目能够有效提高学前儿童的入学准备水平、入学率、课堂行为表现和学业成绩水平，以及帮助家长参与儿童学习生活。尤其是在提高处境不利儿童的入学准备水平方面，美国 HIPPY 项目取得了不错的效果。

（二）美国学前儿童家长指导项目的原则

美国学前儿童家长指导项目在实施的时候主要围绕以下原则：所有儿童都想在适宜的条件下学习，并且在适宜的环境下，儿童都能学有所获；所有儿童身心发展都会经历相同的阶段，并且这些阶段相互关联；父母都希望自己的孩子能够接受最好的教育，获得最好的发展；父母是孩子的第一任教师，也是孩子最重要的教师；父母有能力并且可以帮助子女做好入学准备工作；父母可以帮助和指导其他父母，也可以得到其他父母的指导和支持；当父母了解和理解儿童的成长并更多关注儿童时，儿童的学习水平就会得到提高；尊重和认可不同家庭的多元性，能提高儿童和家长的归属感；当父母开始积极参与儿童早期学习活动和注重自己的教养技能时，这个现象将会一直持续；开展家访项目后，社区资源能够更好地为社区和家庭服务。

（三）美国学前儿童家长指导项目的目的

美国 HIPPY 项目的主要指导对象是低收入家庭的 3~5 岁儿童及其家长。项目旨在为有幼儿的处境不利家庭提供免费的为期两年的早期家庭教育指导服务，以提高家长的育儿知识和能力，增进亲子关系，提升家长的育儿信心，促进幼儿早期健康发展。项目提倡家庭、学校和社区的联动，充分利用家庭、学校和社区的资源，以帮助处境不利儿童完成入学准备，实现教育公平。其主要目的有：改善亲子互动关系，增长家长养育知识与技能，帮助家长胜任孩子的第一任教师角色，帮助家长更好地利用社区、学校资源，帮助孩子做好入学准备，增加孩子未来发展的公平机会。

（四）美国学前儿童家长指导项目的内容

在项目开展之初，项目的家访专家会全面评估受访家庭的健康和发展情况，包括健康状况、家庭教育能力和需求。专家在全面评估的基础上持续观察和评估受访家庭，制订个性化的家庭教育指导计划；通过活动书指导家长提供适宜孩子发展的活动，帮助孩子认知、情感、社会、语言等方面的发展，帮助孩子获得愉快的学习体验；通过故事书指导家长帮助孩子学习识字，培养幼儿语言领域读写兴趣，为入学做准备。

（五）美国学前儿童家长指导项目的形式

1. 儿童适宜性发展课程

HIPPY 项目开发了一套适合 3~5 岁儿童学习发展的资源材料包，以促进 3~5 岁孩子语言、社会、情感等方面的发展。课程为期 30 周，课程内容包括认知发展、早期读写能力、社会性发展、身体发展、情绪发展几个方面的内容，并且提供绘本书籍、活动书以及 20 套详细的操作说明指南。

2. 定期个体入户家访

定期个体入户家访是指项目专业的家访人员定期前往受访家庭的家中，提供定制化的专业指导。家访人员会利用项目专门的材料资源包，告诉家长如何使用课程材料，一对一指导家长和幼儿互动。个体入户家访主要采用角色扮演方法，设置家庭教育情境，通过扮演“父母”和“儿童”的方式指导家长科学育儿，让家长换位思考，理解儿童、走进儿童。

3. 家长小组活动

家长小组活动指组织家长们聚集在一起，分享育儿经验，提出育儿困惑，使得家长之间、家长和项目实施者之间形成良好的人际关系，互相学习与成长。家长小组活动一般为每两周进行一次，每次活动时长为两个小时，活动分为讨论家访实施情况和主题活动两个部分。第一部分主要讨论家访实施效果，总结之前家访活动的优缺点，并探讨下次家访活动内容，以提高家访活动的效果。第二部分为主题活动，活动主题由家长根据需要自主选择，主要目的是帮助家长提高育儿知识和技能，帮助家长及幼儿成长。家庭小组活动还会组织亲子活动，帮助家长更好地了解自己的孩子，科学育儿。

（六）美国学前儿童家长指导项目的启示

我国农村地区特殊家庭如留守儿童家庭和离异重组家庭的育儿方式存在不科学的问题，对儿童的发展会造成不利影响。美国 HIPPY 家访项目在处境不利儿童家庭和弱势群体家庭的家庭教育指导及服务方面经验丰富，体系成熟，并有一定的实证数据证明其学前阶段家庭教育指导项目的有效性，对我国特殊家庭的家庭教育指导有一定的借鉴作用。

1. 设计农村学前阶段特殊家庭家庭教育指导课程资源包

美国 HIPPY 项目成功的关键点在于开发并提供适宜儿童发展的课程，课程资源包为家访指导服务的实施奠定了坚实的基础。课程资源包包括 30 周的课程材料，儿童故事书、活动书及 20 套详细的操作说明指南，促进 3～5 岁儿童在认知、情感、社会性、语言方面的发展。同时，美国 HIPPY 项目工作者还提供如剪刀和蜡笔等补充性材料。根据调查了解到，我国学前阶段特殊家庭也采用了幼儿教师对特殊家庭进行家访的方式，但幼儿园教师只是常规化询问家庭情况，了解家庭环境，在特殊家庭家庭教育指导方面的能力仍需提高。农村特殊家庭的家长大多在外务工，幼儿教师家访时甚至无法直接面对面与家长交流，但他们有一定的学习兴趣，希望能科学教育孩子，帮助孩子成长。借鉴美国 HIPPY 项目中适宜的课程，对有效解决我国幼儿园教师在特殊家庭家庭教育指导能力欠缺上有一定的辅助作用。幼儿园教师能利用适宜儿童发展的课程资源包，一对一指导家长提高育儿能力，增进亲子关系。通过课程资源包手把手教家长使用课程材料，一方面，能更好地讲解学前儿童发展的理论知识与科学育儿技巧，使得特殊家庭的父母更有效地指导孩子；另一方面，也助力了幼儿园教师提高专业能力和指导能力，提升指导质量。

2. 将角色扮演法作为核心教育方法

美国 HIPPY 项目的核心教学方法就是角色扮演法，项目的各个环节都采用了该方法。HIPPY 项目的主要服务对象是低教育水平家庭，大部分的家长读写能力水平较弱，育儿知识和能力欠缺，缺乏养育自信心。在角色扮演中，家长通过扮演“父母”和“孩子”在不同的情境中对话和互动，有助于家长换位思考，找到解决问题的方法，树立正确的儿童观，真正做到理解儿童、认识儿童。我国农村特殊家庭的家长同样存在文化水平不高、育儿自信心缺乏、教养方式不正确的问题，这和美国 HIPPY 项目的服务对象有共同之处，因此可以将角色扮演法作为农村学前阶段特殊家庭家庭教育指导的核心教育方法，通过角色扮演打破特殊家庭家长的传统教育思想和育儿方式，帮助特殊家庭家长树立正确的育儿观，建立良好的亲子关系。

第六章

农村学前阶段特殊家庭家庭教育指导理论与策略

家庭教育的理论旨在为研究家庭教育问题提供理论框架，增进对家庭生态系统的理解，更好地解释和预测家庭中的行为和互动。家庭教育指导的理论旨在提供实用的方法和策略，帮助家长提高育儿能力，解决家庭教育中存在的问题。这两个理论是相辅相成的，家庭教育的理论提供了更广泛的背景和理论框架，而家庭教育指导的理论则更注重实际应用，为家庭提供具体的指导和服务。综合运用这两方面的理论，可以更全面、系统地促进家庭教育的发展。以下介绍几种研究过程中参考的理论。

一、农村学前阶段特殊家庭家庭教育指导的理论

1. 生态系统理论

尤里·布朗芬于20世纪70年代最早提出生态系统理论。生态系统理论强调人和环境的相互作用，认为个体的发展受到多个层面环境的影响，个体在不同的发展阶段会面临不同环境的影响，各个层次的生态系统之间相互作用和相互影响。这里多个层面的环境是指微观系统、中间系统、外层系统和宏观系统。微观系统是指个体活动和交往直接参与的环境，是最里层的系统。在这层系统内所有关系是双向的，即成年人影响着儿童的反应，儿童的人格和能力也影响着成年人的行为。中间系统是个人所参与的环境间的互动关系，即各微观系统之间的联系或相互关系。如果微观系统之间有较强的积

极的联系，发展可能实现最优化。相反，微观系统间的非积极的联系会产生消极的后果。外层系统是指个体未直接参与但仍然对个体产生影响的环境。宏观系统是指更大范围的文化和社会制度，是存在于以上3个系统中的文化、亚文化和社会环境。

以幼儿的发展为例解释微观系统、中间系统、外层系统和宏观系统。微观系统一开始是家庭，随着幼儿成长，去幼儿园上学，幼儿园同伴关系不断纳入婴幼儿的微观系统中来。中间系统指幼儿园和家庭之间的联系，比如幼儿在家庭中的相处模式会影响到他在学校与同学间的相处模式。如果幼儿在家庭中经常被溺爱，想要什么就能得到什么，那么一旦他在幼儿园中享受不到这种待遇，就会产生极大的心理不平衡，就不易于和其他幼儿建立良好的同伴关系，还会影响到教师对其指导教育的效果。外层系统中，对于幼儿来说父母的工作环境就是外层系统的影响因素。父母工作是否开心、是否积极，在工作中的价值与成就感可能会影响父母和幼儿的亲子关系。宏观系统规定了如何对待幼儿、教给幼儿什么以及幼儿应该努力的目标。在不同文化中这些内容是不同的，但是这些观念存在于微观系统、中间系统和外层系统中，直接或间接地影响幼儿知识经验的获得。

生态系统理论有利于家庭教育指导者开展家庭教育指导活动时更加全面系统地分析特殊家庭家庭教育问题，从不同层次不同维度理解特殊家庭家庭教育出现问题的原因，以便探寻特殊家庭家庭教育问题的解决办法。

2. 社会学习理论

阿尔伯特·班杜拉(Albert Bandura)在20世纪60年代提出了社会学习理论，并逐渐发展为社会认知理论。他在1977年出版的《社会学习理论》一书中系统地论述了社会学习理论的基础和核心观点。该理论着重解释了社会情境下学习的发生过程，个体通过观察他人的行为而习得新事物。

社会学习理论的观点非常广泛，在家庭教育研究领域的核心观点包括：第一，个体通过观察学习获取新认知。这里的观察学习，即个体通过观察、模仿和与他人互动来学习。第二，模仿。个体有能力模仿他们观察到的行为，并通过模仿他人的行为获得新认知。个体模仿需要示范者，那些和自己有关、有吸引力、能力强的示范者更有可能让观察者学习。第三，强化在社会学习过程中发挥重要作用。个体的行为受到强化和惩罚的影响，如果一个行为被奖励，个体更有可能重复这个行为；相反，如果一个行为受到惩罚，个体可能减少或停止这个行为。第四，自我调节。人的心理机能由人、行为和环境共同决定。认知具有调节功能，个体在学习过程中可以自我调节，通过内在的认知和反馈调整个体的行为。社会学习理论强调了家庭氛围和父母行为对孩子发展的关键影响，家长应为孩子创造积极和谐的家庭氛围，促进孩子身心健康全面发展。

根据上述归纳的社会学习理论的核心观点，其在家庭教育领域的应用具体体现在以下几个方面。第一，孩子通过观察家长的行为学习新事物。在家庭生活中，父母的言传身教对孩子的成长有着深远的影响，家庭教育中应强调父母的示范行为和对孩子学习的引导。在家庭教育中家长必须以身作则。第二，家庭中注重积极有效的沟通。孩子通过观察和模仿学习，因此家庭中积极有效的亲子互动和沟通很关键，孩子会在和家长的沟通中观察并模仿。第三，通过强化的方式引导孩子的行为。第四，鼓励孩子自我发展。家长应该学会适时放手，给予孩子充分安全的自由的学习环境，鼓励支持孩子。

在家庭教育指导方面采用社会学习理论中的自我效能和自我调节的理论，作为特殊家庭家庭教育指导目标确立的理论依据。自我效能指个人对于在能在多大程度上完成某行为的信念，即个体对自己在特定的情境中是否有能力得到满意结果的预期，个体对效能预期越高，就越倾向做出更大努力。直接的成败经验、替代性经验、言语劝说和情绪的唤起这四个方面的因素影响自我效能感的形成。自我调节是个体认知发展从不平衡到平衡状态的一种动力机制。自我调节有广义和狭义之分。广义的自我调节，指人们给自己制定行为标准，用自己能够控制的奖赏或惩罚来加强、维护或改变自己行为的过程。狭义的自我调节，实际上指自我强化，即当人们达到了自己制定的标准时，用自己能够控制的奖赏来加强和维持自己的行为的过程。自我观察、自我判断和自我反应是自我调节的三个基本过程。在该课题中的自我调节是广义含义的自我调节，即个体进行自我判断和评价，据此进行自我强化或惩罚，达到调节自身行为的目的。如特殊家庭的家长在参与家庭教育指导活动后，会在育儿过程中反思、判断和评价自己的育儿行为，根据育儿行为的正确与否进行自我强化和惩罚，调整自己的育儿行为和方式。

3. 终身教育理论

保罗·朗格朗是最早提出“终身教育”概念的，他也被誉为“终身教育之父”，他发表的《终身教育引论》系统论述了终身教育的理论，对终身教育的发展具有里程碑式的意义。保罗·朗格朗认为，现代人面对的挑战非常多，一个人凭借某种固定的知识和技能就能度过一生的观念将成为过去，传统教育将不能满足人的一生发展的需要。因此，教育必须是终身教育。保罗·朗格朗还指出，终身教育的最终目标是使人们过上美好、富有意义的人生，同时创建一个更加美好的世界。依其所言，终身教育的最终目标“就是达到一种对于人性和人的愿望更加尊重的更有效和更开放的社会”。

按照保罗·朗格朗的观点，终身教育可以从两方面体现：一方面，通过适当的教育结构和方法，帮助人们终身学习；另一方面，通过多种形式的自我教育，在真正的意义上和充分的程度上促进自我的发展。终身教育的任务是使人学会学习，即养成学习的习惯和获得继续学习所需要的各种能力，更好地应对新的挑战。在教育方法上，他主张运用适当的手段去训练和引导每一个人，使其在未来的学习型社会中为生存和发展做好准备。在保罗·朗格朗看来，建立终身教育的模式必须遵循一个基本原则：使教育成为生活的工具，成为使人成功地履行生活职责的工具。家庭教育指导旨在提高家长的育儿能力，特殊家庭的家庭教育指导以终身教育理论为理论基础有助于家长的学习与发展，促进家长的全面发展。

4. 家庭系统理论

家庭系统理论于20世纪50年代起源于美国，莫雷·波恩（Murray Bowen）是重要奠基人之一。家庭系统理论强调家庭是一个相互依存和相互影响的整体，家庭成员之间的关系对个体的发展和行为有着举足轻重的作用。该理论在家庭教育研究领域的核心观点包括：第一，家庭是一个系统，由各个子系统组成，夫妻关系、亲子关系等是家庭中的子系统，这些子系统在家庭中存在不同的层次。家庭被看作是一个相互依赖和相互联系的系统，家庭成员之间存在着复杂的互动关系。了解家庭既要关注家庭中的每位成员，也要关注家庭成员之间的相互关系。家庭系统中的每个成员都相互影响，而且整个系统又受到外部环境的影响。第二，该理论认为家庭中的问题和冲突具有循环和互动的特点，不是孤立的事件。该理论强调亲密关系、家庭规则和责任的重要性，家庭成员之间的互动模式是理解和干预的关键。家庭成员之间的互动和反馈在问题的形成和解决中起着关键作用。出现家庭问题的原因在于家庭成员之间沟通交流的方式不正确。因此，家庭系统理论为理解家庭内部互动、解决家庭问题和促进家庭良好发展提供了有益的理论框架。以家庭系统理论为基础，有利于家庭教育指导时厘清特殊家庭家庭教育问题的原因，重建家庭成员之间的关系，营造良好的家庭氛围。

5. 优势视角理论

优势视角理论是一种心理学和社会工作领域常用的理论方法，旨在关注和发挥个体、家庭或团体的内在力量和优势资源作用，而不是关注其问题和缺陷。

优势视角理论关注个体和系统的优势，关注人潜在、积极的一面，强调个体和系统中存在的强项、能力、技能和资源；倡导合作和协作，鼓励专业人员与个体、家庭或团体合作，共同探讨并利用各自的优势来解决问题和实现目标；推崇自主性和自我决定权，重视个体的自主性，认为个体有能力参与决策并在他们自己的生活中做出积极的改变；强调社会支持和提供社区参与，强调构建社会支持网络和提供社区资源，认为个体和系统能够从社会和环境中获得支持。优势视角理论鼓励专业人员和个体一同制定积极的目标，并努力把握未来的可能性。在家庭教育指导中，优势视角理论可以帮助专业人员更好地了解家庭的资源、能力和积极的一面，从而制订更加具有针对性和积极有效的家庭教育计划。这种理论方法有助于建立与家庭成员的合作关系，激发他们的内在潜力，以实现更好的发展和教育目标。

优势视角理论强调关注人的强项和优势。在对离异和重组家庭进行家庭教育指导时要强调离异和重组家庭家长的潜在积极的一面，尽可能发挥家长的能力和优势，强调对离异和重组家庭家长育儿能力的培养，并利用离异和重组家庭家长的优势促进他们获得自我完善和发展；打破婚姻破裂家庭问题的标签，不将重点放在家庭问题，而是相信离异和重组家庭的家长都有他们的强项，把家长看成积极能动的主体，帮助离异和重组家庭的家长发挥他们的优势和资源，使得离异重组家庭的家长感觉自己被重视，内心满足而充盈，进而更积极地育儿。

优势视角理论强调资源的重要性，认为任何环境都充满成为资源的可能，因此家庭教育机构在指导中要关注自身资源和优势，获取并运用这些资源。家庭教育指导者要充分发挥指导者的作用，在肯定家长强项的前提下，利用周围的环境资源，发现和整合机构内外的资源，科学有效地对家长开展家庭教育指导工作，帮助每一个家长增强自信，提高育儿能力。

优势视角理论的目标强调被指导者自己想要达到的目标，而不是指导者认为重要的目标。家庭教育指导者应立足家长角度，以家长为主体，聆听家长的声音，了解家长的需求，在尊重家长需求的前提下提高家长的育儿能力，让家长真正愿意提升自身育儿能力，主动学习，从而促进幼儿身心健康成长。

二、农村学前阶段离异和重组家庭的家庭教育指导策略

（一）核心理念

1. 关爱共育是离异和重组家庭家庭教育的基础

家长以幼儿的共同成长为核心目标，共同关心幼儿、关爱幼儿和共同育儿，使得幼儿感受到持续的关爱和支持，为幼儿提供稳定的成长环境，是离异和重组家庭中家庭教育的基础。即使父母婚姻关系发生了变化，他们对孩子的教养责任仍然存在，家长应确保幼儿的成长不受夫妻关系破裂的影响，通过积极的努力，让幼儿感受到父母的关心和爱护。在育儿理念和方法上达成共识，避免因分歧影响孩子的教育和成长，定期交流孩子的成长状况和教育需求，及时调整和改进育儿方法，确保教育的一致性和连贯性。

2. 离异和重组家庭的家庭教育重在积极沟通、表达情感

在离异和重组家庭的家庭教育中家长应与幼儿有效沟通，建立积极的亲子关系。家长积极陪伴幼儿，理解并尊重幼儿的情感体验，用科学的方式沟通，表达对幼儿的情感。通过积极沟通，表达情感，从而建立良好的亲子关系，使得幼儿感受到家庭的爱和支持，培养幼儿的安全感，更好地适应家庭变化，促进幼儿心理和情感发展。在日常生活中，家长可以通过倾听和回应

孩子的想法和感受，了解他们的内心世界，给予他们及时的关心和支持。此外，家长应注重情感表达的方式，通过温暖的言语和肢体语言，让孩子感受到父母的爱和关怀。比如，家长可以通过拥抱、微笑和赞美等方式，传递积极的情感信息，增强孩子的自信心和安全感。为了提高亲子互动的频率和质量，家长可以定期安排亲子时间，共同参加有趣的活动，如阅读绘本、做手工、玩游戏等，通过这些活动增进亲子关系，培养孩子的情感表达和沟通能力。

3. 协同合作是离异和重组家庭家庭教育的重要条件

在离异和重组家庭的家庭教育中父母之间建立协同合作关系是确保幼儿健康成长的重要条件。面对幼儿教育问题，父母应通过积极的沟通和合作，定期交流和分享育儿经验，共同探讨育儿方式，寻找解决问题的办法，及时解决在教育过程中遇到的困难和挑战。在日常生活中，父母应注重通过积极的沟通和协调，解决家庭矛盾和冲突，营造一个平和、融洽的家庭氛围。协同合作还应体现在父母对孩子的关心和教育上，通过共同参与孩子的教育和生活，增强他们的安全感和归属感。通过协同合作，让幼儿感受到父母的爱和支持。帮助离异和重组家庭的幼儿在一个稳定、和谐的家庭环境中健康成长。

4. 非监护方家长也是离异和重组家庭家庭教育的责任主体

在离异和重组家庭的家庭教育中，非监护方家长在孩子的教育和成长中仍然发挥着重要作用，非监护方家长也是离异和重组家庭家庭教育的责任主体。非监护方家长应积极参与幼儿的生活、学习和成长，通过定期的亲子互动和交流，保持与幼儿的紧密联系。通过定期见面和亲子活动，强化孩子对父母双方的认知和感情。非监护方家长可以通过定期的电话、视频通话和面对面见面，与孩子分享生活中的点滴和成长经历，了解他们的需求和困惑，给予及时的关心和支持。非监护方家长应注重通过积极的亲子活动，如共同阅读、做手工、参加户外活动等，增强与孩子的情感联系，促进孩子的心理和情感发展。非监护方家长还应积极参与幼儿的教育，通过共同讨论和制订教育计划，与监护方家长保持沟通和协作，确保在教育理念和方法上保持一致性，避免因分歧影响孩子的成长。

5. 平等对待是离异和重组家庭家庭教育的前提

在离异和重组家庭的家庭教育中父母应公平对待双方子女，避免偏袒，建立公正的家庭秩序，确保幼儿在重组家庭中受到平等的对待。重组家庭的父母应注重通过积极的沟通和行为示范，向幼儿传递平等和公正的家庭价值观。父母通过共同参与家庭活动和亲子互动，平等对待每个孩子，避免因偏袒而引起孩子之间的矛盾和冲突。重组家庭的父母还应注重通过家庭会议和家庭规则的制定，确保家庭成员之间的公平和公正。通过家庭会议讨论家庭中的事务，共同制定家庭规则，让每个孩子都有机会参与和表达自己的意见，增强他们的家庭责任感和归属感。父母应注重根据幼儿的兴趣和特长，提供适合他们的教育资源和支持，通过个性化的教育指导和支持，满足幼儿的需求，帮助幼儿在学业、兴趣和社交方面取得进步，在家庭中获得公平的机会和发展。

（二）指导原则

1. 个性化关怀原则

每个离异和重组家庭都有其独特的情况和需求，提供个性化的家庭教育指导是满足离异和重组家庭需求的关键。积极与家长沟通，深入了解每个离异和重组家庭的实际情况，分析家长在育儿过程中的困惑和挑战，针对家长的具体问题和需求，倾听家长的意见和建议，制定相应的家庭教育指导方案，并提供有针对性的指导与服务。同时提供个性化的心理辅导、家庭关系调适和亲子互动技巧等方面的建议，帮助离异和重组家庭更好地应对家庭生活中的各种问题。注意及时调整指导方案和方法，确保家庭教育指导的灵活性和有效性。

2. 专业性原则

家庭教育指导者需要具备专业的资质和能力，为离异和重组家庭提供有效的家庭教育指导。确保家庭教育指导者了解离异和重组家庭的家庭教育特点和问题，掌握系统的家庭教育理论和丰富的实践经验。家庭教育指导者应接受专业的培训，学习家庭教育的最新理论和方法，熟悉离异和重组家庭家庭教育的需求和挑战。家庭教育指导者还应具备良好的沟通和协调能力，能够与家长建立信任关系，有效传递育儿知识和技能。在实际工作中，家庭教育指导者应根据家长和孩子的具体情况，提供切实可行的指导方案和建议，通过个案分析、案例研究和实践总结，不断积累和分享成功的家庭教育指导经验和方法，提高离异和重组家庭家庭教育指导的质量和效果。

3. 幼儿为本原则

在离异和重组家庭中，幼儿的身心发展状况需要特别关注和保护。应以幼儿为本，尊重和保护幼儿的各项权利，促进幼儿自然、全面、充分、个性化发展。离异和重组家庭的幼儿应特别关注幼儿的情感需求和心理活动，了解幼儿在不同发展阶段的心理和情感需求，帮助幼儿建立安全感和信任感。尊重孩子的个性和兴趣，鼓励幼儿探索和发展自己的潜力，培养兴趣爱好，增强自信心，形成健康的心理和社会适应能力。

4. 实用性和可操作性原则

了解农村学前阶段离异和重组家庭家长的基本情况，根据家长的实际能力提供实用、易懂、简单、可操作的育儿方法。农村家庭往往面临资源有限、家长受教育水平相对较低等问题，应针对农村家长的实际需求，提供切实可行的幼儿家庭教育指导。应根据农村家长的实际情况，设计简单明了、操作性强的育儿指导方案。通过图文并茂的育儿手册、简明易懂的视频教程和实用的亲子互动游戏，帮助家长在日常生活中轻松掌握育儿技巧。注重育儿问题的解决和实际效果的达成。比如，对于学前阶段离异和重组家庭常见的育儿问题，如幼儿的行为管理、情感表达和社交能力发展等，应提供具体的应对策略和操作步骤，并帮助家长在实际操作中逐步掌握和应用。

5. 尊重家庭隐私原则

尊重并理解家庭的隐私是为离异和重组家庭提供家庭教育指导至关重要的一点。注重保护家庭隐私，尊重家长的意愿，建立合理的沟通方式，确保家长在接受家庭教育指导时感到安全和可靠。严格遵守隐私保护的相关规定，不得擅自透露家庭成员的私人信息。在与家长沟通和交流时，应注意保密和尊重，避免涉及敏感话题或不必要的个人信息。建立和家长之间的理解和信任，通过积极的沟通和合作，在制定和实施教育指导方案时，充分考虑家长的意愿和意见，确保指导服务的个性化和灵活性，共同寻找解决家庭教育问题的有效途径。通过个别咨询和小组辅导的方式，确保家长在一个安全、私密的环境中自由表达自己的困惑和需求。

（三）指导目的

离异和重组家庭的家庭教育指导目的旨在指导离异和重组家庭构建一个积极、温馨、稳定的家庭氛围。父母之间积极沟通、协同合作，家庭成员之间互相理解、尊重和支持，共同关注幼儿成长，为幼儿提供健康的成长环境，助力幼儿身心全面健康发展。

（四）指导内容

1. 养育责任

指导离异和重组家庭的家长深刻理解依法依规履行家长义务的重要性，使得幼儿不仅可以在物质上得到保障，更能在情感上得到充分的满足，形成健康的心理和健全的人格。在现代社会，家长不仅是孩子生活的照顾者，更是其教育和发展的主要推动力。指导离异和重组家庭家长正确认识和处理婚姻存续与教养职责之间的关系，特别是要强调非监护方在孩子成长中的重要角色。即使在离异后，父母双方仍然负有对孩子的教育责任，不能因为家庭结构的变化而忽视对孩子的关爱和支持。定期让非监护方与孩子见面，帮助孩子保持与父母双方的情感联系，促进幼儿心理健康和情感发展。指导监护方家长和非监护方家长积极协同育儿，共同为孩子的成长提供支持。通过共同制订和遵守育儿计划，在教育孩子方面形成合力，为孩子提供一个更加稳定和关爱的成长环境。教育不仅仅是监护方的责任，非监护方也应该积极参与到孩子的生活中来，尽可能多地与孩子进行互动和交流，帮助他们树立正确的价值观和培养积极的生活态度。

2. 情绪调控

指导离异和重组家庭的家长学会调节情绪的方法，对于帮助他们处理离异带来的情感压力至关重要。在家庭发生变故时，家长的情绪状态直接影响到孩子的情感和心理发展。我们需要提供专业的情绪管理培训，教会家长如何识别和调节自己的情绪，避免在孩子面前流露出对离异配偶的不满。这不仅可以减轻家长自身的情感压力，也能为孩子营造一个更加稳定和安全的环境。离异和重组家庭的家长可以通过参加心理咨询、情绪管理课程等方式，学习有效的情绪调节技巧，比如深呼吸、冥想和正念练习等。此外，还可以指导家长掌握健康的生活方式，如规律的运动、健康的饮食和充足的睡眠，以增强他们的情绪稳定性。在日常生活中，家长应该尽量避免在孩子面前争吵或表达负面情绪，而是通过积极的沟通和行为来示范如何处理困难和挫折。这样，不仅可以帮助家长自身更好地应对离异带来的挑战，还能为孩子树立积极的榜样，教会孩子如何在逆境中保持积极的心态，培养情绪控制能力。

3. 情感表达

指导离异和重组家庭的家长和孩子进行情感表达练习，可以有效促进亲子间的情感交流和心理健康。在离异或重组家庭中，孩子往往会经历复杂的情感变化，需要通过适当的方式表达和释放这些情感。指导家长引导孩子通过绘画、手工等方式表达自己的感受，不仅有助于情感的良性释放，还能增强孩子的自我认知和情感理解能力。比如，通过让孩子画出自己的家庭成员或日常生活场景，家长可以更好地了解孩子内心的想法和情感状态，家长还可以和孩子共同阅读和分享故事，通过故事情境引导孩子理解家庭变化，培养他们的情感理解能力。故事中的角色和情节可以帮助孩子将自己的情感与故事中的情境联系起来，从而更好地理解和处理自己的情感。家长在陪伴孩子阅读和分享故事时，可以借此机会与孩子进行深入的交流和互动，进一步增强亲子之间的情感联系。通过这些情感表达练习，孩子不仅能够更好地理解和接纳家庭的变化，还能学会如何健康地表达和处理自己的情感，从而在心理上得到更好的发展。

4. 性别角色发展

在离异和重组家庭中，强化幼儿心目中父母的形象和情感认知，对他们的性别角色发展至关重要。指导家长利用亲戚、朋友中的性别资源，帮助幼儿建立健康的性别角色认知。比如，通过让孩子与不同性别的亲戚和朋友互动，可以丰富他们的性别角色体验，增强他们对性别的理解。利用角色扮演和情景模拟，帮助家长和孩子更好地理解彼此的角色和家庭结构的变化。比如，通过家庭角色扮演游戏，孩子可以体验不同家庭成员的角色，增强他们的同理心和角色理解能力。这样的活动不仅可以帮助孩子适应家庭结构的变化，还能促进他们的社交和情感发展，有助于幼儿建立健康的性别角色认知，形成正确的性别观念和积极的性别态度。

5. 亲子沟通

通过良好的亲子沟通，家长可以更好地支持和引导孩子，帮助他们建立安全感。指导离异和重组家庭的家长学会亲子沟通的方法，建立良好亲子关系，促进幼儿健康发展。指导家长学会观察、发现和理解幼儿的需求和情感，建立起有效的沟通渠道。在幼儿阶段的亲子互动中，游戏是一种非常有效的沟通方式。指导家长通过各种有趣的亲子游戏，在轻松愉快的氛围中与孩子互动，增进彼此之间的情感交流。例如，角色扮演游戏、拼图游戏和户外活动等。指导家长组织多样化的家庭活动，如郊游、野餐等，让孩子在与父母共同参与的过程中体验到家庭的温暖和支持。良好的亲子关系不仅有助于孩子的心理和情感发展，还能增强他们的社会适应能力和自信心。指导家长在日常生活中多与孩子进行积极的互动和交流，通过不断的沟通和陪伴，帮助孩子健康快乐地成长。

6. 自我认同

在离异和重组家庭中，孩子往往面临更多的情感和心理挑战，家长和教育者需要特别关注孩子的自我认同发展，形成健康的自我观念和积极的生活态度。指导家长帮助孩子建立积极的自我认同，强调家庭成员对孩子的支持和鼓励，使其在离异重组环境中仍能健康成长。指导家长通过不断的鼓励和赞美，增强孩子的自信心和自我价值感。当孩子在某个方面取得进步或表现出色时，家长应及时给予肯定和表扬，让孩子感受到自己的能力和价值。指导家长通过开展各种自我认同活动，帮助孩子更好地了解和认识自己。让孩子参与兴趣爱好和特长培养，发现和发展他们的潜力和兴趣，从而增强他们的自我认同感。指导家长注意通过积极的言行示范，向孩子传递正面的自我认同信息。

7. 家庭氛围

指导离异和重组家庭的家长注重家庭建设，创造和谐的家庭氛围，是促进幼儿健康发展的重要举措。家庭是孩子成长的重要基石，是他们获得安全感和情感支持的主要来源。在离异和重组家庭中，家庭的和谐与稳定对孩子的心理和情感发展起着至关重要的作用。指导家长通过建设和维护良好的家庭关系，营造一个温馨、和谐的家庭氛围，促进孩子的健康成长。家长通过定期的家庭活动、共同参与家务和亲子互动来增强家庭成员之间的感情，让孩子在轻松愉快的氛围中感受到家庭的温暖和支持。此外，还应注重指导家长传承和弘扬良好的家庭文化和家风，通过言传身教向孩子传递积极向上的家庭价值观和生活态度。比如，通过讲述家族故事、传授家庭传统和参与公益活动，帮助孩子建立正确的价值观和人生观。

8. 心理发展

在离异和重组家庭中，孩子的心理发展需要特别关注。应指导家长多关心、帮助和亲近幼儿，帮助幼儿正视家庭结构的变化，促进离异和重组家庭的幼儿心理健康发展。指导家长了解和应对孩子在离异和重组家庭中可能遇到的心理问题。比如，孩子可能会因为家庭变故而产生焦虑、孤独和不安全感，家长应及时给予他们心理支持和安慰，帮助他们度过这个困难时期。指导家长学习如何更好地理解和支持孩子的心理发展。指导家长在日常生活中通过积极的言行示范，向孩子传递正面的心理健康信息，帮助他们形成积极的心理观念和健康的情感状态。

（五）指导的形式与途径

1. 指导形式

(1)定期家访

幼儿园教师或者专业家庭教育指导人员根据离异和重组家庭的实际情况提供科学的家访计划，主要围绕幼儿的身心发展和家庭氛围开展全面筛查，对幼儿的身心发展状况、家庭环境和亲子互动进行评估。了解离异和重组家庭环境是否存在安全隐患，离异和重组家庭幼儿身体发展状况、离异和重组家庭幼儿心理发展状况等等。

(2)入户指导

入户指导主要是幼儿园教师或者相关专业家庭教育指导人员为离异和重

组家庭提供个性化的定制指导服务。目的是指导离异重组家庭建立良好的亲子关系。通过情景扮演，手把手教家长如何和幼儿沟通，如何和幼儿互动，如何和幼儿玩游戏。

(3)家长小组

家长小组指将离异和重组家庭的家长聚集在一起互相交流、分享育儿经验，共同讨论更好促进离异和重组家庭幼儿发展的方法。活动根据家长需求和幼儿发展需要选择主题，家长小组活动分为两个部分，第一个部分由活动组织者根据主题讲解相关的育儿知识和技巧，第二个部分为家长分享交流育儿经验，提出育儿困惑，解决育儿难题。定期至少一月一次组织实施家长小组活动，以促进家长之间的经验交流，提升家长的教养能力和自信心。

(4)个别约谈

个别约谈可以解决离异重组家庭幼儿的个性化问题。个别约谈指幼儿园教师或者相关专业家庭教育指导人员和家长围绕离异和重组家庭的幼儿的教育问题进行一对一深度交谈，联合家长共同解决幼儿成长中的各种问题。交谈之前做好充分的计划和准备。仔细观察了解幼儿的行为，全面分析幼儿的家庭环境、家长的教养方式，以幼儿为中心，找到问题存在的原因，与家长共同商量有助于幼儿成长的家庭教育指导方案。

2. 指导途径

(1)线上平台

利用线上家庭教育指导平台，离异和重组家庭的父母可以自主学习育儿知识与技能。以离异和重组家庭为主题的家庭教育在线资源，包括文章、视频、在线课程等，方便离异和重组家庭的父母随时随地获取相关信息和指导。

(2)文本资源

离异和重组家庭的父母可以通过纸质类读物获取育儿知识与技能。如离异和重组家庭的家庭教育手册，手册包括理论知识、切实可行的教育建议和真实案例分析等内容，以图文并茂的方式呈现育儿知识，供家长随时参考。

(3)心理咨询服务

通过专门的心理咨询机构为离异和重组家庭的家长提供心理咨询、家庭心理治疗服务，协助家庭成员处理情感问题，缓解离异或重组所带来的心理压力。帮助他们更好地适应离异重组的家庭环境。

（六）指导资源

1. 测评工具

通过使用专业的筛查工具和问卷调查，可以全面了解离异和重组家庭的实际情况以及幼儿的身心发展状况。专业的测评工具能够准确地评估儿童在情感、社交、认知等方面的发展情况，帮助我们识别潜在的问题和需求。这些数据不仅为制定个性化的教育方案提供了科学依据，还可以作为后续干预和支持的基础。通过定期的测评动态监控儿童的发展变化，及时调整教育策略，确保每个孩子都能得到适合自己的关爱和支持。

2. 专业培训课程

针对离异和重组家庭的特点，设计一系列专业培训课程，旨在提高家长的家庭教育水平。课程内容涵盖儿童心理学、亲子沟通技巧、家庭冲突管理等方面，通过理论讲解与实际操作相结合的方式，帮助家长更好地理解和应对孩子的需求。通过培训增强家长的育儿能力，促进家庭成员之间的相互理解和支持，从而为孩子创造一个更加稳定和关爱的成长环境。通过持续的学习和交流，家长们可以不断提升自己的教育素养，为孩子的健康成长保驾护航。

3. 线上社群

建立一个在线社群，专门为离异和重组家庭提供亲子教育资源和育儿经验的分享渠道。通过社群提供丰富的教育资源，如育儿指南、专家讲座和互动课程，还可以鼓励家长们组建线上互助小组。在这些社群中，家长们可以分享自己的育儿经验，交流教育心得，互相支持，共同面对育儿过程中遇到的挑战。这种线上互动不仅拓展了家长的知识视野，还增强了他们的社会支持网络，使他们在育儿的道路上不再孤单。

4. 社区资源整合

积极整合社区资源，与当地社区合作，为离异和重组家庭提供专属的社区服务，形成一个全方位的支持体系。这些服务包括心理咨询、家庭辅导、教育讲座等，旨在帮助家庭应对各种育儿难题。通过组织社区活动，增强家庭与社区之间的联系，为孩子们创造更多的社交和学习机会。通过这种资源整合模式，不仅为家庭提供了实实在在的帮助，还促进了社区的和谐与发展，使每一个家庭都能在一个充满关爱和支持的环境中健康成长。

三、农村学前阶段留守儿童家庭家庭教育指导策略

（一）核心理念

1. 父母是留守儿童家庭家庭教育的责任主体

在农村留守儿童家庭中，由于父母的缺席，家庭的教育责任更为重要。家长在留守儿童的教育中扮演着主体角色，需要依法依规履行对子女的监护职责和抚养教育义务。父母要承担起对农村留守儿童监护和抚养教育的责任，确保儿童得到妥善的监护、照料、关爱和家庭温暖。

2. 留守儿童家庭的家庭教育重在爱和关怀

在农村，许多家庭由于经济原因，父母常年外出打工，农村留守儿童父母因工作无法时刻陪伴幼儿，孩子们成了“留守儿童”，亲子之间的情感联系变得疏远。随着现代科技的发展，远在外地的父母通过电话、视频等方式与幼儿保持亲密的联系，表达对幼儿的爱和关心。家庭成员之间建立紧密的情感纽带，为留守儿童提供稳定的情感支持，建立牢固的亲子关系，增强孩子的安全感和信任感。留守儿童家庭的被委托监护人多和幼儿沟通和互动，在陪伴孩子的成长过程中传递爱和关怀。为留守儿童营造一个温暖、关爱的家庭环境，帮助幼儿健康快乐地成长。

3. 合理的期望与支持是留守儿童家庭家庭教育的前提

留守儿童家庭的家庭成员应该理解幼儿的发展，了解幼儿的实际情况，对幼儿的学习和发展设定合理的期望。留守儿童家庭应为幼儿提供足够的支持，关注幼儿的兴趣和特长，鼓励幼儿充分发挥自己的潜力，引导幼儿成长和发展。

4. 积极与幼儿园合作共育是留守儿童家庭家庭教育重要条件

学前阶段家园共育是助力幼儿成长重要方法。留守幼儿家庭的家长积极与学校合作，与老师保持密切联系。建立家庭和幼儿园之间的沟通桥梁，共同关心孩子的学业和成长。被委托监护人要积极参与幼儿园的家长会、亲子活动等家庭教育指导活动，在外地的父母要通过电话、视频等方式积极和幼儿园沟通，了解幼儿近况与发展，与幼儿园形成良好的合作关系。

5. 关注儿童身心发展是留守儿童家庭家庭教育的基础

农村学前阶段的留守儿童正处于身心发展的关键时期。农村留守儿童家庭传统的家庭教育理念过于强调学科知识的灌输，忽视了幼儿综合素质的培养。在留守儿童的家庭教育中，不仅需要关注学科知识的传授，更要注重培养儿童的情绪管理、社交和生活自理能力。提倡以儿童为中心的方法，通过游戏、互动和实践活动，激发幼儿的学习兴趣，培养幼儿的创造力和解决问题的能力。

（二）指导原则

1. 家长为主体原则

深入了解农村留守儿童家庭家长实际情况和需求，提供符合农村实际的家庭教育指导。提供易理解、切实可行、易实施的家庭教育方法。积极调动留守儿童家庭家长参与的积极性。

2. 科学性原则

根据农村留守儿童家庭的现状和特点，为留守儿童家庭提供科学化、专业化和规范化的指导。注重指导实用性和可操作性。家庭教育指导机构和指导者应具备相应的专业资质和能力。

3. 幼儿为本原则

关注幼儿身心发展，以幼儿为中心，了解留守儿童的身心发展特点，注重培养留守儿童的规则意识、自理能力和安全意识。确保农村留守儿童得到妥善监护、亲情关爱和家庭温暖。

4. 实用性原则

注重实用性，通过提供可操作的教育建议，使农村家长能够轻松地将理念付诸实践。了解农村家庭的实际情况，致力于提供切实可行、易于实施的家庭教育方法。

（三）指导目的

农村留守儿童家庭的家庭教育指导旨在确保幼儿得到妥善监护、亲情关爱和家庭温暖，增强父母是家庭教育和儿童监护责任主体的意识。强化留守幼儿家庭的安全意识，为幼儿提供健康的成长环境，助力幼儿身心全面健康成长。

（四）指导内容

1. 责任意识

指导留守儿童的父母意识到自己的监护责任，强调父母是家庭教育和儿童监护责任主体，提升其对这一责任的认识和重视。通过对相关法律法规的宣传，让父母了解依法依规履行家长义务的重要性；强调父母要承担起对农村留守儿童监护和抚养教育的责任，确保儿童得到妥善的监护、照料、关爱和家庭温暖；提醒在外打工的父母，寻找可信赖的亲戚、邻里或其他合适的人士来负责儿童的监护工作。

2. 教育观念

指导留守儿童的父母和被委托监护人树立正确的教育观念，认识到学前阶段的教育中家长的重要性，明白幼儿的成长不仅仅是幼儿园的责任；引导家长不能只在乎幼儿学习知识，更重要的是培养幼儿积极学习的品质，坚决抵制和摒弃让学前儿童提前学习小学课程和教育内容的错误行为。

3. 生活自理能力

指导留守儿童的家长和被委托监护人鼓励幼儿做力所能及的事情，学习和掌握基本的生活自理方法，逐步让幼儿学会处理一些简单的生活事务，参与简单的家务劳动。由于父母长时间不在身边，培养幼儿的自理能力尤为重要。指导家长培养孩子的日常生活技能，使他们懂得自己的事情自己做，如自己穿脱衣服、吃饭、背书包等等。这有助于提高幼儿的自信心和独立性，减轻家庭成员的负担。

4. 安全意识

指导家长和被委托监护人要充分了解居室和周边环境中的危险性因素；结合幼儿的生活和学习需求，在共同参与的过程中对幼儿实施安全教育；重视幼儿的性教育，提高其自我保护意识和能力，帮助幼儿规避意外和危险。

5. 家庭规则

指导家长制定简明清晰的家庭规则，让幼儿知道什么可以做、什么不可以做。规则有助于培养幼儿的责任感和纪律性，也有助于父母远程教育和引导幼儿。培养幼儿规则意识，增强其社会适应性。指导家长结合幼儿生活实际，为幼儿制定日常生活规范、游戏规范、交往规范，遵守家庭基本礼仪。

6. 社会性发展

教导家长有意识地带幼儿走出家庭，接触丰富的社会环境，提高社会适应性；在幼儿遇到困难时以鼓励、疏导的方式给予必要的帮助与支持。

（五）指导形式与途径

1. 指导形式

（1）定期家访

定期家访是指幼儿园教师或专业家庭教育指导人员根据留守儿童家庭的实际情况制订科学的家访计划。这些家访主要围绕婴幼儿的身心发展和家庭氛围开展全面筛查，对幼儿的身心发展状况、家庭环境和亲子互动进行评估。家访过程中，教育指导人员会详细了解留守儿童家庭环境是否存在安全隐患，以及被委托监护人和留守儿童之间的互动现状。此外，还会评估留守儿童的身体发展状况和心理发展状况，以便及时发现和解决潜在问题。通过定期家访，可以为留守儿童提供有针对性的支持，确保他们在安全、健康的环境中成长，并促进家庭成员之间更好的互动和沟通。

(2)入户指导

入户指导是指相关专业家庭教育指导人员为留守儿童家庭提供个性化的定制指导服务。其主要目的是帮助留守儿童的被委托监护人与幼儿进行良好的沟通和互动。幼儿园教师或者专业家庭教育指导人员通过情景扮演的方式，手把手教家长如何与幼儿进行有效的沟通、互动和游戏。入户指导不仅包括具体的操作示范，还会结合每个家庭的特点，提供个性化的建议，使得留守儿童家庭能够更科学、更有效地与幼儿互动交流。通过入户指导，被委托监护人可以学习到更多实用的育儿技巧，从而提升留守儿童的身心发展水平，促进家庭的和谐和健康发展。

(3)家长小组

家长小组是指将留守儿童家庭的被委托监护人聚集在一起，互相交流和分享育儿经验，共同讨论如何更好地促进留守儿童的发展。家长小组活动根据家长的需求和幼儿的发展需要选择主题，通常分为两个部分进行。第一个部分由活动组织者根据主题讲解相关的育儿知识和技巧，第二个部分则是家长之间的经验分享和交流，讨论育儿中的困惑，并共同寻找解决方案。家长小组活动定期至少每月一次，通过这种形式的交流和学习，家长们可以不断提升自己的教养能力和自信心，形成良好的支持网络，帮助留守儿童获得更全面的发展和关爱。

(4)线上指导

利用视频通话等互联网沟通工具对留守儿童父母进行家庭教育指导。留守儿童父母可以通过线上平台学习基本育儿知识与技能，相关家庭教育指导人员通过互联网开展线上家长小组活动，提高留守儿童父母的育儿知识与技能。同时建立线上留守儿童父母社群，留守儿童的父母在线上社群进行育儿经验的分享和交流，提升留守儿童父母的教养参与感和教养效能感。

2. 指导途径

(1)线上平台

线上家庭教育指导平台不仅是知识获取的场所，更是一个互动交流和持续学习的社区，为留守儿童家庭提供了更广阔的育儿资源和支持网络。在这个平台上，父母可以不受时间和地点限制地获取到丰富的育儿知识和技能。

平台内容的设计旨在覆盖从婴幼儿期的各个发展阶段，涵盖学前儿童发展心理学、家庭沟通技巧等多个方面。线上平台还会定期更新最新的育儿理论和实践经验，确保信息的时效性和实用性。平台上的资源包括文章、视频等多种形式，父母可以根据自己的需求和时间安排自主学习。

（2）文本资源

文本资源，特指为留守儿童家庭的父母设计的纸质类读物，如家庭教育手册等。这些手册不同于普通的育儿书籍，它们更注重于将理论知识与实际操作相结合，以图文并茂的方式呈现给家长们。文本资源为留守儿童家庭提供了系统化和结构化的育儿指导。文本资源提供切实可行的教育策略和方法，包括如何建立良好的家庭氛围、如何培养孩子的自主学习能力等，以应对日常育儿中的挑战。文本资源通过具体的案例分析，展示不同教育方法的应用效果和可能遇到的问题，帮助家长在实践中更加灵活地应对各种情况。留守儿童家庭的父母可以根据自己的需求随时翻阅，通过反复阅读和实践，逐步提升自己的育儿能力和信心。随着技术的进步，这些文本资源也可以转换为电子书的形式，使得家长们能够更便捷地在手机或平板电脑上阅读，随时随地获取所需的育儿信息和建议。

（3）在线心理咨询服务

在线心理咨询服务不仅是解决留守儿童家庭心理问题的重要手段，也是促进家庭内部和谐的重要支持系统。提供在线心理咨询服务，专注于留守儿童的心理健康，是帮助留守儿童家庭解决心理问题和增强家庭凝聚力的重要途径。这些服务由经验丰富的心理学家、儿童心理学专家或家庭治疗师提供，旨在通过专业的评估和个性化的干预，支持家庭成员的心理健康和情感发展。农村地区由于地理位置的限制，资源有限。在线心理咨询服务具有灵活性和便捷性，通过在线平台进行咨询或者是打电话咨询，留守儿童家庭的家长能够在家或任何舒适的环境中接受咨询服务，避免了传统面对面咨询可能带来的时间和地点限制。

（六）指导资源

1. 测评工具

通过专业的测评工具了解留守儿童家庭的具体情况和幼儿的身心发展状

况，是为他们提供精准支持和干预的关键步骤。家庭环境评估，评估留守儿童家庭的居住环境、亲子关系、家庭氛围等因素，帮助家长识别可能存在的问题并提供针对性的建议。幼儿发展评估，评估幼儿的认知、情感、社交和行为发展，发现可能存在的发展迟缓或行为问题，为早期干预提供依据。心理健康评估，评估孩子的心理健康状况，包括焦虑、抑郁、自尊等方面，为家长和专业人士制订个性化的心理支持计划提供数据支持。测评工具由专业心理学家或社会工作者设计和实施，旨在通过客观的数据收集和分析，全面了解家庭内部的动态和幼儿的发展状态。测评结果不仅为个别家庭提供了重要参考，还能帮助决策者和社区工作者更精准地分配资源和开展干预措施，从而最大限度地支持留守儿童的健康成长和全面发展。

2. 专业培训课程

专业培训课程不仅是知识传递的场所，更是对家庭教育实践的实质支持，为留守儿童家庭提供了系统化和结构化的育儿指导。通过案例分析、角色扮演和实地练习，帮助家长们将理论知识转化为实际操作能力。根据家长的需求和反馈调整课程内容，确保学习过程的实效性和适应性。课程通过在线学习平台或幼儿园定期举办的家庭教育指导活动进行，灵活安排学习时间，使家长们能够在工作和家庭之间找到平衡，提升育儿技能和家庭教育质量。

3. 线上社群

线上社群不仅是资源共享和经验传递的平台，更是留守儿童家庭互助和支持的重要社区。建立线上社群是为留守儿童家庭提供支持和资源共享的重要途径。线上社群由志愿者、专业人士或经验丰富的家长组织和管理，通过分享留守儿童家庭的教育资源和育儿经验，建立一个互助和支持的社区网络。留守儿童的父母可以分享有效的育儿技巧，帮助家长更好地解决日常育儿中遇到的问题。通过互动和讨论，获得情感支持和实用建议，减轻异地育儿带来的挑战和压力。通过这种形式的社群支持，父母不仅可以增强自身的育儿技能，还能建立起与其他家庭的紧密联系，共同面对异地育儿过程中的挑战和成就。

4. 社区资源整合

社区资源整合是为留守儿童家庭提供全方位支持和服务的重要策略。通过整合社区内外的资源和力量，建立一个多层次、多方位的支持体系，旨在帮助留守儿童家庭克服生活和教育上的各种困难。除了家庭的支持，社区也是儿童成长过程中不可忽视的重要因素。鼓励农村家庭积极参与社区支持网络，与邻里互助，共同为儿童提供更多的支持和关爱。在农村，社区通常是一个紧密联系的集体，邻里之间的互助传统为儿童的成长创造了良好的社会环境。通过社区活动，儿童不仅可以学到很多课外知识，还能结交朋友，增强社交能力。例如，社区可以组织儿童读书会、兴趣小组和体育活动，这些都能丰富儿童的课余生活，促进他们的全面发展。通过建立和利用社区支持网络，可在一定程度上弥补家庭教育的不足，为留守儿童提供一个更为全面的成长环境。同时，这种社区合作模式也有助于增强家庭和社区的凝聚力，形成一个互助互爱的良好社会氛围，为儿童的健康成长提供坚实的社会基础。

四、农村学前阶段家庭教育指导实践与案例分享

幼儿园是学前阶段家庭教育指导的主要机构，据调查显示，大部分的家长希望在幼儿园接受家庭教育指导。本课题研究聚焦于农村学前阶段离异重组家庭和留守儿童家庭，从特殊家庭的家庭教育和家庭教育指导的实际问题出发，在幼儿园进行家庭教育指导实践，通过家访、来园离园交流指导、家长会、个别约谈、亲子活动、家庭教育讲座等家庭教育指导形式开展特殊家庭家庭教育指导活动，活动得到一系列报道，受到家长的一致好评。为了让大家对幼儿园特殊家庭的家庭教育指导活动有一个更加直观的了解，课题组将幼儿园实际组织与实施的特殊家庭家庭教育指导活动整理成案例在此进行分享。

（一）农村幼儿园特殊家庭来园离园交流与指导

来园离园交流是家长在接送幼儿的过程中，教师、幼儿、家长之间进行个别沟通与交流的一种形式。幼儿园每天都会进行来园离园的交流与指导，

这是幼儿园家庭教育指导形式中最频繁、最及时、最高效的面对面家庭教育交流和指导的形式，它发挥了面对面沟通的优势，帮助教师和家长快速进行日常沟通，了解幼儿情况。由于入园和离园的时间不长，教师接触的家长较多，因此在进行来园离园交流时需要用最简洁的沟通方式表述最重要的信息。

1. 农村幼儿园特殊家庭来园离园交流与指导的目的

对于农村留守儿童家庭，接送幼儿的大都是长辈，他们年纪较大，文化水平较低，有的可能不会用手机，有的可能不识字。因此来园离园交流与指导这种面对面沟通的形式在留守儿童的家庭教育指导中发挥了极大的优势。教师可以利用来园离园交流的时间更好地向家长汇报分析幼儿在校表现，回答家长的咨询，能更有针对性地传递一些科学育儿的知识与方法，为家长出谋划策，解决家长的问题，从而提高特殊家庭家长的育儿水平，形成家园共识，共同促进幼儿发展。

2. 农村幼儿园特殊家庭来园离园交流与指导的内容

(1)生活情况

生活情况主要是指幼儿在园和在家衣食住行的情况，包括来园时家长向教师反馈幼儿在家的情况和离园时教师向家长反馈幼儿在园的情况。

每天早上入园时，家长会向教师反馈幼儿在家的生活情况，与幼儿园做好保育交接工作。主要包括幼儿饮食习惯、大小便、睡眠等情况，如身体是否不舒服，有没有大小便，有没有吃早饭、精神状态是否良好，等等。在离园时教师向家长反馈幼儿在园一日生活的情况，比如午睡质量怎么样，中午吃了多少，是否开心，自理情况如何，等等。

对于留守儿童家庭和离异重组家庭的孩子，由于家庭情况复杂，家长会忽视幼儿在家的情况，比如身体是否不舒服，是否有外伤等。教师应该指导特殊家庭的家长多多关注幼儿在家的情况，反复提醒留守儿童家庭的长辈关注孩子的生命安全和身体健康，及时反馈。

(2)行为表现

来园离园交流的过程，教师与家长需要沟通幼儿在幼儿园和在家的行为表现。教师可以向家长反馈幼儿是否遵守规则、和同伴交往的能力、参与活动的情况等行为表现。家长可以向教师反馈幼儿在家的情绪、行为习惯、幼儿的感受，比如是否有跟家长说有小朋友欺负他，是否有表示不想上幼儿园，是否和同伴玩的不开心等情况。

针对特殊家庭，教师和家长要用心观察及时进行家园沟通，如离异重组家庭的幼儿比正常家庭的幼儿更听话懂事，正因如此他们也更容易被教师和家长忽视情绪和感受。因此教师更要指导家长及时关注幼儿在家的情绪和感受，鼓励家长多和幼儿沟通幼儿在幼儿园发生的事情，家长也应及时将幼儿在家的行为表现反馈给教师。

同时，在交流过程中教师可以根据情况，有针对性地对家长进行家庭教育指导。如良好生活卫生习惯的培养是幼儿保教中非常重要的内容之一，而这往往是特殊家庭的家长不够重视的部分，有些爷爷奶奶还会过度包办幼儿的生活。所以教师不仅要交流孩子的生活情况，还需要指导家长提高育儿能力。

留守儿童家庭来园离园指导特别需要沟通的内容：

①幼儿的衣服、鞋子是否合适；

②是否受伤等安全问题；

③自理问题；

④幼儿情绪和心理问题；

⑤表扬幼儿的成长与进步。

离异重组家庭来园离园指导特别需要沟通的内容：

①幼儿情绪和心理问题；

②表扬幼儿的成长与进步。

(3)农村幼儿园特殊家庭来园离园交流与指导的流程和技巧

留守儿童家庭的家长大多是老一辈，年纪较大，文化水平不高，格外疼爱孩子，在生活上对幼儿容易过度包办。面对这样的情况，教师首先态度要亲和真诚，然后给出科学的教养观念和育儿技巧，从而帮助留守儿童家庭的家长调整养育方式。特殊家庭来园离园交流与指导“四部曲”：礼貌接待，观察表情，耐心倾听，合理回应，记录反思。

第一步：礼貌接待。教师看到幼儿家长上前想和你沟通时，要亲切热情大方地面带微笑走上前去沟通，主动问好，拉近和家长之间的距离，为后续沟通营造良好的氛围。

第二步：观察表情，耐心倾听。当家长在反馈幼儿情况时，教师要耐心认真地倾听家长的表达，同时观察家长的状态，肢体动作及表情，理解家长的感受，与家长共情。

第三步：合理回应。

当家长向教师反映幼儿的问题或者提建议时，非常重要的一点就是让家长有被重视的感觉。不管家长建议和态度如何，教师都要做到虚心倾听并接纳。如“您说的这个情况，我一定会关注，我们保持联系”“您提出这样的要求我能够理解，您看看我们是否可以采用这样的方式调整”“我们一起来想一想还有什么好的办法”“您给我时间思考讨论一下怎样做能助力孩子更好发展”。

当教师向家长反馈时，应提前准备好需要沟通的事项，然后在来园离园时向家长发出沟通邀请，如“奇奇家长，您现在方便吗？我想简单和您说一下孩子今天的情况”。

在与特殊家庭的家长沟通时要注意沟通方式，以下总结了几种沟通话术和回应技巧。

①反映幼儿的问题时先扬后抑，多描述，少评价。例如“奇奇爷爷，奇奇在幼儿园一直都很积极参与活动，但是最近几天在幼儿园的情绪不是很好，在家里情绪怎么样？”

②肯定幼儿，安抚家长。例如“安安妈妈，我很能理解您的心情，孩子偶尔犯错我们不要着急，一起慢慢引导孩子”“奇奇奶奶，奇奇可能干了，以后书包可以让奇奇自己背”“奇奇爷爷，奇奇在幼儿园都是自己吃饭，您看，在家里是否能让他自己吃饭”（可辅助出示幼儿独立吃饭的视频或者图片给长辈看）。

第四步：记录反思。来园离园时间较短，家长人数较多，教师应该专门把每个家庭来园离园交流与指导的事情做好记录，方便提醒自己和家长沟通的内容，避免遗忘，也能促进幼儿健康成长。

另外，幼儿园进行特殊家庭来园离园指导工作时要注意以下几点：热情接待家长，沟通到位；多多关注特殊家庭的家长，了解家长对幼儿在园的期望；向家长反映问题时尽量避开幼儿；提出有效的育儿建议；如多次沟通无效或有比较复杂的问题，转入个别约谈。

4. 农村幼儿园特殊家庭来园离园交流与指导的案例

奇奇四岁半，爸妈在外地工作，由爷爷奶奶在家照顾奇奇。奶奶格外疼爱孙子，不让孙子做家务，吃饭穿衣等都由奶奶替幼儿包办，教师希望奇奇奶奶能锻炼孩子的自主能力，试就此案例设计一段教师与家长来园离园沟通的模拟对话。

解析：

第一步：教师热情积极接待奇奇奶奶，主动问好。

第二步：认真倾听奇奇奶奶的需求与建议，注意奇奇奶奶的语言和肢体动作，推测奇奇奶奶此刻的感受和状态。

第三步：合理回应。教师的回应一定要让奇奇奶奶感觉到教师对奇奇的重视，教师应根据家长的需求给出合理的教育建议。

第四步：记录反思。记录下今天沟通交流的事项，为后续沟通和共同促进幼儿健康成长提供辅助材料。

模拟对话如下：

奇奇奶奶：老师待会出太阳的话，麻烦你帮奇奇脱一下衣服。

教师：奇奇奶奶，您照顾奇奇真的细心，我们在幼儿园肯定会照顾好奇奇的。奇奇很多事情都会自己做了，在幼儿园都是自己穿脱衣服的。

奇奇奶奶：哎呀，他自己都会了呀！

教师：对呀，他很多事情都是自己做的，您在家也可以让奇奇自己去做，您正好可以休息休息。

奇奇奶奶：谢谢老师！

教师：我们在幼儿园会照顾好奇奇的，奶奶放心。

（二）农村幼儿园特殊家庭家访

《幼儿园教育指导纲要（试行）》中指出，家庭是幼儿园重要的合作伙伴。应本着尊重、平等、合作的原则，争取家长的理解、支持和主动参与，并积极支持、帮助家长提高教育能力。家园共育是幼儿园重要的一环，能将教育作用最大化。家访作为最基本的家园沟通方式之一，能让教师走进每一个幼儿的家中，了解幼儿生活的家庭环境和家长育儿方式，是家庭教育指导活动中不可或缺的活动之一。课题研究中课题组实地考察，和幼儿园教师一起深入特殊家庭的家访活动，在实际的调研中发现尽管家访对于很多老师是轻车熟路的家庭教育指导活动，但在实际操作中仍存在许多的问题。比如家访目的到底是什么？家访沟通什么？如何和家长沟通才能获得家长的信任并获取到真实的信息？这些问题看似很细小，实际上直接影响了家园沟通的效果。本课题研究将实践和理论相结合，总结农村幼儿园特殊家庭家访的实践经验，详细阐述农村幼儿园特殊家庭家访的目的、内容、技巧和相关资料。

1. 农村幼儿园特殊家庭家访的目的

(1) 了解特殊家庭幼儿的家庭情况

当在幼儿家中沟通时，家长会因处于熟悉的环境中而比较放松，也因此更愿意与教师沟通家庭情况。通过家访可以了解特殊家庭幼儿的居住环境，生活环境，家庭经济状况，家长与幼儿的沟通方式，以及彼此之间的相处方式等。家访过程中教师应细心观察、分析和记录了解到的特殊家庭幼儿的家庭情况。

(2) 和家长沟通幼儿在园的表现

家访是家长面对面地向幼儿园教师了解幼儿在园表现的重要方式之一。特殊家庭的家长非常在乎幼儿园教师对自己孩子的评价，也非常想了解孩子在幼儿园的表现。家访时教师可以有准备地和家长沟通幼儿在园的行为表现，分析幼儿行为背后的原因，并给予适当的指导方法，让家长更加了解自己的孩子，对幼儿的成长充满信心与希望。

(3) 提供育儿知识与技巧

特殊家庭的家长希望在家访时幼儿园教师能给出可操作性的家庭教育指导技巧，以提高自己的育儿能力，增强亲子互动，促进孩子成长。家访中除了了解幼儿家庭的基本情况，幼儿园教师还需要向特殊家庭的家长提供育儿知识与技巧，通过角色扮演等方式渗透正确的育儿理念，给出有效的家庭教育指导方法。

2. 农村幼儿园特殊家庭家访的内容

(1)家庭环境

了解家庭环境能让教师更加全面地认识幼儿，以便分析幼儿的行为，给出合理的指导策略。针对特殊家庭的家访在了解家庭环境时还需要仔细观察幼儿家庭环境是否存在安全隐患。特殊家庭家访了解的家庭环境主要包括家庭周围的居住环境、家庭中的居住环境、父母的文化背景、父母的职业、家中成员、用电安全、家中物品安全、父母和子女的相处方式等。

(2)幼儿在园表现

幼儿园教师应注意收集幼儿在园活动的视频、照片、幼儿的作品等能体现出幼儿成长发展的、便于家长理解的过程性材料，在家访时可以展示给家长，和家长共同分析幼儿行为，使家长更加了解幼儿，学会观察幼儿。

(3)家庭教育方法

教师根据特殊家庭中幼儿存在的行为问题和家长的不良育儿方式，给予家长针对性的家庭教育指导方法，传递幼儿心理、身体、安全等方面的知识与技巧，增强亲子关系，改变家长传统的育儿理念和方法。幼儿园教师在家访时还要了解特殊家庭家长的想法和需求，倾听特殊家庭家长内心的声音，更好地进行家庭教育指导。

3. 农村幼儿园特殊家庭家访的技巧

(1)多说幼儿进步的地方

特殊家庭家庭结构的特殊性，导致家长容易对幼儿有较高的教育期待，有时容易将自己的情绪发泄在幼儿身上，产生育儿焦虑，失去育儿信心。特殊家庭家访时应该注意沟通技巧和策略，多说幼儿的优点，一步步具体地向家长展示幼儿的进步，委婉指出幼儿的缺点，提高家长的育儿自信心，缓解育儿焦虑。

(2)避免直接进入话题

特殊家庭的家长比较注重家庭隐私，不愿过多向外人提及家庭情况。教师在和特殊家庭的家长沟通时要避免单刀直入，直接开启话题。家访的时候既要明确自己角色定位，又要把家长当成朋友。在沟通时可以先聊一聊家长感兴趣的话题，与家长产生共鸣，取得家长信任，逐步引导家长进入家访主题，了解幼儿的家庭情况。

(3)以家长为主体

家访时教师要注意避免单向沟通，一直说教；应多提问，倾听家长的想法和意见。当家长提出一个育儿困惑时，教师不必马上发表自己的看法，也不要轻易否定家长的育儿方法。教师可以提供一些真实的案例帮助家长理解，也可以通过角色扮演的方式让家长亲身体验、感受正确的育儿方式，支持家长积极主动地参与家访。

4. 农村幼儿园特殊家庭家访的相关资料

表 6-1　家庭访问记录表

<table>
<tr><td>学生姓名</td><td></td><td>班级</td><td></td><td>家访时间</td><td></td></tr>
<tr><td>家庭地址</td><td colspan="3"></td><td>联系方式</td><td></td></tr>
<tr><td>家访教师</td><td colspan="2"></td><td>家访对象</td><td colspan="2"></td></tr>
<tr><td colspan="2">家访要解决的问题</td><td colspan="4"></td></tr>
<tr><td colspan="6">家访内容</td></tr>
<tr><td colspan="2">家庭周围居住环境</td><td colspan="4"></td></tr>
<tr><td colspan="2">家庭中居住环境</td><td colspan="4"></td></tr>
<tr><td colspan="2">家庭主要成员</td><td colspan="4"></td></tr>
<tr><td colspan="2">每天照顾幼儿的主要家庭成员</td><td colspan="4"></td></tr>
<tr><td colspan="2">父母及长辈的学历</td><td colspan="4"></td></tr>
<tr><td colspan="2">父母及长辈的职业</td><td colspan="4"></td></tr>
<tr><td colspan="2">家中电气是否存在安全隐患</td><td colspan="4"></td></tr>
<tr><td colspan="2">家中物品是否存在安全隐患</td><td colspan="4"></td></tr>
<tr><td colspan="2">家中成员的相处方式</td><td colspan="4"></td></tr>
<tr><td colspan="2">父母及长辈与幼儿的相处方式</td><td colspan="4"></td></tr>
<tr><td colspan="2">家长建议及需求</td><td colspan="4"></td></tr>
</table>

(三)农村幼儿园特殊家庭家庭教育讲座

家庭教育讲座指幼儿园定期聘请儿童保健专家、心理专家、教育专家针对儿童心理、教育以及家庭教育的某个方面问题开设的集体教育指导形式。

讲座的形式一般以讲授为主，答疑为辅。讲座主讲人可以聘请专家，也可以由园长、教师自己主讲。

1. 农村幼儿园特殊家庭家庭教育讲座的目的

特殊家庭家庭教育讲座的目的是传播科学的家庭教育知识、观念和方法，帮助家长正确理解特殊幼儿身心发展，提高家长的育儿水平。帮助特殊家庭的家长全面深入地理解特殊家庭环境下幼儿心理和成长的基本规律，转变错误的教养观念，形成科学的家庭教养观念和育儿技巧。

2. 农村幼儿园特殊家庭家庭教育讲座的内容

参加家庭教育讲座的家长人数较多，专家一般通过讲授和答疑的方式对家长们进行集体的家庭教育讲座，讲座的内容可以是特殊家庭幼儿的心理和成长的基本规律和特点，特殊家庭的育儿技巧和方法，科学的育儿理念，等等。主要根据特殊家庭家长的需求和育儿困难开展讲座内容，通过专家系统的讲述和专业的分析，可以帮助特殊家庭的家长形成科学的家庭教养观念和掌握有效的育儿技巧。

3. 农村幼儿园特殊家庭家庭教育讲座的技巧

(1)满足特殊家庭家长的需求，发挥家长的作用

在筹备特殊家庭的家庭教育讲座之前通过多种途径了解特殊家庭家长的需求，从特殊家庭家长的角度思考讲座内容。可以向特殊家庭的家长发放调查问卷，了解家长们的主要需求和困惑，同时让家长选择合适的家庭教育讲座的时间和地点，根据问卷结果，和家长进行进一步的交流，最后确定家庭教育讲座的主题、内容、时间和地点。

(2)理解特殊家庭的家长，用合理的方式和家长沟通

讲座时要做到理解不同特殊家庭的家长，与特殊家庭的家长沟通的方式应该灵活变动，合理艺术化地和家长沟通。比如，留守儿童家庭长辈参加家庭教育讲座时，对于年岁已高的爷爷奶奶，主讲人需要理解“隔代亲”的心理，适当提醒，以理解为主，沟通时尽量委婉。和离异重组家庭的家长沟通时应该多鼓励家长，缓解家长的育儿压力，增加家长的育儿效能感，使家长获得心理上的愉悦，创设温馨舒适的讲座环境，让离异和重组家庭的家长保持一种轻松、自信、愉快的心情，打消离异和重组家庭家长的不安，引导他

们主动在讲座中分享育儿困惑。

(3)注重讲座的有效性

在农村特殊家庭教育讲座的过程中，重要的不仅是讲座的内容，更是传递信息的方式和身体语言的运用，利用合适的沟通技巧和方式，提高讲座的有效性。面对农村特殊家庭的家长，主讲人应注意态度亲切、语气诚恳、语速适中，多用眼神和身体语言和家长交流。留意家长的表情及动作，鼓励家长积极表达，说出自己的想法，倾听家长的发言，多鼓励和肯定家长。

(四)农村幼儿园特殊家庭家长会

我国教育家陈鹤琴曾说过："幼稚教育是一种很复杂的事情，不是家庭一方面可以单独胜任的，也不是幼稚园一方面能单独胜任的，必定要两方面共同合作方能得到充分的功效。"近年来，家庭教育越来越受到重视，幼儿园也越来越重视家园合作，家长会作为传统的家庭教育指导活动，没有被时间淘汰，反而历久弥坚。在特殊家庭的家庭教育指导活动中，家长会是家园合作的重要桥梁。

特殊家庭的家长会是由幼儿园或者班级教师发起，面向特殊家庭幼儿家长的交流、互动、介绍性的活动，是一种集体的家庭教育指导形式。特殊家庭的家长会是一种比较正式的活动，是教师和家长进行面对面沟通和交流的一种形式，沟通效率高，适合解决共性问题。

1. 农村幼儿园特殊家庭家长会的目的

幼儿园特殊家庭家长会最主要的目的就是实现家园共育，促进特殊家庭的幼儿身心健康成长。对于幼儿园教师而言，家长会作为家庭教育指导活动的重要活动之一，可以促进与特殊家庭家长之间的互相交流。通过召开家长会，教师和特殊家庭的家长面对面，敞开心扉地交流，彼此之间更容易建立良好的信任关系。对于家长而言，特殊家庭的家长能够更加深入了解幼儿园在园的表现，教师对幼儿的观察情况和评价情况，更加全面了解幼儿的发展。对于幼儿园而言，开展特殊家庭的家长会可以使幼儿园更加了解特殊家庭家长的真实需求及现实困惑，更好地解决特殊家庭家长的育儿难题。

2. 农村幼儿园特殊家庭家长会的内容

一般来说家长会的内容包括三个部分，第一个部分是幼儿园教师向家长介绍幼儿园的一日生活常规及保教内容；第二个部分是请家长配合幼儿园的日常活动并参与幼儿园管理；第三个部分是非常重要的一个部分，向家长传授科学的教育理念、教育方法。特殊家庭的家长会可以根据幼儿的发展情况以及家庭教育指导的策略，灵活机动地调整家长会的形式与内容。教师应根据平日观察和与家长的交流，找出特殊家庭家庭教育中的共性问题开展家长会。

3. 农村幼儿园特殊家庭家长会的技巧

(1)家长会不能开成“说教会”

家长会的内容不能过于复杂，不能过多抱怨孩子的问题，指责家长做得不到位，向家长提出过多的要求，把家长会变成“说教会”，这样会让家长产生对立情绪，失去参加家长会的兴趣，不愿和幼儿园教师沟通与合作。

在家长会实施过程中，可以多增加一些调节气氛的小游戏，拉近家长和教师之间的距离，缓解特殊家庭的家长参加家长会的紧张。同时设计的游戏环节还可以带有一些教育意义，让家长在游戏的同时学习到育儿技巧和感受到科学的育儿理念。

(2)尊重特殊家庭家长的选择权利，建立良好的信任关系

随着社会的发展，出现了不同形态的家庭结构。作为老师要充分理解家长的选择，不能简单评价。对于家庭结构的变化，有的家长会选择和教师坦诚相告，希望教师和家庭合作助力幼儿成长，也有的家长不愿意过多提及家庭结构的变化，引起周围人的议论。作为教师要尊重家长的选择，逐渐让特殊家庭的家长对老师产生信任。

(3)营造安全积极的活动氛围

幼儿园教师在开家长会时要避免形成紧张的氛围，用通俗易懂的语言沟通，避免使用过多专业术语。并以积极、肯定、正面、轻松的方式，让家长感受到放松、舒服和受欢迎，打消特殊家庭家长的不安心理，让特殊家庭的家长感受到自己是团队的一分子。

(五)幼儿园教师家庭教育指导能力提升“三环提能”培训模式

幼儿园是幼儿阶段家庭教育指导的主力军，构建幼儿教师家庭教育指导

能力提升培训模式是提升幼儿园家庭教育指导质量的有利探索。为寻求幼儿园高质量的家庭教育指导，培养高素质的幼儿园教师队伍，课题组参与了湖南省 2022 年国培计划“常德市幼儿园教师家庭教育指导能力提升”的培训。通过访谈、问卷、查阅相关资料，在培训实践中总结构建了幼儿教师家庭教育指导能力提升的“三环提能”培训模式(如图 6-1)。此次培训包含了特殊家庭家庭教育指导的内容，对特殊家庭的家庭教育指导质量的提升具有参考价值，现将培训模式的实践成果分享给大家，以供参考。

幼儿教师家庭教育指导能力提升的“三环提能”培训模式具体体现为，基础环：找准目标，准确提能；核心环：四步一体，高效提能；外围环：共建共享，互惠提能。该模式借鉴了常德样本，取得了较好的效果，为幼儿园家庭教育指导相关的师资培训提供了新的思路和方法。

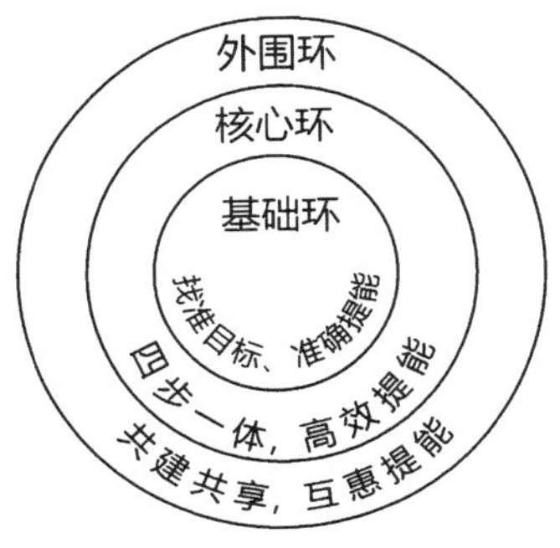

图 6-1 “三环提能”培训模式

1.“三环提能”培训模式的实践构建

(1)找准目标，准确提能

开展幼儿教师家庭教育指导能力提升培训的第一大难题就是找准培训目标。只有明确了家庭教育指导所需能力及相关要求，才能了解幼儿教师家庭教育指导能力的现状和确定培训的目标，为后续设计培训方案提供有力的依据，准确帮助教师提高家庭教育指导能力。

①调查分析

通过查找相关文献资料、访谈教师和家长、观察幼儿、参考专家意见，总结出幼儿教师家庭教育指导的九大能力：解读家庭教育相关政策文件的能力、观察和了解幼儿的能力、解读幼儿行为的能力、解答家长育儿困惑的能力、解读家长性格和养育类型的能力、分类指导各类家庭的能力、利用互联网指导家长的能力、指导家长支持幼儿园一日活动的能力、设计和实施各类家长活动的能力。根据九大能力设计了《幼儿教师家庭教育指导能力问卷》，分析教师家庭教育指导能力的现状、影响家庭教育指导能力的因素，并给出对应的培训建议。

②确定目标

根据幼儿园教师对应的岗位能力要求和教师需求聚焦制定培训目标。首先通过查找相关文献资料、重点访谈教师和家长分析出幼儿园教师家庭教育指导能力要求指标。其次，通过访谈了解教师的培训需求，分析总结教师的培训需求并应用在实际培训中。访谈采用开放式访谈提纲：您觉得为教师提供哪些支持能更好地提高教师的家庭教育指导能力，以帮助家长提高育儿水平？如果您参加家庭教育指导能力的培训，您想学习哪些方面的内容？最后，确定培训总目标。第一，理解政策文件，领会家庭教育指导的精神，懂得如何践行，如《中华人民共和国家庭教育促进法》《湖南省家庭教育促进条例》等。第二，掌握家庭教育的理论和方法、幼儿家庭教育的重点和对策，能有效指导家长育儿。第三，掌握幼儿园家庭教育指导的途径和方法，能制定本园家庭教育指导方案，能有效开展各类幼儿园家庭教育指导活动。第四，最后形成“三个一”的成果，一份本园家庭教育指导计划方案、一次家长会和家长教育讲座、一份培训总结。

(2)四步一体，高效提能

幼儿教师家庭教育指导能力提升培训第二大难题就是如何高效培训解决教师家庭教育指导工作中遇到的问题。教师觉得家长工作难做，希望通过系统全面的培训实实在在获得技能，学有所用，解决工作中家庭教育指导的难题。但是教师工作繁忙，抽不出大量集中的时间接受全面系统的培训。因此本课题研究探索形成了“四步一体”的培训流程，即线下线上学研做一体的培训阶段“四部曲”。具体为线上学习专题研讨，观摩学习深入体验，园本实践学习反思，成果展示推广总结。

①线上学习专题研讨

线上学习专题研讨是在搭建的网络平台上灵活地选择所需课程，进行系统的学习，并每两周参加一次直播研讨会。具体培训内容如下：根据岗位能力要求和教师需求制定的线上课程内容包括五大模块，分别为师德修养、职业道德、家庭教育政策法规、家庭如何教养孩子、幼儿园如何指导家长进行家庭教育、家庭教育指导等选修课程。首先，培训课程把师德修养和职业道德摆在第一位。其次，学习家庭教育政策法规，这一模块的内容也是培训前调查结果显示教师家庭教育指导能力水平最低的模块。再次，教师要指导家长如何教养孩子。最后是选修课程，教师可以根据需求自由选择，包括幼儿性教育的家庭教育指导、留守儿童的家庭教育指导、离异重组家庭的家庭教育指导、幼儿安全问题的家庭教育指导等等。线上直播研讨会是对由家庭教育指导工作常见问题确定的四大主题进行分享和讨论，包括家庭教育政策法规解读与践行、幼儿园教师如何与家长有效沟通、幼儿家庭教育指导的重点和对策以及幼儿园家庭教育指导的途径和方法。研讨会的开展形式为教师根据主题分小组交流讨论，然后形成本小组发言稿，最后线上分组展示、分享、评价、讨论和总结。

②观摩学习深入体验

观摩学习深入体验指教师前往在家庭教育指导上取得一定成果的示范性幼儿园观摩学习。学习示范园的经验，了解示范园“怎么做”，总结他们的核心理念和操作过程，取其精华，为后续园本实践充实经验。

③园本实践学习反思

能力提升需要应用与实践，一定要学以致用，学有所用。幼儿家庭教育指导工作较复杂，因为家长性格不同、需求不同，且面临的育儿问题十分之广。培训着力于实践，尤其是园本实践。园本实践学习反思指教师利用所学的理论及实践知识，以组为单位，在本园围绕家庭教育指导的主题开展园本实践活动，完善本园家庭教育指导方案、各类型家庭教育指导活动、教师家庭教育指导案例集等培训目标中的任务，使幼儿园家庭教育指导的研修常态化、长效化。在解决问题过程中应用实践中所学的知识，解决家庭教育指导工作中各种不同的问题。

④成果展示推广总结

通过前面几个阶段理论和实践的学习，最后教师分小组通过展示、分享、评价、讨论和总结五大流程进行培训成果展示分享，专家点评为学员答疑解惑、梳理提升。教师和培训组管理人员优化幼儿教师家庭教育指导培训资源，定向开发薄弱模块的培训资源，如各类型家庭(如留守儿童家庭、离异重组家庭、隔代教育家庭)的家庭教育指导，最后总结推广优质成果。

通过“四步一体”系统的课程，按需选择培训内容、自由安排学习时间、有目的地学习，实现了内容高效、时间高效、流程高效、能力高效，提升了幼儿教师家庭教育指导能力。

(3)共建共享，互惠提能

幼儿教师家庭教育指导能力提升培训第三大难题是如何帮助能力参差不齐的教师共同提高指导能力。根据《幼儿园教师家庭教育指导能力问卷》结果显示：受教育经验的影响，教师家庭教育指导能力有一定差异，教育经验越丰富的教师家庭教育指导能力越高。幼儿教师家庭教育指导能力的提升需要依靠他人的辅导和引领，尤其是有教育经验的教师辅导和引领。基于此，培训建立了共享圈。共建共享，互惠提能就是分别建立小型共享圈和大型共享圈，互相学习。用共建共享推动教师之间互相支持，形成一股合力提升教师家庭教育指导能力。小型共享圈指以小组为单位的学习与实践共同体。根据教师家庭教育指导能力水平的差异，同组异质，分成了不同的小组，小组内彼此交流学习，共同完成项目任务。大型共享圈构建以培训班级为单位的学习与实践共同体，在积极进取、合作共赢的培训班文化氛围中，教师之间互相分享，互相帮助，以差异化资源促进教师自我成长。

在共建共享中，一方面教师要自我内化知识，用科学的学习方法，学习理论，结合自身实践经验掌握幼儿家庭教育指导的知识。另一方面，教师在共享圈中实现了输出和输入的有效循环。优秀教师基于自我学习，提炼专业指导经验，在线上平台、线下教研和小组讨论中分享，实现优秀教师的有效输出，其他教师的有效输入。共享圈中既是在帮助他人提能，也是帮助自己提能，帮助他人提能过程中会反向刺激教师内在学习驱动力，专心、专注参加培训。在这个过程中教师不断学习、分享、反思、互帮互助，从而提高家庭教育指导能力。

2. “三环提能”培训模式的显著特点

(1)“三环提能”培训模式的系统性

“三环”(基础环、核心环、外围环)相互联系，相互依赖，相互作用，形成幼儿教师家庭教育指导能力提升的综合体。找准培训目标是基础环，为后续培训提供依据，打下基础，准确提能；搭建“四步一体”的培训流程是核心环，四个步骤层层递进，紧密相连，实现高效提能；建立大型和小型共享圈是外围环，教师之间形成了学习合力，整体提升了指导能力。

(2)“三环提能”培训模式的实用性

幼儿教师家庭教育指导能力提升的“三环提能”培训模式的实践研究具有以下实用性。一是培训工作扎实有效，得到了培训教师的认可，教师的指导能力有较大提升，促进了教师的专业发展。二是解决了培训中的难题，形成有效模式，为后续培训提供了有价值的参考。三是“三环提能”培训模式具有系统性、实用性和创新性的特点。

(3)“三环提能”培训模式的创新性

第一，从中国知网文献检索发现，目前全国没有“幼儿教师家庭教育指导能力提升培训研究”的论文发表，只有《提升职初班主任家庭教育指导能力的实践研究》一篇相关论文。第二，基于岗位性质和教师需求搭建了的“四步一体”的培训流程。第三，其操作方法具体明确，指向具体明确的问题，模式简练、系统、科学。

3.“三环提能”培训模式的实践反思

幼儿教师家庭教育指导能力提升培训有三大障碍和难点：找准幼儿教师家庭教育指导能力提升的培训目标，高效培训解决教师家庭教育指导工作中的问题，指导能力参差不齐的教师共同提高指导能力。找准目标是培训的基础和前提，解决教师的问题是影响培训效果的核心，学习氛围是影响培训提能的关键。实践通过找准目标、四步一体、共建共享解决了幼儿教师家庭教育指导能力提升培训的三大难点。实践中也凸显了一些问题，本研究根据存在问题提出几点建议。

(1)目前存在的问题

①小组管理欠完善

“四步一体”中线上学习主题研讨的环节，根据研讨主题在小组内交流讨论，以组为单位展示研讨成果，研讨成绩也是按组给分，但在实践中有的组内极个别教师不积极参与研讨，却也能获得较好的成绩，由此体现过程管理的欠完善，缺少对个别不积极教师的激励。

②培训成果缺凝练

培训后教师分小组通过展示、分享、评价、讨论和总结五大流程进行培训成果展示分享，但分享展示的成果偏重于阐述“做了什么事情”。缺少经验的凝练，成果的理论高度不够。

（2）进一步的完善措施

①强化小组管理

建议后续相关培训加强小组研讨的规范化管理，评分细则具体化，形成规范有效的程序；争取人人参与发表，教师获得成就感和价值感，激发不积极参与教师的内在动机。

②优化培训成果

继续优化教师的培训成果。邀请专家对教师进行培训，提升成果总结的能力；开展评选优秀成果的活动，指标可以下到各个幼儿园，进行园所评选、县级评选、市级评选，加强督导评估，促进教师家庭教育指导能力的提升，推广成果，形成地区特色。

（六）农村学前阶段家庭教育指导案例分享

1. 农村幼儿园留守儿童家庭家庭教育讲座案例

案例一

活动主题：培养幼儿良好的行为习惯。

活动时间：60 分钟。

活动形式：线上家庭教育讲座。

活动对象分析：留守儿童家庭的父母在外地，把留守儿童的父母聚集在一起参加线下家庭教育讲座的难度很大；离异重组家庭父母离异，很多非监护方都不愿意来参加线下家长会。调查了解到特殊家庭的家长总是说孩子“不听话”。面对孩子的不良行为，如看电视、玩手机等行为，不会用科学地方式和孩子沟通交流，不会帮孩子树立规则意识。因此邀请专家面对特殊家庭的家长开展线上家庭教育讲座。

活动过程：

第一部分：导入(5 分钟)

介绍主题：盘点幼儿阶段常见的不良行为习惯，阐述幼儿养成良好习惯和建立规则的重要性。

第二部分：介绍学前儿童思维发展特点(10 分钟)。

第三部分：如何建立规则的实用育儿技巧(30 分钟)。

此模块先讲理论，然后分享成功的案例，展示“三大秘诀”的实际应用场景，最后出示常见问题案例，让家长思考如何应用所学技巧解决幼儿不良习惯的育儿难题。

理论主题：规则的含义及建立规则的重要性。

第四部分：观看视频《飘》，深化育儿技巧(10 分钟)。

第五部分：总结关键要点，强调家长在培养幼儿良好行为习惯中的重要性。感谢家长的参与，鼓励家长理解幼儿，走进幼儿，积极应用所学知识培养幼儿良好行为习惯(5 分钟)。

活动讲稿：

第一部分：导入

三大秘诀建立规则，培养幼儿良好的行为习惯。播下行为的种子，收获习惯；播下习惯的种子，收获性格；播下性格的种子，收获命运。良好的行为习惯对一个人的成长非常重要。接下来大家会学习掌握帮助幼儿建立规则的实用育儿技巧，培养幼儿良好的行为习惯。

随着社会科技的发展，手机已经是非常常见的工具，大人们经常使用手机，不可避免的孩子也会使用手机，甚至对手机上瘾。生活中我们经常可以看到这些行为。到了吃饭时间，孩子一直慢吞吞不愿吃饭，大家都吃完饭了，他还没动，就等着家长拿出手机，看着手机，孩子才愿意吃饭，最后就是孩子一边看手机家长一边给孩子喂饭。

有的孩子一玩手机就停不下来，一直玩，可以看很久，看得头都晕了还要看。

如果父母没收手机，孩子就哭天喊地，撒泼耍赖，或者像个橡皮泥一样一直黏着父母，表示就是要玩手机。面对孩子无法控制地玩手机的行为家长们到底应该怎么办？如何帮助孩子建立规则，并长期坚持规则？

今天我们一起学习建立规则的三大秘诀，帮助孩子养成良好习惯，轻轻松松做家长。3~6 岁是孩子心理发展非常快速的时期，也是培养幼儿良好行为的关键期。

第二部分：学前儿童思维发展特点

什么是规则？规则是一种社会化的产物，是为了约束彼此，方便整个社会群体而约定俗成的。比如说排队，如果人人都不遵守，那就乱套了。建立规则之前我们先要弄清楚究竟什么是规则意识。规则意识是发自内心的，是以一定的行为标准来要求自己遵守的基础规则。比如在图书馆内不要大声喧哗、在电影院看电影时把手机调成静音、每天早晚要刷牙这些就是我们的规则意识，不需要别人提醒的习惯。

规则意识是后天形成的，幼儿规则意识的培养经历从他律逐渐内化到自律的过程。到孩子 3 岁以后，随着孩子社会活动的增多，他们上了幼儿园，接触了更多的小朋友，开始产生了简单的规则意识，对规则的认识建立在父母、老师等权威人物上，他们的规则意识完全受父母等权威人物的影响，并把人们规定的规则看作是固定的、不可变更的。这阶段称为他律，是外界的规则在约束孩子。因此这个时期家长对幼儿规则意识的建立发挥了很大的作用。随着孩子的成长，对规则的认识加深，孩子认同了一些规则，并把这些规则进行了内化，成了自己的内在行为准则，建立了内在的行为标准，比如说话要有礼貌，要排队，这时候孩子不需要别人监督就会主动去做。这是自律阶段。

从他律到自律，幼儿经历服从权威到自觉遵守，再到内化规则的过程。比如幼儿饭前要洗手，幼儿一开始是服从爸爸妈妈或者老师的规则而洗手，然后产生内心活动，我为什么要洗手？我不洗手会怎样？我不洗手爸爸妈妈会不开心吗？最后规则内化，觉得饭前洗手可以让手变干净，保持身体健康，所以愿意遵守，或者饭前洗手这个规则不好，不愿意遵守。6 岁以下的孩子，他们规则意识建立主要处于他律阶段，他们判断行为正确与否的标准主要基于后果，依赖于父母的权威，因此对于这个年龄段的孩子，父母千万不能指望用讲道理的方式来教育。因为他们还没有形成道德标准，依靠他们自身的认知来控制自己的行为是不现实的。美国心理学家鲍姆林曾做过一个研究，研究对象是 139 名孩子，研究结果表明如果在 4 岁的时候，家人给到孩子的要求是明确地关注内心的感受，积极地帮助孩子把他律的规则内化成自我的要求，这些孩子长大之后规则意识充分发展，学习能力也很强。因此父母要逐渐引导婴幼儿将规则内化，形成规则意识。

学习建立规则的育儿技巧之前我们先要了解清楚学前儿童思维发展特点。了解幼儿心理发展特点更有助于我们理解为什么要给幼儿建立规则，怎样建立规则，这样家长们在使用育儿技巧时才能根据自己孩子的不同情况做到随机应变，真正提高育儿能力。不要觉得理论很乏味，掌握理论是理解幼儿走进幼儿的钥匙，很有必要学习。

儿童的思维发展是一个逐渐从具体到抽象的过程，包括直觉行动思维、具体形象思维和抽象逻辑思维。具体形象思维是幼儿期典型的思维方式，是指依靠事物的形象或者表面以及他们的彼此联系而进行的思维。以自我为中心是具体形象思维典型的特点。

儿童以自我为中心的思维是指以自己的直接经验为基础的思维，也就是我们说的不能换位思考。皮亚杰的三山实验就是以自我为中心思维的典型例证。实验材料是三座高低、大小和颜色不同的假山模型，实验首先要求儿童从模型的四个角度观察这三座山，然后要求儿童面对模型而坐，并且放一个玩具娃娃在山的另一边，要求儿童从四张图片中指出哪一座是玩具娃娃看到的‘山’。结果发现幼童无法完成这个任务。他们只能从自己的角度来描述“三山”的形状。皮亚杰以此来证明儿童的“自我中心”的特点

具体形象思维还具有以下特点。具体形象性，是指幼儿要依靠具体的形象的事物来思维。比如你问幼儿5加4等于几，幼儿回答不出来，但如果你换种方式问5个橙子加4个橙子等于几，幼儿能回答出来等于9。幼儿要依靠具体形象事物橙子才能进行计算。当幼儿不遵守规则时，如果和幼儿讲道理，幼儿不太能理解大人的想法，只会站在自己的角度思考。同样你问幼儿小嘴很甜是什么意思，幼儿会回答说嘴巴上有糖，这也是具体形象思维的特点——表面性，幼儿只能理解字面意识，不知道“话中有话”。拟人性，是指儿童认为世间万物和自己一样是有生命，有灵性的。比如幼儿想和小猪佩奇玩偶一起玩，不愿意吃饭，根据幼儿拟人化思维的特点，我们可以这样尝试和孩子沟通，“小猪佩奇饿了想吃饭，宝宝给佩奇喂饭，那佩奇吃了宝宝要不要吃?”“宝宝也要吃。”这是用符合幼儿思维发展拟人化的特点和孩子沟通。

家长们和幼儿沟通时候要站在幼儿角度，用幼儿听得懂的语言。

第三部分：建立规则实用育儿技巧

刚刚了解了幼儿具体形象思维的具体性、以自我为中心、表面性、拟人性的特点，理解了什么是规则意识，如何帮幼儿建立规则，这里总结了建立规则的三大秘诀，帮助孩子养成良好的行为习惯：秘诀一清晰明确，建立清晰明确、幼儿容易理解而且做得到的规则；秘诀二好玩有趣，通过符合幼儿身心发展特点的、好玩有趣的方式引导幼儿遵守规则；秘诀三寻原变策，在幼儿坚持规则的过程中有很多可变因素和各种情况使得幼儿无法坚持下去，我们需要弄清楚坚持不下去的原因，从而根据不同的原因改变策略找到解决办法。以下就秘诀一和秘诀二作具体分析。

秘诀一：清晰明确

经常能听到家长说“不要玩手机、好好吃饭”，学前阶段的孩子听不懂这样的规则，这种规则也限制了孩子的发展。我们经常和孩子说，不要干什么，孩子真的能听明白吗？愿意做吗？我们来做个小实验，“不要想苹果，不要想苹果，不要想苹果。”请问大家脑袋里想的是什么？对，苹果。同样你说“不要玩手机”孩子听到的是什么，“玩手机”，3~6岁幼儿的思维以具体形象思维为主，因此，和孩子要建立“好”的规则，制定清晰明确的规则要做到以下三要素：第一要素是明白发展不是限制，制定规则是使幼儿更好成长，不会限制幼儿的好奇心和探索欲。第二要素是听得懂，幼儿思维不同于成人，要做到用幼儿能听懂的语言和孩子沟通。第三要素是规则不要太多，在三条以内。规则太多幼儿难以记住也难以做到。

根据这三要素我们一起修改“不要玩手机”这条规则。第一，每天吃完晚饭之后玩20分钟的手机。第二，玩手机时候用手机打开手机定时器，定时器一响，就把手机给妈妈。这两条规则首先没有要求孩子不玩手机，我们不是不让幼儿玩手机，只是让幼儿合理正确使用手机。其次孩子也能听懂在什么时候，看多久的手机。因为幼儿阶段的孩子对时间的抽象概念不理解，或者说很模糊，用手机定时器可以很好解决这个问题，而且孩子玩手机之前自己定时，不需要妈妈提醒，铃声响了他知道规定看手机的时间到了，这也充分体现以幼儿为中心的特点，发挥幼儿自主性，父母只是在旁边协助。最后满足规则在三条以内，这样的规则就是清晰明确的好规则。

知晓了好规则三要素，接下来我们做个练习，三岁的幼儿奇奇出门看到地上的东西总喜欢捡回家，比如地上的石头，木头等等，一方面家长不想限制孩子的好奇心和探索欲，另一方面家长担心地上的物品不干净，影响孩子身体健康。面对孩子外出捡垃圾带回家的行为，您会如何为孩子制定明确清晰的好规则?

我们看一下以下家长制定的规则。

第一条捡完东西要洗手是好规则，没有限制是发展孩子，幼儿可以听懂且在能力范围之内能做到，规则不多，在三条以内。第二条规则不许碰垃圾，这条规则限制了孩子的行为，不符合好规则的标准。第三条规则捡东西之前要戴上手套，是发展不是限制，听得懂，能做到三条以内符合三要素，是好规则，第四条规则捡回家的垃圾不能乱放，这个规则不够清晰明确，不能乱放那放在哪里?需要和幼儿约定清楚。第五条规则，捡回家的东西用洗手液洗干净，放进盒子里，符合好规则三要素是发展不是限制，听得懂，能做到三条以内符合三要素，是好规则。第六条规则要讲卫生，不符合第二要素，孩子听不懂，讲卫生是讲什么的卫生?是手脏了要洗手，还是垃圾要扔垃圾袋?不是好规则。

秘诀二：好玩有趣

很多人家长会有疑惑：好规则我也会制定，但是在执行过程中孩子不配合，为什么?这是因为我们对制定的规则缺少练习，孩子不懂规则如何实施，而且执行的过程缺少乐趣。这里也就是我们说的秘诀二好玩有趣。知道了什么是好规则，如何引导幼儿遵守规则。这里为大家总结了三步技巧，第一步说明原因，第二步过程有趣，第三步分享成果。为什么要用这三步呢?大家还记得幼儿具体形象思维的特点吗?幼儿以自我为中心，不会站在他人的角度思考问题，不能换位思考，只能看到事物的表面看不到事物的本质。游戏是幼儿的天性，幼儿在游戏中认识事物，体会社会规则。成人引导幼儿遵守规则时不能站在成人的角度命令或者直接要求幼儿遵守规则，需要用好玩有趣、符合幼儿身心发展特点的方式引导幼儿遵守规则。

接下来我们看一个视频，观察视频中是如何制定规则并引导孩子遵守规则的。视频中引导幼儿遵守规则我们分为三步。第一步要说明原因，说明原因是为了让幼儿理解为什么要遵守规则。视频中妈妈告诉幼儿约定的时间到了，提醒幼儿要遵守约定。对于比较小的宝宝我们可以采用符合幼儿拟人化思维特点的沟通方式："玩玩具时间到了，玩具宝宝累了他们想回家休息了，我们将玩具宝宝放回家吧。"说明原因无法让幼儿理解为什么要这么做，往往说了之后幼儿当没有听到或者不想遵守规则，而是按照自己的想法继续玩，这是很正常的现象，由幼儿心理发展特点，我们知道幼儿以自我为中心，不能站在他人的角度思考问题，这个时候家长不要生气，要坚定且温柔地和孩子沟通，让孩子知道要收玩具了。第二步要让遵守规则的过程变得有趣，过程有趣，孩子觉得好玩，自然而然就遵守规则了。视频中妈妈采用了玩游戏的方式，使幼儿遵守规则，这种方式非常正确。因为游戏是幼儿最基本的活动形式，游戏是幼儿的天性，传统的说教和灌输式的教育不符合幼儿的心理发展特点。玩游戏时可以参考以下两点，第一有明确的目标，视频中的目标就是将玩具收拾干净；第二有明确的分工，父母做什么？孩子做什么？玩游戏的方案的制定最好有幼儿的参与，视频中妈妈先提出唱歌，幼儿不同意，他想要在玩游戏的时候定时，幼儿参与规则制定的话，在遵守规则进主动性会更强。最后家长和孩子一起看遵守规则之后的成果，视频中收拾完玩具之后，妈妈带孩子一起看收拾完之后的成果，并有外在激励的方式——小贴纸——激发孩子遵守规则。这样孩子内心会有成就感，激发幼儿内在动力，使其更愿意遵守规则。在这里说明一下，如果建立的规则难度不大可以不采用小贴纸的激励方式，根据幼儿参与度和规则难度来确定是否采用外在物质激励。

各位家长已经对帮幼儿制定规则有了初步的了解，小试牛刀，面对这个情景你会如何处理。奇奇一玩手机就停不下来，一直玩，可以看很久，看得眼睛都晕了还要看，如果你是奇奇家长，您会如何帮助奇奇制定规则。

我们可以尝试这样做。第一步说明原因：长时间看手机眼睛会痛。周围其他好玩的玩具和游戏就没有时间玩了。对于幼儿来说，说明原因他不一定能听懂，即使幼儿无法完全理解，我们也要和幼儿说清楚制定规则的原因。第二步好玩有趣，玩手机的时候幼儿自己用手机定时 20 分钟，闹钟响了停止玩手机交给妈妈。这一步增加幼儿主动性，孩子自己定的闹钟，闹钟响了，他就知道要将手机交给妈妈了，即使他还想看手机，但是你提醒他相关约定后，一般情况下孩子都会遵守约定，关掉手机。第三步分享成果，和幼儿一起绘制奖励表，每天做到只在洗澡之后、睡觉之前看20分钟手机就在奖励表上做标记。这样幼儿每天都可以在家里看到自己的成果，增加幼儿成就感，激发幼儿将规则内化，并且在忍不住看手机的时候，奖励表也会提醒他要遵守约定的规则。针对奇奇的行为，我们看奇奇妈妈是如何引导孩子遵守规则的。在视频中妈妈和孩子制定的看电视的规则符合秘诀一和秘诀二，“每天晚上洗澡之前看20分钟”这条规则符合秘诀一，没有限制孩子不能玩手机，让孩子清晰知道在什么时间可以看多久手机，而且孩子也表示能做到。家长让幼儿自己用手机练习了定时以确保幼儿真正理解了规则，同时还运用了奖励机制，每次做到了可以获得小贴纸，小贴纸可以换自己喜欢的玩具。

分享到这一步有家长可能会提出疑问，制定规则之后，前几次孩子确实可以遵守，但是很快就打破制定的规则，不愿意坚持下去了，这个时候该怎么办呢？确实坚持规则是一件很难的事情，有时候大人给自己做好的计划都很难坚持，比如一个月看一本书、每周坚持跑步三次，等等。考虑到孩子的自我约束能力较弱，长期坚持规则确实不是一件容易的事。但掌握方法也可以解决无法坚持的问题。面对孩子发起的不愿意遵守规则的挑战，我们首先要思考的是“为什么”，为什么孩子不遵守规则了，找到行为背后的原因。一般情况下有以下几点原因。第一，制定的规则不够正确，还记得我们的秘诀一清晰明确吗？制定规则三要素是发展不是限制，孩子听得懂能做到，三条以内。如果不是好规则，制定的规则门槛太高孩子根本够不着，或者规则太模糊孩子无法清楚理解，就需要我们重新和孩子制定规则。第二，父母没有以身作则，幼儿规则意识的形成经历从他律到自律的过程，父母建立的规则对孩子有很深的影响，与此同时父母和家长也是孩子内化规则过程中学习的榜样。父母是孩子的一面镜子，想要孩子遵守规则，首先父母自己要以身作则，很多时候孩子玩手机是因为家里的大人一直在玩手机，所以为孩子做好榜样是一件特别重要的事情。第三，孩子没有成就感想放弃，这个时候需要及时鼓励孩子，在制定规则时候及时给予鼓励很重要。孩子做对了事情了马上收到反馈，获得价值感，这样他才会更有动力去执行规则。遵守了规则我们可以说：“你很棒，遵守了我们的约定。”第四，周围环境发生变化。孩子生活的环境有的时候会发生变化，比如出去旅游，比如去外婆外公家玩，当环境和周围的人发生变化时，我们需要提前和孩子说清楚环境变化了，并和孩子一起讨论环境变化之后规则需要如何调整。

第四部分：观看视频《飘》

接下来我们观看一段视频。

第五部分：总结

和大家分享了如何帮孩子养成良好行为习惯，及建立规则的三大秘诀，我们一起回顾一下。秘诀一清晰明确，即建立清晰明确的规则，内容应是发展孩子而不是限制孩子，孩子听得懂做得到，规则限制在三条以内不要太多。秘诀二好玩有趣。用符合幼儿身心发展特点好玩有趣的方式引导幼儿遵守规则，分为三步，第一步说明原因，第二步让过程好玩有趣，第三步分享成果。秘诀三寻原变策，在幼儿坚持规则的过程中有很多可变因素，和各种情况使得幼儿无法坚持下去，需要我们弄清楚规则坚持不下去的原因，从而根据不同的原因改变策略找到解决办法。

播下行为的种子，收获习惯；播下习惯的种子，收获性格；播下性格的种子，收获命运。良好的行为习惯对一个人的成长非常重要。每一个孩子都是独一无二的，教无定法，育儿也是一样的道理，分享建立规则的秘诀，家长们学到的是育儿技巧，技巧的背后是站在儿童视角，倾听儿童。家长们提高育儿技能，最终的目的是走进孩子，回归到孩子的视角，倾听孩子内心的声音。我们只有真正理解幼儿身心发展的特点，站在幼儿的角度思考他们的行为，从而做出合理的回应，才能真正提高了家长的育儿技能。孩子的成长只有一次，我们需要做到的很简单却很重要。希望每一个孩子都能健康成长，希望每一位家长都能轻轻松松开心育儿。

2. 农村幼儿园留守儿童家庭线上线下相结合家庭教育讲座案例

案例二

活动主题：家长如何帮助幼儿养成良好的行为习惯。

活动时间：60 分钟。

活动形式：线上线下相结合家庭教育讲座。

活动对象分析：幼儿园留守儿童家庭的被委托监护人，主要是家里的长辈，如爷爷、奶奶、外婆和外公。这些长辈的年纪较大，文化水平较低，非常疼爱孩子，注重孩子的教育，一心希望孩子多读书，受教育。

活动过程：

第一部分：热身小游戏(10分钟)。

第二部分：讲解幼儿玩手机的现状(5分钟)。

第三部分：指导建立规则相关的实用育儿技巧(30分钟)。

讲解培养孩子良好的习惯，树立规则意识的四大策略。全程采用示范加游戏的方式进行讲解，讲座重心放在爷爷奶奶们的体验和参与，方便长辈们理解。

四大策略包括：

策略一：和幼儿一起建立规则。

策略二：及时鼓励孩子。

策略三：转移注意力。

策略四：家人做好榜样。

第四部分：总结(5分钟)。

总结关键要点，强调家长在培养幼儿良好行为习惯中的重要性。感谢家长的参与，鼓励家长理解幼儿，走进幼儿，积极运用所学技巧培养幼儿良好行为习惯。

活动讲稿：

第一部分：热身小游戏

请家长们两人为一组，两人商量一个人为红色家长，一个人为蓝色家长，蓝色的家长拿出你们的右手做成握拳的姿势，一定不让对方打开。红色家长想尽一切办法打开蓝色家长的拳头(只要不伤害他人)。(线上讲师讲完游戏规则后，线下主持人和一名教师示范一次操作方法。)

讲师：游戏结束。有哪些家长的拳头被打开了？谁愿意分享一下刚刚你们游戏的过程？(今天我们的分享是有小礼物的，互动的家长都可以获得我们的精心准备的学习用品，大家踊跃参加哦!)

家长自由回答(线下主持人控制现场，把话筒给到回答问题的家长，回答完之后及时给小礼物，没有人回答就直接找人回答)。

讲师总结：蓝色握拳的家长会发现，如果对方试图用暴力的方式打开拳头，自己的拳头会握得更紧，不让对方打开。而如果对方方法合适，说到我的心坎里我就愿意打开拳头。在教育孩子时也是一样，和孩子相处时，我们越是想要把自己的想法强加在孩子身上，孩子越是不听我们的，家长需要用科学的方式和孩子相处，让孩子自己打开拳头。

第二部分：讲解幼儿玩手机的现状

今天我们一起了解如何培养孩子良好的习惯，树立规则意识。

你的孩子是不是有这样的行为？

行为一：到了吃饭时间，一直慢吞吞不愿吃饭，大家都吃完饭了，他还没动，就等着家长拿出手机，看着手机才愿意吃饭，还要家长喂。

行为二：孩子一玩手机就停不下来，一直玩，可以看电视、看手机看很久，看得头都晕了还要看。

行为三：父母没收手机，孩子就哭天喊地，撒泼耍赖，或者像个橡皮泥一样一直黏着父母，表示就是要玩手机。

讲师：我看到很多家长频频点头，面对孩子无法控制地玩手机到底应该怎么办？今天我们就一起学习帮孩子养成良好习惯的方法，用正确的方式帮孩子树立规则意识，让大家轻轻松松做家长。

讨论：幼儿能不能玩手机之类的电子产品

讲师：请问各位家长幼儿能不能玩手机之类的电子产品？

家长自由回答。（线下主持人控制现场，把话筒给到回答问题的家长，回答完之后及时给小礼物）。

讲师：孩子玩手机现在是一个非常普遍的现象，不仅仅在家里，在很多的公开场合我们都可以看到孩子在玩手机，或者 iPad 等电子用品，我个人并不反对孩子使用高科技的工具。如果孩子用手机玩属于他们年龄阶段的游戏和看动画片，我是不反对的。但是在每个年龄阶段使用的内容和时间都需要限制。比如幼儿拿手机长时间看大量短视频这是不对的。有大量研究表明长期看短视频会对大脑造成不可逆的影响，会导致专注力降低、记忆力衰退、大脑萎缩、学习能力变差、暴躁易怒。

讲师：如果玩手机的内容是允许的，那在时间上如何为孩子制定规则呢？如何让孩子养成合理玩手机的好习惯呢？接下来我用自己的亲身经历和大家一起分享帮孩子制定规则的方法。

讲师：大家看到图片上这张纸有很多不同的小贴纸。这是干什么用的？

这张纸是我侄儿奇奇坚持每天只看30分钟手机的记录和奖励。奇奇四岁的时候，父母上班很忙，所以把他临时放在外公外婆家一段时间，外公外婆对奇奇格外疼爱，但同时也出现了一些养育问题，外婆每天在家有很多家务要做，做饭、洗衣、搞卫生等等，没有时间一直和奇奇玩，奇奇就用看电视和手机消遣。奇奇从上午起床开始看电视看到吃中饭，就这样一直看了很多天，奇奇眼睛都看直了，人也懒散不听话了。这个时候作为姑姑的我看不下去了，决定和他一起制定玩手机的规则，然后就有了大家看到的这张带有各种不同贴纸奖励的图片，一定数量的贴纸可以换取一个10块钱的小物品。这样奇奇在外婆外公家的日子基本坚持每天只看半个小时的手机。那具体是怎么操作的呢？方法很简单，我们一起学习一下，相信大家很快就会学会，回到家就能学以致用。

第三部分：指导建立规则相关的实用育儿技巧

第一：和幼儿一起建立规则

讲师：首先规则不是家长单方面制定的，而是和幼儿一起商量制定的；其次规则一定要是好规则。好规则有三要素：发展不是限制；孩子能听懂，能做到；规则不要超过三条。比如有的家长会说“不要玩手机”，哪位家长回答一下这是不是一条好规则？

家长自由回答。（线下主持人控制现场，把话筒给到回答问题的家长，回答完之后及时给小礼物）。

讲师：感谢这位家长的分享。我们经常和孩子说，不要干什么，这样的规则孩子是听不懂的。我们来做个小实验，“不要想苹果，不要想苹果，不要想苹果”。请问大家脑袋里想的是什么？对，苹果。同样你说“不要玩手机”孩子听到的是什么，“玩手机”。那好规则是怎样的呢？比如：“每天可以看30分钟的手机或者电视，看手机的时候定时；晚上洗完澡睡觉之前可以看手机；早上吃完早饭了可以看手机。”这些规则没有限制孩子不玩手机，孩子也能听懂在什么时候，看多久的手机。接下来我们一起看一个视频，视频中展示了我和奇奇一起制定规则的过程。

第二：及时鼓励孩子

讲师：在制定规则的时候及时给予鼓励很重要。孩子做对了事情了马上收到反馈，获得价值感，这样更有动力去执行规则。鼓励不需要买很贵重的礼物，一个他喜欢的小贴纸、一句即时肯定的话、一个微笑、一个拥抱都是很好的鼓励。例如在奇奇案例中我用的语言鼓励和物质奖励，并在物质奖励的同时给他一个大大的拥抱或者竖大拇指。

讲师：哪位家长能帮我们示范一下，按照PPT上的语言和动作及时鼓励孩子。（线下主持人控制现场，把话筒给到回答问题的家长，回答完之后及时给小礼物）。

第三：转移注意力

讲师：我们大人有时候制定了计划和规则，都难以坚持，比如你自己刷手机是不是有时都难以停下来？何况是四五岁的孩子。因此制定规则的前两天孩子可能会非常配合你，坚持每天只在睡前看30分钟电视。到了第三天他就开始松懈，背着家长悄悄看动画片了。这个时候家长就要有自己的原则，第一要接纳这种现象，第二需思考为什么孩子会想要玩手机了。大部分幼儿不是自己一定要看手机，而是因为无聊没有事情做。这个时候我们是不是可以让孩子加入我们的家务活动中？比如让他和你一起擦地、擦家具、择菜、浇花等等。同时家长也要抽出时间陪孩子玩，可以利用家里随处可见的物品和孩子玩亲子游戏，接下来我们看下怎样利用家里随处可见的木棍和孩子互动，陪孩子度过愉快的亲子时光，促进孩子身心健康成长。

播放视频，邀请家长上台操作示范亲子游戏。（线下主持人控制现场，邀请家长上台利用木棍模仿视频中的游戏，如果家长开始不会，主持人和教师可以先示范一次，家长展示完之后及时给小礼物）。

第四：家人做好榜样

讲师：很多时候孩子玩手机是因为家里的大人一直在玩手机，所以为孩子做好榜样是一件特别重要的事情。

第四部分：总结

讲师：规则意识是发自内心的，是以一定的行为标准来要求自己行为的基础规则。它经历从他律到自律的过程。比如孩子自主刷牙这件事，从一开始服从权威，到刷的过程中觉得牙刷有趣，牙膏好闻，刷牙父母会表扬我这一系列的内心活动，最后规则内化，孩子知道刷牙可以保护牙齿，从而养成刷牙的好习惯。

讲师：感谢各位家长老师今天的认真学习和积极参与，相信大家都可以成为一位好家长，能将今天学习到技巧学以致用，助力宝贝健康成长，养成良好行为习惯。

3. 农村幼儿园特殊家庭线下家长会案例

活动主题：相信孩子，静待花开

活动时间：60 分钟。

活动形式：线下家长会。

活动对象分析：农村幼儿园留守儿童家庭的被委托监护人，主要是幼儿的长辈(爷爷、奶奶、外婆或者外公)，幼儿所在的班级为幼儿园小班。长辈们年龄主要集中在50~60岁左右，文化程度多为小学、初中水平，大部分长辈语言表达能力有所欠缺，参与活动的积极性不是很高，不愿意主动回答问题。非常溺爱幼儿，在家里凡事都为幼儿代劳，导致孩子生活自理能力很差，即使是幼儿自己能做的事情，幼儿自己也不愿做，希望他人替自己做。

活动过程：

第一部分：开场热身小游戏“请你跟我这样做”(5 分钟)。

第二部分：介绍教师和园所情况(10 分钟)。

班级教师介绍：教师基本简介。

介绍本学期幼儿园小班基本工作重点：主要任务是培养幼儿的生活自理能力，引导幼儿遵守一日生活常规，适应幼儿园的生活。

第三部分：家庭教育指导“如何培养幼儿的生活自理能力”(35 分钟)。

(1) 困难和挑战、品格和生活技能两列清单。

(2) 观看视频。通过正确育儿方式培养幼儿生活自理能力的视频和通过正确育儿方式培养幼儿生活自理能力的视频。

(3) 讲解幼儿生活自理能力的含义、内容、重要性。

(4) 育儿技巧：鼓励幼儿养成良好生活自理能力。技巧一：让孩子自己做选择。技巧二：尊重孩子的努力。

第四部分：活动结束，观看视频《鹬》(10 分钟)。

活动讲稿：

活动开始之前我们做了个热身小游戏，游戏的名字是“请你跟我这样做”。大家先用手做出一个 OK 的姿势，然后跟着我的指令把手放在对应的位置，游戏开始：把手放在下巴上，把手放在鼻子上，把手放在额头上。我说的是什么？对，我说的是额头，但是有一部分家长没有按照我说的去做，而是跟着我的动作把手放在脸颊上。通过这个游戏，反思家庭教育，我们说的和我们做的哪一个更有影响力？是的，在家庭教育中行动大于言语。随着社会发展，隔代教育成了一个很重要的话题，两代人教育观念不一致不利于孩子的成长，你无法改变一个人，但你可以影响一个人，希望今天到场学习的家长们能学有所获，用科学的方式和孩子相处，用行动影响家里其他成员，促进孩子健康成长。

我们做第一个活动：两列清单。困难和挑战，品格和生活技能。这个活动需要各位家长积极踊跃地发言，切合今天的主题。我们准备了鲜花，每一个回答问题的家长，都可以获得美丽的鲜花一朵。第一列困难和挑战。大家回忆一下孩子的哪些行为让你头疼，对你来说是个挑战？比如：发脾气、不听话等(家长一边回答，助讲老师一边把家长的回答写在一张海报纸或者黑板上，确保大家随时都能看见两列清单上的内容)。品格和生活技能？假如你现在打开门，看到你家孩子十八岁了，成为一个对社会有贡献的人，你希望他具备一些什么样的品格和生活技能。比如爱、诚实等(家长一边回答，助讲老师一边把家长的回答写在一张海报纸或者黑板上，确保大家随时都能看见两列清单上的内容)。

写完两列清单，哪位家长愿意分享一下，这两列清单之间有什么联系？家长自由回答，教师总结。(这里没有正确答案，言之有理即可，主讲人可以补充：当你遇到挑战的时候你应该该很幸福，因为所有的挑战都为家长提供了教给孩子技能的机会。)

我们来看两段视频，第一个视频看完了，哪位家长愿意分享一下你的想法？在这种教育方式下，孩子会偏向于走向哪列清单？第二个视频看完了，哪位家长愿意分享一下你的想法？在这种教育方式，孩子会偏向于走向哪列清单？

就和视频中说的一样，孩子的自理能力要从小培养，长辈带孩子有好的地方：他们很爱孩子。但也会出现常见的问题：溺爱孩子，孩子什么事情都不用做，衣来伸手饭来张口；缺乏耐心，即使孩子已经可以做好，但是觉得孩子做不好，不会做，耽误时间，比如让孩子自己去吃饭，吃得满地狼藉还得自己收拾。还有一部分家长认为孩子小，不用自己动手，等幼儿长大了自然就会了。习惯是从小培养的，凡事家长代劳，孩子对大人形成依赖，即使有些事情自己能做也不愿动手了。

什么是生活自理能力？生活自理能力是指一个人在生活中自己照料自己的行为与能力，是能独自处理与自己相关的各种事务的能力，包括日常生活事务，人际关系，如吃穿用行、学习、基本的自我保护意识等。

中国教育科学研究院对全国2万名家长和小学生做过一项家庭教育的调查，结果发现：认为“孩子只要学习好，做不做家务都行”的家庭中，子女成绩优秀的比例为3.17%；认为孩子应该做一些家务的家庭中，子女成绩优秀的比例为86.92%。哈佛大学一项长达20年的研究发现，爱做家务的孩子和不爱做家务的孩子相比，成年后就业率为15∶1，犯罪率为1∶10，并且前者收入比后者高20%，婚姻更稳定和幸福。

由此可见从小培养幼儿生活自理能力格外重要。有什么办法可以鼓励孩子自立，培养孩子的自理能力？怎么将孩子的依赖感降到最低？幸运的是，生活中我们每天都可以鼓励孩子行为自立、生活自理，今天分享两个详细的育儿技巧。

技巧一：让孩子自己的选择。

早上起床的时候，可以这样问孩子：“今天是穿红色上衣还是蓝色的上衣?”

吃早饭时候，可以这样问孩子：“你是要半杯豆浆还是一杯豆浆?”

问孩子要半杯豆浆还是一杯豆浆这个选择看似不合理，但对于孩子来说，每一个小小的选择都会让他感到有机会控制自己的生活。孩子在选择中学习到了如何做决定，这点对于孩子来说是非常重要的，如果孩子从小没有自己做过选择，将来选择婚姻、工作、生活方式也会遇到困难。

技巧二：尊重孩子的努力。

当孩子想自己打开黄桃罐头，怎么尝试都打不开时，很多家长会说：“把瓶子给我，我帮你打开。”尊重孩子努力的沟通方式，我们可以说：“瓶子不容易打开，有时候用勺子撬开一边可能会有用。”

当你要和孩子一起出门，孩子想自己拉衣服拉链，很久都没有弄好，很多家长会说：“怎么这么长时间还没弄好?”用尊重孩子努力的沟通方式，可以这样说："拉衣服拉链很考验你手指的灵活性。有时候，把拉链头拉直，来回动几下会好一些。"

刚刚分享的两个技巧看似很容易，在实际运用中却有一点难度，下面我们来做练习，这里有一个福袋，福袋里面放了一些家长常用的不利于孩子自理能力培养的沟通话语。我们采用击鼓传花的方式，音乐停，拿到福袋的家长用我们刚刚学到的技巧鼓励孩子培养生活自理能力。

(1)现在就去洗澡。(以让孩子自己做选择的方式修改这句话)

(2)穿鞋子怎么会这么难？把鞋子给我，我帮你穿。(以尊重孩子努力的方式修改这句话)

和孩子沟通的方式不止今天学到的这两种，有的时候孩子希望我们帮他们做事，可能只是想向我们撒娇求关注，作为父母我们要知道所有的育儿技巧都有一个共同点：帮助孩子发现自己是一个有能力、有责任感且独立的人。每位家长都在经历一次"痛并快乐着"的旅行，一开始我们献身于一个弱小无助的生命，几年来，又经历为他们担心、给他们安慰和理解，为他们做人生计划的过程。把我们的爱、体力、智慧和经验都给了他们，为的是有一天能让他们有内在力量和信心离开我们。

观看视频《鹬》。

看完视频家长有什么感受？刚出生的萌萌鹬不会捕食，希望妈妈将食物投喂给它，可妈妈却让它自己来觅食，第一次它不仅什么都没有找到，还被海水冲走了。又一次觅食时，萌萌鹬还是像以前一样躲在家里不敢出来，最后才在妈妈的鼓励下再次出发。这次它看到两只小小的寄居蟹，发现自己学会了怎么躲过浪花，还学会了怎么觅食，看到了海里的美景。

每个孩子都是一朵花，只是花期不同而已，有的花开在春天，有的开在别的季节。相信孩子，静待花开。也可能你的种子永远不会开花，因为它是一棵参天大树。

附　录

附录一：农村学前阶段特殊家庭家庭教育现状调查访谈提纲（家长访谈提纲）

1. 家庭基本情况

主要了解幼儿所生活家庭的物质环境、家庭成员等。

2. 家庭氛围

孩子有没有和您说过想爸爸妈妈之类的话？

您平时在家里是如何和孩子相处的？可以具体分享一下吗？

您和孩子爸爸（妈妈）沟通多吗？

3. 责任意识

孩子和爸爸（妈妈）多久联系一次，爸爸（妈妈）多久回来看孩子？

在家带孩子累不累？

4. 教育方式

您平时有打骂孩子吗？

平时会让孩子和您一起做家务吗？

你们有发生过争吵吗？

5. 指导需求

您在育儿教育方面有什么困难的地方？具体举例说一下。

您能说一下幼儿在幼儿园的表现吗（比如生活自理能力、社交能力、身体发展等）？能举例具体说说吗？

回忆该幼儿平时的表现有哪些让你印象特别深刻的事情，能具体说说吗？

附录二：农村幼儿园特殊家庭家庭教育指导现状访谈提纲

1. 贵园开展了哪些家庭教育指导活动？

2. 对留守儿童家庭的家长，贵园如何进行家庭教育指导，提高家长的育儿能力？

3. 对离异重组家庭的家长，贵园如何进行家庭教育指导，提高家长的育儿能力？

4. 您认为贵园在特殊家庭的家庭教育指导工作中还可以提供哪些服务？

5. 您认为贵园在特殊家庭的家庭教育指导工作中哪些方面还可以进行改进？

6. 您认为贵园在特殊家庭的家庭教育指导服务中面临的最大问题是什么？

7. 您对贵园的家庭教育指导工作有什么具体的建议和意见？

附录三：幼儿园教师家庭教育指导能力问卷

尊敬的教师：

您好！为了更好地了解幼儿园教师家庭教育指导能力，提高指导能力的专业性，特制定本调查问卷并邀请您参与调查。本调查不记名，请根据真实情况如实填写。您填写的情况仅作为统计的资料，不进行个案分析。

非常感谢您的支持和配合！

基本信息：

您的性别：A. 男　B. 女

所在园所的性质：A. 公办园　B. 民办园

您的受教育水平：A. 中专及以下　B. 大专　C. 本科　D. 研究生及以上

教龄：A. 2 年以下　B. 3~5 年　C. 6~10 年　D. 11~20 年　E. 20 年以上

职称：A. 无职称　B. 初级　C. 中级　D. 副高及以上

影响因素：

1. 您所学的专业是否为学前教育专业：A. 是　B. 否

2. 您是否愿意参加系统的家庭教育培训课程：A. 是　B. 否

3. 如果家长有育儿疑惑您是否乐意帮助：A. 是　B. 否

4. 幼儿园是否经常组织家庭教育及指导相关的教研活动：A. 是　B. 否

5. 您是否有参加过一整套完整的家庭教育及指导的培训课程：A. 是　B. 否

6. 幼儿园是否把教师对家长的指导纳入教师考核评价标准：A. 是　B. 否

7. 幼儿园是否有对家庭教育指导工作进行教育督导评估：A. 是　B. 否

幼儿园教师家庭教育指导的九大能力

（一）解读家庭教育相关政策文件的能力：比如《中华人民共和国家庭教育促进法》和《全国家庭教育指导大纲》

1. 基本没看过相关政策文件
2. 知道有这些文件
3. 有阅读过这些文件要求
4. 花时间学习理解过这些政策文件
5. 理解并运用在幼儿园的工作中

（二）观察和了解幼儿的能力

1. 没有观察记录过幼儿一日生活
2. 会观察记录幼儿一日生活
3. 会用科学的方法观察记录幼儿一日生活
4. 科学观察后能分析幼儿的特点和爱好
5. 能根据幼儿的特点为其实施个性化教育策略

（三）解读幼儿行为的能力

1. 不会分析幼儿某行为背后的原因
2. 会根据个人经验判断幼儿行为产生的原因
3. 能用丰富的个人经验分析幼儿行为背后的原因
4. 能运用心理学等专业知识分析幼儿行为产生的原因
5. 能根据幼儿生活环境、专业知识等方面全面解读幼儿的行为

（四）解答家长育儿困惑的能力

1. 无法解答家长的困惑
2. 能根据现有知识水平简单解答家长疑惑
3. 能根据现有知识水平基本解答家长疑惑
4. 能科学全面地解答家长的困惑
5. 沟通时能较好识别家长需求，针对性科学地解答家长的困惑

（五）解读家长性格和养育类型的能力

1. 沟通时不能分析出家长的性格特点和养育类型

2. 沟通时能简单分析出家长的性格特点和养育类型

3. 沟通时基本能分析出家长的性格特点和养育类型

4. 沟通时能较好地分析出家长的性格特点和养育类型

5. 沟通时能熟练灵活地分析出家长的性格特点和养育类型

（六）分类指导多类型家庭的能力

以下类型的家庭您能指导到什么程度？

留守儿童家庭

1. 简单指导　2. 一般指导　3. 基本能指导　4. 较好指导　5. 熟练指导

离异重组家庭

1. 简单指导　2. 一般指导　3. 基本能指导　4. 较好指导　5. 熟练指导

单亲家庭

1. 简单指导　2. 一般指导　3. 基本能指导　4. 较好指导　5. 熟练指导

隔代教育家庭（比如指导爷爷奶奶育儿）

1. 简单指导　2. 一般指导　3. 基本能指导　4. 较好指导　5. 熟练指导

特殊儿童的家庭

1. 简单指导　2. 一般指导　3. 基本能指导　4. 较好指导　5. 熟练指导

（七）利用互联网指导家长的能力（比如：微信、家园互动平台）

1. 不会使用网络向家长传递育儿知识

2. 能利用网络平台零星地向家长传递育儿知识

3. 能利用网络平台有计划地向家长传递育儿知识

4. 能系统地利用网络向家长传递育儿知识

5. 灵活根据幼儿和家长需求有计划地利用网络向家长传递育儿知识

（八）指导家长支持幼儿园一日活动的能力

1. 不会让家长了解幼儿的一日活动
2. 基本能让家长了解幼儿的一日活动
3. 能让家长清晰地了解幼儿的一日活动
4. 能让家长清楚了解幼儿的一日活动，并愿意协助幼儿园育儿
5. 能让家长清楚了解幼儿在园活动并全力协助园所

（九）设计和实施家长活动的能力

以下家长活动您能设计和实施到什么层次？

家长会

1. 能简单实施　2. 能一般化地实施　3. 基本能实施　4. 能较好实施　5. 能完美地组织实施

家访

1. 能简单实施　2. 能一般化地实施　3. 基本能实施　4. 能较好实施　5. 能完美地组织实施

家长学校

1. 能简单实施　2. 能一般化地实施　3. 基本能实施　4. 能较好实施　5. 能完美地组织实施

主题活动

1. 能简单实施　2. 能一般化地实施　3. 基本能实施　4. 能较好实施　5. 能完美地组织实施

家长开放日

1. 能简单实施　2. 能一般化地实施　3. 基本能实施　4. 能较好实施　5. 能完美地组织实施

家委会

1. 能简单实施　2. 能一般化地实施　3. 基本能实施　4. 能较好实施　5. 能完美地组织实施

家长义工

1. 能简单实施　2. 能一般化地实施　3. 基本能实施　4. 能较好实施　5. 能完美地组织实施

开放题：

您觉得为教师提供哪些支持能更好提高教师的家庭教育指导能力，帮助家长提高育儿水平？

如果您参加家庭教育指导能力的培训，您想学习哪些方面的内容？

参考文献

[1] 中国教育学会. 家庭教育指导手册家长卷(学前篇)[M]. 北京：人民教育出版社，2020.

[2] 郁琴芳，温剑青. 教师家庭教育指导实务(学前篇)[M]. 上海：上海社会科学院出版社，2019.

[3] 李季湄，冯晓霞.《3—6岁儿童学习与发展指南》解读[M]. 北京：人民教育出版社，2013.

[4] 李生兰. 幼儿园与家庭、社区合作共育[M]. 北京：北京师范大学出版社，2016.

[5] 王普华. 幼儿园家庭教育指导[M]. 北京：中国人民大学出版社，2021.

[6] 申继亮. 离异家庭儿童心理研究[M]. 北京：北京师范大学出版社，2015.

[7] 盛颖妍. 中国留守儿童与父母的沟通：关系维系视角[M]. 英文版. 上海：上海交通大学出版社，2021.

[8] 玛兹丽施. 如何说孩子才会听，怎么听孩子才肯说[M]. 安燕玲，译. 北京：中央编译出版社，2012.

[9] 尼尔森. 正面管教[M]. 王冰，译. 北京：北京联合出版公司，2016.

[10] 张竹林. 教师家庭教育指导能力的结构要素[J]. 江苏教育研究，2020(Z1)：38-42.

[11] 边玉芳，袁柯曼，张馨宇. 我国学校家庭教育指导服务体系的现状、挑战与对策分析：基于我国9个省(市)的调查结果[J]. 中国教育学刊，

2021(12)：22-27+78.

[12] 蔡迎旗，张春艳. 澳大利亚积极教养项目运行模式及启示[J]. 外国教育研究，2020，47(12)：82-97.

[13] 朱永新. 构建覆盖城乡的家庭教育指导服务体系[J]. 人民教育，2020(Z3)：45-50.

[14] 余璐，罗世兰. 家庭资本对处境不利儿童学习品质的影响：家庭心理韧性的中介[J]. 学前教育研究，2020(9)：11.

[15] 凌宇，胡惠南，陆娟芝，等. 家庭支持对留守儿童生活满意度的影响：希望感与感恩的链式中介作用[J]. 中国临床心理学杂志，2020，28(05)：1021+1024+1008.

[16] 雷万鹏，李贞义. 教师支持对农村留守儿童非认知能力的影响：基于CEPS数据的实证分析[J]. 华中师范大学学报(人文社会科学版)，2020，59(6)：9.

[17] 彭美，戴斌荣. 亲子沟通与同伴友谊质量对农村留守儿童社会适应性的影响[J]. 中国特殊教育，2019(09)：70-76.

[18] 贺琳霞，王瑜，黄金玲，等. 农村地区学龄前儿童家庭养育现状及思考：基于陕西省国家集中连片特殊困难地区家长调查[J]. 陕西学前师范学院学报，2019，35(06)：6-12.

[19] 李洪曾，朱李平，沈明革. 浙江省家长参与家庭教育指导活动的状况及影响因素的报告[J]. 家庭教育，2018(08)：27-30.

[20] 逯长春. 变迁社会中的家庭教育：困境与发展对策[J]. 广西师范学院学报(哲学社会科学版)，2019，40(01)：132-139.

[21] 赵景辉，黎紫荧. 学前流动儿童家庭教育指导服务需求的调查研究[J]. 教育导刊(下半月)，2020(11)：76-82.

[22] 刘聪. 美国明尼苏达州0—5岁婴幼儿家庭教育指导体系建构的启示[J]. 陕西学前师范学院学报，2020，36(08)：16-23.

[23] 刘洋，郭明春. 父母积极教养课程及其在中国的社会和文化适应[J]. 心理科学，2020，43(06)：1376-1383.

[24] 张慧慧. 美国“父母即教师”项目的介绍及启示[J]. 上海托幼，2023，(Z1)：68-71.

[25] 王蓉，于冬青. 美国 HIPPY 家访项目的经验及启示[J]. 陕西学前师范学院学报，2020，36(06)：82-90.

[26] 刘露，钱雨，鲁熙茜. 美国学前儿童家访项目及其启示：以 HIPPY、PAT、NFP 家访项目为例[J]. 幼儿教育，2019，(Z3)：83-87.

[27] 国务院妇女儿童工作委员会. 关于指导推进家庭教育的五年规划(2016—2020 年)[EB/OL]. (2016-11-02)[2019-11-21]. http://www.nwccw.gov.cn/2017-05/23/content_157752.htm.

[28] 中华人民共和国国务院新闻办公室. 中国儿童发展纲要(2021—2030 年)[EB/OL]. (2021-9-8)[2024-04-23]https://www.gov.cn/zhengce/content/2021-09/27/content_5639412.htm.

[29] 中华人民共和国民政部. 农村留守儿童和困境儿童关爱服务质量提升三年行动方案[EB/OL]. (2023-12-27)[2024-04-23]. https://www.mca.gov.cn/n2623/n2687/n2696/n2746/c1662004999979996863/content.html.

[30] 湖南省人民政府. 湖南省家庭教育促进条例[EB/OL]. (2021-04-01)[2024-04-23]. https://www.hunan.gov.cn/hnszf/szf/hnzb_18/2021/202106/02222/202104/t20210401_15493372.html.

[31] 中华人民共和国中央人民政府. 国务院关于加强农村留守儿童关爱保护工作的意见[EB/OL]. (2016-02-04)[2024-04-23]. https://www.gov.cn/gongbao/content/2016/content_5045947.htm.

[32] 中华人民共和国中央人民政府. 中华人民共和国婚姻法[EB/OL]. (2005-05-25)[2024-04-23]. https://www.gov.cn/banshi/2005-05/25/content_847.htm.

[33] 中华人民共和国教育部. 幼儿园工作规程[EB/OL]. (2016-03-01)[2024-04-23]. http://www.moe.gov.cn/srcsite/A02/s5911/moe_621/201602/t20160229_231184.html.

[34] 中华人民共和国中央人民政府. 幼儿园保育教育质量评估指南[EB/OL]. (2022-02-10)[2024-04-23]. https://www.gov.cn/zhengce/zhengceku/2022-02/15/content_5673585.htm.

[35] 中国关心下一代工作委员会. 全国家庭教育指导大纲(修订)[EB/OL].

(2019-05-14)[2024-04-23]. https://www.zgggw.gov.cn/zhengcefagui/gzzd/zgggw/13792.html.

[36] 中华人民共和国中央人民政府. 幼儿园教育指导纲要(试行)[EB/OL]. (2001-07-02)[2024-04-23]. https://www.gov.cn/gongbao/content/2002/content_ 61459.htm.

[37] 欧阳前春，莫群，龚超. “四位一体”幼儿家庭教育指导服务体系的构建探索[J]. 开封文化艺术职业学院学报，2020，40(4)：200-201.

[38] 龚超，鹿赛飞. 国内幼儿家庭教育指导研究综述[J]. 科教导刊，2021(10)：181-183.

[39] 倪晓，龚超. 幼儿家庭教育指导现状与需求调查研究[J]. 西部学刊，2022(09)：135-138.

[40] 欧阳前春，龚超，莫群. 生态学视域下幼儿家庭教育指导服务体系的现状分析与建议[J]. 教育导刊(下半月)，2021(03)：53-59.

[41] 欧阳前春，龚超. 幼儿教师家庭教育指导能力提升“三环提能”培训模式的实践研究[J]. 延边教育学院学报，2023，37(1)：29-32.